KB160916

중국과 서양에서 환경사의 기원과 전망

이 저서는 2020년 대한민국 교육부와 한국연구재단의 지원을 받아 수행된 연구임
(NRF-2020S1A6A3A01054082).

This work was supported by the Ministry of Education of the Republic of Korea and the National
Research Foundation of Korea (NRF-2020S1A6A3A01054082).

Environmental History in China and the West: Its Origins and Prospects

중국과 서양에서
환경사의 기원과 전망

피터 C. 퍼듀 지음 ㅣ 김선민 옮김

경인문화사

발간사

한국의 동유라시아 물품학(物品學) 정립을 목표로

동국대학교 문화학술원은 "동유라시아 세계 물품의 문명 · 문화사"라는 연구 아젠다로 한국연구재단의 인문한국플러스(HK+)사업에 선정되어 2020년부터 연구 프로젝트를 수행하고 있다. 기존의 인간 중심의 연구에서 벗어나 물품이 중심이 되는 연구를 통해 물품이 인간 사회를 둘러싸고 생산, 유통, 소비되는 과정을 총체적으로 분석함으로써 한반도를 넘어 동유라시아 지역세계의 물품학을 학술적으로 정립하는 것이 목표이다.

본 사업단은 동유라시아의 지역 범위를 한국을 중심으로 놓고 동위도 선상에 있는 중국, 일본, 그리고 북으로는 몽골, 러시아의 우랄산맥 이동지역과 몽골을, 서로는 중앙아시아 및 우즈베키스탄, 카자흐스탄, 키르기스스탄 지역, 남으로는 인도 이동지역인 태국, 캄보디아, 베트남, 인도네시아, 필리핀 등지를 설정하였다.

『총 · 균 · 쇠』(원제: *GUNS, GERMS, and STEEL-The Fates of Human Societies*)의 저자로 퓰리처상을 수상한 세계적 석학 제레드 다이아몬드(Jared Mason Diamond)는 동유라시아를 포함한 유라시아 대륙은 기후 · 식생(植生, 식물의 생육상태) 등의 유사한 생태환경을 가진 위도가 같은 지대가 동서로 길게 펴져 있어, 이 지대(地帶)에 속한 각 지역은 생태환경이 유사하고, 식물 · 기술 · 지식 · 문화의 이전 및 적용이 용이하여, 그 결과 동서교통 · 교류가 촉진되었다고 분석하였다. 나아가 세계사에 관심을 가진 사람들은 동아시아 및 태평양 일대의 인류 사회를 통해 배울 점이 많은데 그것은 환경이 역사를 형성했던 수많은 사례들을 발견할 수 있기 때문이 라고 명언하였다.

이러한 특별한 특성을 지닌 공간에 살았던 사람들의 물품 생산과 유통, 소비 과정을 통해 이 지역만의 Locality는 무엇이며, 그것이 글로벌 세계와 어떠한 연관성을 가지고 있는지를 밝혀내려는 시도에서 물품에 착안하였 다. 인간이 살아가는데 있어 필수불가결한 물품은 한 민족이나 국가에서 생산되어 소비되기도 하지만, 주변 지역으로 전파되어 새로운 문화를 창 출하기도 한다. 이런 점에서 인류의 역사를 추동해 온 원동력이 바로 물품 에 대한 욕구였다고 해도 과언이 아니다.

본 사업단은 오랜 세월에 걸쳐 인류가 발명하고 생산한 다양한 수 많은 물품을 지역별, 용도별로 구분하여 연구를 진행한다. 지역별 분류는 네 범 위로 설정하였다. 첫째, 동유라시아 전 지역에 걸쳐 소비된 물품이다. 동유 라시아 지역을 넘어 다른 문명세계에 전파된 물품의 대표적인 것이 초피, 견직물, 담배, 조총 그리고 16세기 이후 바다의 시대가 펼쳐지면서 사람들 의 욕구를 배가시킨 후추, 육두구, 정향 등의 향신료이다. 한국의 인삼, 중 국의 견직물, 일본의 은, 동남아시아의 향신료는 유럽이나 아메리카를 이 어주는 물품이었던 것이다. 동유라시아 지역에서 생산된 물품의 교역은 최종적으로 유럽 등을 포함한 이른바 '세계경제' 형성에 연결되었다. 둘째, 첫 번째 지역보다는 범위가 제한된 동아시아 지역에서 사용된 물품이다. 소목, 청심환, 수우각, 화문석 등을 들 수 있다. 한국(당시는 조선)에서 생 산된 호피, 표피는 중국에 진상된 것을 시작으로 일본 막부와 류큐 왕조에 증여, 나아가 일본을 통해 캄보디아까지 전파되었다. 셋째, 양국 간에 조공 이나 증여 목적으로 사용된 물품이다. 저포 등이다. 넷째, 한 국가에서 생산되었지만 그 사회에 국한되어 커다란 영향을 끼친 물품이다. 이처럼 동유라시아 각 지역의 역사는 서로 영향을 끼치면서 전개되었다.

다음으로 생각해야 될 점은 물품 그 자체가 지닌 속성이다. 물품 자체가 지닌 고유한 특질을 넘어 물품이 지닌 다양한 속성이다. 다시 말하자면 상품으로서의 경제적 가치를 지닌 것에 그치는 것이 아니라 정치적, 군사적, 의학적, 문화적 측면에서 다양한 용도로도 쓰였다는 것이다. 그것은 정치적으로는 조공품일 수도, 증여품일 수도, 사여품일 수도 있다. 해산물인 해삼 · 전복은 기본적으로는 음식재료이지만 동아시아에서는 화폐기능과 광택제로서, 후추 · 육두구 등 향신료는 16세기 이후 유럽 세계에 의약품으로서의 효능은 물론 음식을 상하지 않게 하는 성질을 가진 용도로 소비되었다.

이처럼 지리적 · 기후적 환경 차이가 불러일으킨 동유라시아 세계 사람들이 만들어낸 물품은 다른 지역, 더 나아가 다른 문명 세계에 속한 사람들에게 크든 작든 영향을 끼쳐 그 사회의 문화를 변용시키기도 하였다. 다시 말하자면 기후, 생산 자원, 기술, 정치체제 등의 여러 환경 차이에 의해 생산되는 물품의 경우 그 자체로도 차이가 나타났고, 인간 삶의 차이도 유발시켰다.

인류의 문화적 특징들은 세계의 각 지역에 따라 크고 다르게 나타난다. 문화적 차이의 일부는 분명히 환경적 차이의 산물이기도 하다. 그러나 각 지역에서 환경과 무관하게 작용한 문화적 요인들의 의의를 확인해 보는 것도 중요한 일이다. 이러한 관점 하에서 본 총서가 기획, 간행되었다.

동유라시아의 대륙과 해역에서 생산된 물품이 지닌 다양한 속성을 면밀하게 들여다보는 것은 한국을 넘어선 동유라시아 지역의 문명 · 문화사의 특질을 밝혀내는 중요한 작업이다. 서로 다른 지역과 국가에서 지속적이고 직접적인 접촉을 통해 서로가 갖고 있는 문화에 다양한 변화를 일으켰을 것이다.

　본 총서의 간행은 사업단의 아젠다 "동유라시아 세계 물품의 문명·문화사"를 다각적인 측면에서 접근, 분석하여 '한국의 동유라시아 물품학'을 정립하는 작업의 첫걸음이기도 하다. 달리 표현하자면 새로운 인문학의 모색과 창출, 나아가 미래 통일 한국이 동유라시아의 각 지역과 국가 간 상호교류, 경쟁, 공생하는 역동적인 모습을 새로이 정립하고 창조하기 위한 첫 작업이라 할 수 있다. 다만 동유라시아의 물품이라는 주제는 공간적으로는 규모가 넓고 크며 시간적으로는 장시간을 요하는 소재들이라는 점에 유의할 필요가 있다. 본 사업의 궁극적인 목표는 중국의 돈황학(敦煌學), 휘주학(徽州學), 일본의 영파학(寧波學)에 뒤지지 않는 세계에 자랑할 수 있는 학문적 성과를 거두는 것이자, 한국이 미래 북방과 남방으로 뻗어나갈 때 인문학적 지침서 역할을 하는 것이다.

2022년 12월
동국대학교 문화학술원장
인문한국플러스(HK+)사업단장
서인범

한국어판 저자 서문

이 책은 2012년 푸단대학(復旦大學)에서 행한 강연에 기반하여 쓰여졌다. 책의 영문 원고는 2015년에 작성하였고 2018년에 중국어로 번역되었다. 푸단대학의 여러 교수와 직원들의 따뜻한 환대에 감사한다. 특히 강연을 도와주고 원고를 중국어로 번역해준 한자오칭(韓昭慶) 교수에게 감사한다. 이 강연의 목적은 중국의 청중에게 환경사에 관한 서양 학계의 최근 연구에서 두드러지게 나타나는 주제를 소개하는 것이었다. 그러나 동시에 중국의 저작에서도 비슷한 관심사가 다수 나타난다는 점, 그리고 중국의 사료에는 인간의 활동이 환경에 끼치는 영향에 관료와 학자들이 지속해서 관심을 기울였음을 보여주는 무수한 기록이 있다는 점도 강조했다. 서양에서 인간이 환경에 끼치는 영향을 자각하고 있었음은 고대 그리스의 저자들에서부터 나타난다. 그러나 현대 환경사 연구의 시각은 두 가지 측면에서 20세기에 근원을 두고 있다. 프랑스의 아날학파와 미국 서부사 연구학파가 바로 그것이다.

중국의 고대 철학자들 역시 환경에 대해 자주 언급했다. 그러나 20세기에 이르러 중국의 중요한 역사가들은 기근, 홍수, 가뭄, 삼림 황폐에 관해 많은 연구를 진행했다. 서양과 중국은 모두 전통적으로 인간과 자연현상의 상호작용에 주목했지만, 두 세계는 서로 다른 국가적 전통에 따라 상이한 관심사에 주목해왔다. 프랑스의 역사가들은 계절이나 기후의 흐름과 연결되어 있는 농촌사회에서는 질서가 완만하게 움직인다는 점, 그리고 이러한 완만한 움직임이 가져온 지속적인 영향에 주목했다. 반면 미국의 역사가들은 유럽의 정착민들이 미국의 변경에 가져온 급격한 변화상을 추적하는 데 노력을 기울였다. 한편 국가의 운명을 깊이 고려해야 했던 20세기 중국에서 연구자들은 토지, 농작물, 삼림, 동물에 대한 중국인의 일상적인 경험이 집단적인 목표를 향한 국가적 동원에 자원이 될 수 있음을 깨달았다.

다른 역사 연구와 마찬가지로 환경사는 언제나 시대의 산물이고 어느 시대에서나 관점은 변화한다. 내가 처음 이 주제로 강연을 한 지 겨우 10년이 지났지만, 오늘날 환경에 대한 관심사에서는 여러 가지 새로운 현상이 나타나고 있다. 여기에서 나는 최근의 연구 몇 가지를 소개하고자 한다. 그들이 제시하는 문제는 주로 지속가능한 삼림의 존재에 관한 것, 그리고 과거와 현재에서 중국의 환경적 경험을 동아시아의 그것과 연결하는 것이다.

대부분의 역사가는 중국의 삼림사를 농경 정주민의 습격과 서식지의 소멸로 이어지는 쇠퇴의 서사로 설명해왔다. 그러나 최근의 연구는 다른 가능성을 보여준다. 멍장(Meng Zhang, 張萌)과 이안 밀러(Ian M. Miller)의 연구는 중국 남부의 일부 지역에서 상업적 용도를 위한 나무의 재배가 창의적인 법과 행정 제도의 도움을 받아 수 세기 동안 유지되었음을 보여준다.[01] 지속가능한 삼림 보호는 전근대 중국에서 가능했고 아마 오늘날에도 가능할 것이다. 중국에서 자연에 대한 영향이 장기적으로는 하향곡선을 그리고 있으며 황무지가 점차 사라져간다고 해도, 우리는 인간의 필요를 위해 자연을 지속가능한 방식으로 사용해온 특정한 지역적인 조건에 좀 더 주목할 필요가 있다.

우리가 아는 한 자연은 국경선을 의식하지 않는다. 따라서 환경사학

---

01 Meng Zhang, *Timber and Forestry in Qing China: Sustaining the Market*, Seattle: University of Washington Press, 2021; Ian M. Miller, *Fir and Empire: The Transformation of Forests in Early Modern China*, Seattle: University of Washington Press, 2020.

자들도 중요한 과정을 추적하려면 공식적인 경계 너머를 살펴볼 필요가 있다. 동아시아의 "환경-개발 국가(eco-developmental state)"에 대한 스티븐 해럴(Steven Harrell)과 여러 학자의 연구는 초국가적이고 비교사적인 분석을 통해 환경에 대한 우리의 시야를 넓혀주고 있다. 또한 일본에 대한 기존 연구 성과와 최근에 추가된 한국 환경사 연구는 우리에게 동아시아 지역에 대한 포괄적인 시각을 갖게 해준다.[02]

이 책은 오늘날 환경사학자들이 연구하고 있는 많은 중요한 주제들 가운데 몇 가지만을 다루지만, 환경사에 관심 있는 사람들에게 유용한 입문서가 될 수 있으리라 기대한다. 이 책이 한국의 독자들에게 소개될 수 있도록 해준 김선민 교수와 동국대학교 문화학술원에 깊이 감사한다.

---

02   Cai Wenjiao, "Coping with the Cold: Nature and State in Chosŏn Korea's Northern Frontier," PhD dissertation, Harvard University, 2022; John H. Lee, "Protect the Pines, Punish the People: Forests and the State in Pre-industrial Korea, 918~1897," PhD Dissertation, Harvard University, 2017; Steven Harrell, *Greening East Asia: The Rise of the Eco-developmental State*, Seattle: University of Washington Press, 2020.

감사의 말

이 책은 2012년 여름 중국 푸단대학 역사지리연구중심에서 행한 네 차례의 강연을 바탕으로 한 것이다. 나를 초대해준 한자오칭(韓昭慶) 교수와 나의 방문을 환대하고 격려해준 연구중심의 교수들에게 감사드린다. 그들이 내 강연에 적극적으로 참여하고 격려해준 덕분에 이 책을 출판하여 일반 독자에게 소개할 수 있게 되었다. 또한 매사추세츠공과대학(MIT)과 예일대학의 환경사 연구회에 참여하는 학생들은 이 책의 많은 부분을 함께 토론해주었으며, 동료 교수들은 서로 격려하고 분발하는 학술 분위기를 만들어주었다. 이들에게 모두 감사한다.

환경사의 등장

최근 환경사 연구가 급속히 발전하여 서양과 중국 모두에서 활발하게 성장하는 연구 분야가 되었다. 하지만 정치사·경제사·군사사·사상사 등 오랫동안 성과가 축적되어온 분과영역과는 달리 환경사의 역사는 겨우 30여 년에 불과하다.

1970년 하버드대학의 대학원에서 공부할 당시 나는 환경사의 존재를 알지 못했다. 심지어 1981년에 호남 농촌 지역의 장기 변천을 주제로 박사논문을 썼을 때조차 나는 이것이 "환경사"라고 불리는 전문 영역에 속한다는 사실을 이해하지 못하고 있었다. 1987년 박사논문이 책으로 출판되고 『하버드 교우 잡지(Harvard Alumni Magazine)』에서 "환경사"의 사례로 분류된 후에야 비로소 환경사라는 분야를 인식하고 내 연구가 환경사에 속한다는 것을 알게 되었다.

그러나 서양에서 환경사 연구는 비교적 이른 시기에 시작되었으며 이제는 세계적인 학술 활동이 되어 많은 국가의 학자들이 참여하여 여러 시기를 연구하고 있다.

예를 들어 예일대학에서 환경사에 관심이 있는 교수와 학생들은 다양한 연구 프로젝트에 참여하고 있다.[01] 우리는 학부 과정에 환경학 프로그램(Environmental Studies program)을 개설하고 역사학·인류학·삼림환경

01　www.yale.edu/environmentalhistory/

학 대학(School of Forestry and Environmental Studies)·법학대학·정치학 및 기타 대학의 교수들을 초청하여 학생을 지도한다. 예일대학은 거의 매년 대학원생 환경사학회를 개최하고 미국 동부 지역의 주요 대학에서 논문 발표자를 초청한다. 2012년 자원을 주제로 하는 학회에는 고대 로마·고대 이집트·중국·오스만 제국에서부터 19세기 미국에 이르는 여러 지역의 모든 시기를 망라하여 환경사학자와 경제사학자들을 초청했다. 예일대학 역사학과 한 곳에서만 환경사 전공 교수들은 아프리카·중동·유럽·중국·일본·미국 등 세계의 거의 모든 주요 지역을 연구하고 있다. 환경사는 매우 빠르게 성장하고 있으므로 최근 연구 성과를 따라잡는 것은 거의 불가능하지만, 동시에 환경사의 발전 과정을 살펴보는 것은 이 분야의 주제와 성과를 이해하는 데 유용하다.

환경사 분야가 많은 관심을 받게 되자 학자들은 환경사를 어떻게 정의할 것인지를 걱정하기 시작했다. 환경사를 정확하게 규정하고 다른 역사 분야와 분명하게 구분해야 하는가? 아니면 포용적인 태도를 취하여 다양한 연구 방법을 포함해서 모호하게 정의해야 하는가? 나는 포용적인 접근법으로 다른 분야의 학자들과 함께 이 흥미로운 분야를 공유하는 방향을 선호하지만, 동시에 환경사의 연구 방향을 보여주려면 몇 가지 개념이 필요하다.

간단히 말해서 환경사는 과거 인류 사회와 자연계 사이의 상호작용에 주목하는 역사 분과이다. 환경사에는 식물·광물·에너지·기후 등 각종 자원이 인간의 복지와 어떤 관계를 맺었는지에 관한 질문이 포함된다. 또한 환경사에는 인간의 노동을 통해 자연의 물질을 변화시킴으로써 인간의 삶을 부양하는 생산 방식이 포함된다. 모든 종류의 가치는 인간의 노동이 자연 물질에 가해짐으로써 만들어진다는 것은 물론 마르크스의 핵심적인 테제이다. 이러한 의미에서 마르크스는 환경사 연구의 이론적 기초를 수립한 사람이라고 할 수 있다. 그러나 마르크스는 인간의 계급 갈등을 주로 강조했으며 계급 갈등이 자연세계에 대한 인간의 투쟁보다 더 중요한 역사적 동력이라고 여겼다. 이러한 관점에서 환경사학자들은 마르크스의 테제를 부분적으로 수용할 뿐 전체를 받아들이지는 않는다. 그러나 인간이 자연물질에 힘을 가하여 만들어낸 생산물을 뜻하는 "제2의자연(Second Nature)"이라는 마르크스의 개념은 환경사 연구를 이끄는 안내자 역할을 했다.

인류의 과거에 관한 많은 기록은 농민에 관한 것이므로 농업 생산은 언제나 환경사의 중심적인 주제였다. 그러나 산업혁명 이전부터 수렵·채집·어렵·광산·수공업 등 인류의 활동이 지구와 생명체를 변화시켜왔다는 점에서 환경사는 농업 활동에만 국한되지 않는다. 또한 도시생태사라는 새로운 분야는 자연의 원자재에 대한 도시의 수요가 만들어낸 "인간의 흔적"을 고찰한다. 물론 근대 이후 산업혁명이 환경에 미친 영향 역시 환경사의 주요 주제이다. 혹자는 최근 "인류세(人類世, Anthropocene)"라는 용어를 통해 인류가 지구 환경에 끼친 큰 영향이 새로운 지질시대를 만들어냈다고 주장한다. 이 문제는 책의 맺음말에서 다시 논의될 것이다.

환경사는 질병과 인류의 건강을 다룬다는 점에서 의학사와도 관련이 있다. 인간의 활동은 농업기술과 산업기술을 통해 자연을 변화시켜왔다. 환경기술사(Envirotech)라는 세부 분과는 기술 변화에 대한 설명을 농촌과 도시의 생태 체계에 대한 환경적 관심과 연결시키고자 한다.[02]

정치적 활동 역시 환경적 측면이 있다. 여기에는 국가의 활동, 그리고 자연의 힘을 이용하여 국가에 대항하려는 사람들의 활동이 포함된다.

---

02 Martin Reuss & Stephen H. Cutcliffe eds., *The Illusory Boundary: Environment and technology in History*, University of Virginia Press, 2010.

나폴레옹은 일찍이 "군대는 배가 불러야 진군한다"라고 말했다. 그는 모든 전쟁사가 식량 공급이 전투에서 차지하는 결정적인 중요성을 인식해야 함을 알고 있었던 것이다. 이 문제는 보급 활동에 관한 연구이다. 예를 들어 군사 물자를 어떻게 농민들로부터 확보하여 전장으로 보급할 것인가? 중국에서 특히 이 문제는 둔전에 관한 연구이기도 하다. 평화 시에 군대는 농민이 되어 스스로 생계를 부양했기 때문이었다.

군대와 국가에 저항하는 사람들도 환경을 이용했다. 그들은 농경지를 버리고 달아남으로써 병사로 징발되거나 곡식을 군대에 빼앗기는 상황을 피하고자 했다. 그들은 곡식을 땅에 묻고 가축을 도살함으로써 국가의 착취를 피하려 했고, 곡식 창고를 습격하여 자신들의 것이라고 여겨지는 양식을 되찾아 오고자 했다. 이것은 모두 자연 생산품을 이용하여 정치적 목적을 달성하려는 사례라고 할 수 있다.

이러한 역사는 오늘날 경제와 사회를 지속가능한 방향으로 변화시키고자 하는 녹색운동으로 이어진다. 어떤 이들은 정부와 협력하고 어떤 이들은 저항한다. 자연은 녹색운동 정치의 중심이지만, 다른 정치운동도 자연 자원과 긴밀하게 연관되어 있다.

환경사는 또한 환경 사상, 철학, 자연 세계에 대한 책임의 윤리관, 사회적 행위에 자연이 끼치는 영향 등 문화적인 요소를 다룬다. 오늘날 환경사학자의 절대다수는 유물주의자들이다. 여기에서 유물주의자란 마르크스주의자가 강조하는 물질 제일주의, 즉 물질이 의식을 결정한다는 철학적 개념이나 역사적 개념을 말하는 것이 아니다. 이것은 환경사학자들 대부분이 자연에 대한 생각을 단순히 아는 것만으로는 부족하다고 여긴다는 것을 의미한다. 우리는 인간의 신념 밖에서 독자적으로 존재하는 자연 과정의 형식 그 자체를 이해해야 한다.

　　지질학·식물학·동물학·생태학은 인간에게 특별히 초점을 두지는 않지만, 이 분야의 연구 성과를 이해하는 것은 환경사학자들에게 유용하다. 환경사는 본질적으로 인류를 대상으로 연구하는 학문이며, 인류가 어떻게 변화하고 자연세계를 어떻게 이해했으며 이러한 변화가 다시 인류의 영역에 어떤 영향을 미쳤는지에 주목한다. 또한 환경사는 사회과학, 특히 인류학·고고학·사회학과 밀접하게 관련되어 있다. 이들은 서로 다른 시공간에서 일반적으로 발견되는 인간과 자연의 상호작용의 공통적인 패턴을 찾아내고자 한다.

　　일부 역사학자들은 인간종(種)에만 주목하는 것은 지나치게 협소한 시각이라고 반대한다. 우리는 "종(種) 중심주의"에서 벗어나 다른 종의 활동을 인간의 활동과 마찬가지로 동등한 가치로 인식해야 하며 여러 동물 또한 자신들의 의지, 목적, 욕망, 심지어 권리가 있음을 인정해야 한다는 것이다. 환경보호론자들의 목적은 인간이 보호해야 할 생명체의 범위를 확대하여 가능한 한 관대하고 포괄적인 접근을 취하려는 것이다. 인류학과 역사학의 이러한 최신 연구는 "포스트휴먼(posthuman)"의 시각으로부터 영향을 받아 인간을 포함한 여러 종에게 각각 적합한 위치를 부여함으로써 이들 간의 관계를 탐색한다.

　　이처럼 관심을 확장한 결과 철학과 방법론 분야에서 중요한 문제가 제기되고 있다. 그러나 이 책은 자연세계에서 인간의 활동, 특히 근대 초기와 근대 시기의 활동에 주목할 것이다.

　　이 책의 1장은 고대의 선구자에서 시작하여 20세기에 하나의 전문 분야로 탄생한 서양 환경사의 발전 과정을 검토한다. 환경사라는 근대적 연구 분야는 두 가지 연구 경향, 즉 프랑스의 아날학파와 미국의 변경사 연구로부터 유래했다. 프랑스의 아날학파가 장기 지속과 자연이 인간 사회에 가한 제약에 주목했다면, 미국의 변경사는 근대 자본주의가 자연 세계를 끊임없이 변화시켜왔음을 강조한다. 2장은 제국 시기부터 근대까지 중국의 환경사 역시 서양과 마찬가지로 발전해왔음을 살펴본다. 중화제국의 관료와 학자들은 농업 환경에 대한 정보를 수집했고 인간의 목적을 위해 어떻게 자연을 개조할 것인가를 빈번하게 논의했다. 중화제국 시기 환경에 관한 이러한 논의는 19세기와 20세기에 이르러 부강한 국가를 건설하고자 했던 중국인들의 절박한 논쟁에 기반을 제공해주었다.

3장은 자연과 인간 과정의 분석에서 사용되는 여러 척도(scale)를 검토하고 이들이 지역(regional), 지방(local), 지구적(global) 공간에서 어떻게 서로 연결되는지를 살펴본다. 모든 역사학자는 자신의 연구에서 시간과 공간을 어떻게 조직할 것인지 고민한다. 그러나 오늘날 역사학자들은 일국의 범위나 특정 시기로 자신의 연구를 제한하지 않고 더 많은 선택을 해야 한다. 4장은 환경사와 과학 연구를 연결한 새로운 주장들을 살펴본다. 20세기의 과학 연구는 전 지구적으로 환경의 지속성이 심각한 위협에 직면하고 있음을 보여준다. 사회과학자 및 자연과학자와 마찬가지로 역사학자들은 이러한 위협을 해결하기 위한 정치적 활동에 중요한 관점을 제공하고 있다.

환경사에 관한 개론서들은 주로 서구의 연구에 초점을 두고 중국의 풍부한 학술 전통을 간과해왔다.[03] 중국과 서구의 연구를 나란히 검토함으로써 우리는 인간과 자연의 관계에 대한 서로 다른 접근법이 거둔 성과를 더 깊이 이해하고 나아가 비교사적 방법을 통해 더 깊은 통찰력을 얻게 될 것이다.

---

03 J. Donald Hughes, *What is Environmental History?* Polity, 2016(도널드 휴즈 지음, 최용찬 옮김, 『환경사란 무엇인가?』, 엘피, 2022).

1장 서양 환경사의 기원

2장 중국 환경사의 등장

서양 환경사의 기원

근대 환경사의 고대 선구자들

서구의 전통에서 고전적인 역사 서술은 대개 전쟁, 문명의 성쇠, 제국, 종교, 그리고 국가의 정치에 주목해왔다. 농민의 생활, 농업 생산, 기후변화 혹은 동물의 역사와 같은 주제는 과거에 상대적으로 관심을 받지 못했지만, 오늘날 환경사 연구자들은 바로 이러한 주제에 주된 관심을 기울이고 있다. 그러나 고대 역사학자들이 정치와 군사 사건에 대한 자연의 영향을 간과한 것은 아니었다. 거의 모든 역사서가 크건 작건 환경을 언급했다. 전쟁의 승패는 흔히 병사와 선원을 부양하고 동원하는 능력에 따라 결정되었고, 제국의 통치자가 지배에 성공하려면 반드시 신민(臣民)의 건강 문제에 관심을 기울여야 했다. 서구 역사학의 기초를 수립한 두 인물, 그리스 역사가 헤로도토스(Herodotus)와 투키디데스(Thucydides)의 저술에는 모두 자연의 힘이 전쟁에 끼친 영향을 언급한 구절이 있다. 이들의 저서에서 발췌한 내용을 보면 이 두 사람이 환경 문제에 더 많은 주의를 기울이는 후대 역사가들에게 분석의 토대를 제공하고 있음을 알 수 있다.

아테네 출신의 그리스 장군이었던 투키디데스(기원전 460~기원전 395)는 기원전 431년부터 기원전 404년까지 지속되었던 아테네와 스파르타의 펠로폰네소스 전쟁에 관해 서술했다. 전쟁이 시작된 후 2년째가 되었을 때 전염병이 아테네를 휩쓸어 전쟁에 심각한 영향을 미쳤다. 아테네는 전염병이 퍼지기 전까지 전쟁에서 이기고 있는 것처럼 보였지만, 전염병 때문에 전쟁은 교착상태에 빠졌다. 투키디데스는 전염병의 결과를 다음과 같이 서술했다.

> 이 전염병의 발생에 관한 판단이나 신체에 이 정도의 증상을 초래하는 원인에 대해서 전문가나 문외한을 불문하고 생각하는 바를 진술하게 하고 나서 나는 그 실제 경과를 기술하겠다. 그것은 만일 이 전염병이 재발할 경우에 그 증상을 보고 정확하게 장래를 예측할 수 있도록 돕기 위해서다. 나 자신도 이 전염병을 체험하고 또 많은 환자를 목격했으므로 이를 밝히고 싶다. (중략)
>
> (이 병에 걸린 사람들은) 피부에 손을 대어보면 특별히 열이 느껴지지는 않지만, 붉은색을 띠고 있어 창백해 보이지는 않았다. 도리어 검푸르고 작은 농포나 종기가 생겼다. 하지만 체내는 이상하게 뜨겁게 느껴져서 아무리 얇은 옷을 입고 있어도 참을 수 없어, 벗어던지고 찬물에 뛰어들면 얼마나 기분이 좋을까 하고 생각할 정도였다. 사실 간호하는 사람도 없이 많은 사람이 심한 갈증에 시달리다가 저수지에 몸을 던져넣었다. 그러나 아무리 물을 마셔도 상태는 똑같고, 게다가 잠도 잘 수 없고 쉴 수도 없는 고통스런 느낌이 더해갈 뿐이었다. (중략)
>
> 그러나 가장 무서운 현상은 병에 걸린 것을 알았을 때의 낙담이었다. 즉 이 전염병에 대해 여러 가지를 알고 있었기 때문에 사람들은 모두 절망해버리고, 저항할 기력을 잃어버렸기 때문이다. 그리고 병자에게서 간호인에게로 전염되어 가축처럼 죽어갔다. 대다수의 죽음을 가져온 이유는 바로 여기에 있었다. (중략)[01]

투키디데스는 전염병을 묘사하면서 의학적인 효과를 자세히 설명하

---

01 Thucydides, *The Peloponnesian War* (E. P. Dutton, 1910), vol. 2, pp. 48~55 (투키디데스 지음, 박광순 옮김, 『펠로폰네소스 전쟁사』 범우사, 1993, 상권, pp. 183~185).

고 그 자신이 전염병을 경험했음을 밝힘으로써 자신의 주장에 권위를 더했다. 전염병은 환자에게 극심한 고통을 주었고 고열을 낮추려고 절박한 행동을 하게 만들었다. 투키디데스는 또한 전염병의 사회·심리적 영향을 묘사한다. 전염병 환자들은 주위에 같은 병에 걸린 사람들이 죽어가는 것을 보고 극심한 절망감에 빠져 살아갈 희망을 잃어갔다. 투키디데스는 치사율이 극도로 높아지는 이유는 질병 그 자체가 아니라 사람들이 심리적인 활력을 잃어버렸기 때문이라고 주장했다. 전염병은 또한 아테네 사회를 결속하던 기본적인 사회적 유대를 붕괴시켰다. 당연하게도 이러한 사회적 황폐화는 아테네인들의 전쟁 수행 능력을 약화시켰다. 다른 한편 투키디데스는 질병을 이겨낸 사람들은 면역 능력이 생겨서 다른 환자들의 회복을 돌보게 되었다고 설명한다. 그는 일찍부터 면역 현상을 알아차렸던 것이었다. 전염병에서 살아남은 아테네인들은 다시 전장으로 돌아가 스파르타인들의 포위 공격을 물리치고 20년 이상 전쟁을 계속했다.

투키디데스의 분석은 환경사의 탁월한 사례 연구로서 이 분야의 거의 모든 주제를 포함하고 있다. 그는 먼저 자연 과정과 그것이 인간의 몸에 끼친 영향을 묘사하고, 이어서 사회적 심리적 영향을 검토하고 전쟁의 진행 상황과 연결했다. 이를 통해 그는 생물학적, 개인적, 사회적, 군사적 관점을 하나의 서사 속에서 모두 결합했다.

또한 투키디데스는 자연도태와 같은 현대적 진화론을 받아들여 병을 이겨낸 사람은 스스로 항체를 생산하여 더욱 건강해졌음을 알게 되었다. 환자의 증상을 묘사하기는 했지만 그는 이것이 정확히 어떤 종류인지는 판단하지 못했다. 현대의 여러 유행병 학자들은 이것을 전염성이 있는 발진티푸스의 일종으로 추측하는데, 일부에서는 티푸스성 발열이라고 주장하기도 한다. 오늘날 역사학자의 관점에서 보면 질병의 원인에 대한 논의가 가장 부족하다. 투키디데스는 질병을 전파하는 매개체나 혹은 관련 질병이 다른 지역에 존재하는지에 관해서는 언급하지 않았는데, 이는 아테네인들이 이에 대해 알지 못했기 때문이었다. 14세기 유럽을 강타한 흑사병의 경우처럼 후대에 발생한 질병 연구에서는 유전자 분석과 생물학적 분석이 이 질병의 병원체와 전파자의 특징을 해명하는 데 도움을 주었다. 그렇다고 해도 여전히 투키디데스의 서술은 질병이 역사 사건에 끼친 영향을 상세하게 분석한 최초의 사례라고 할 수 있다.

투키디데스보다 20여 년 전에 역사학자 헤로도토스(기원전 484~기원전 425)는 그리스의 도시국가들이 키루스(기원전 600~기원전 530)와 다리우스(기원전 550~기원전 486)가 이끄는 페르시아 제국에 맞서 싸운 전쟁에 대해 서술했다. 또한 헤로도토스는 그리스인과 페르시아인 외에 이 지역의 다른 여러 집단에도 관심을 기울였다. 그의 전쟁사에는 당대에 얻을 수 있는 정보를 바탕으로 먼 지역 사람들의 관습을 지리적·민족지학적으로 설명한 내용이 매우 많다. 기원전 513년 다리우스는 오늘날 우크라이나에 해당하는 서아시아 초원을 공격하다가 일군의 스키타이인 유목 전사들과 마주쳤다. 헤로도토스는 스키타이인의 생산 방식 및 스키타이 사회와 초원 환경의 밀접한 관계를 상세하게 설명했다.

> 나는 다른 점에서는 스키타이족이 훌륭하다고 생각하지 않지만 한 가지 가장 중대한 인간사에 있어, 그들은 우리가 아는 모든 부족을 능가한다. 그들이 해결한 중대사란, 그들이 추격하는 자는 아무도 그들에게서 벗어나지 못하고, 그들이 따라잡히고 싶지 않으면 아무도 그들을 따라잡을 수 없다는 것이다. 그들은 도시도 성벽도 없고, 집을 수레에 싣고 다니고, 말을 타고 활을 쏘기에 능하고, 농경이 아니라 목축으로 살아가며, 수레가 그들이 가진 유일한 집인데 그런 그들이 어찌 다루기 어려운 불패(不敗)의

부족이 되지 않을 수 있겠는가?

그들이 문제를 그렇게 해결할 수 있는 것은 그들 나라의 지형과 하천 덕택이다. 그들 나라는 평평하고 풀이 잘 자라고 물이 흔하며, 아이귑토스(이집트)의 운하만큼이나 많은 수의 하천이 관류(貫流)하고 있다.[02]

다리우스의 군대는 스키타이인의 중심부를 관통했지만 그들을 정복하지 못했고, 결국 식량 부족에 직면하여 후퇴하는 과정에서 막대한 병력을 상실했다. 헤로도토스는 거대한 다리우스 군대가 수적으로 열세인 스키타이인들에게 패배한 이유를 설명하면서 스키타이인의 유목 방식, 그들의 동물, 그리고 목축이 자라는 초원과의 밀접한 관계에 주목했다. 강수량이 풍부하고 지세가 평평한 토지 덕분에 소와 말을 먹일 수 있는 거대한 목초지가 만들어졌으며 스키타이인은 도시나 요새를 건설하지 않고 이동하며 살았다. 스키타이인에게 가장 효과적인 군사전략은 모든 유목민족들이 공격에 직면하여 취하는 방식, 즉 초원 깊숙이 퇴각하여 목축이 아닌 곡물에 의존하는 적의 보병이 식량 부족으로 퇴각하기를 기다리는 것이었다.

한때 다리우스는 스키타이인들을 전장에서 자신과 대적하지 않는 겁쟁이라고 비웃었다. "너희는 진로를 선택할 때 왜 내게서 도망치기만 하는가? 너희가 내 힘에 대적할 수 있을 만큼 스스로 강하다고 여긴다면 이리저리 피하는 것을 멈추고 한곳에 머물러 싸워라. 너희가 약자라고 여겨진다면, 마찬가지로 도망을 멈추고 너의 주인(다리우스 자신)에게 선물을 바

02　Herodotus, *The Histories* (Penguin Books, 1954), Book 4, pp. 1~8 (헤로도토스 지음, 천병희 옮김, 『역사』, 도서출판 숲, 2009, 제IV권, pp. 392~393).

치고 대화를 하라." 스키타이 국왕은 이렇게 답했다. "만약 네가 나의 주인 이라고 주장한다면 너는 후회하게 될 것이다."

스키타이인들은 자신들은 거주지를 위해 싸울 필요가 없다고 응답했 다. 그들이 반드시 지켜야 할 곳은 조상의 묘지뿐이었지만 다리우스는 그 곳이 어딘지 알지 못했다. 스키타이인들은 다리우스의 군대를 초원 깊숙 이 유인한 다음, 기병을 보내 신속하게 포위하고 그들의 공급선을 끊어버 렸다. 굶주린 다리우스의 병사들은 재난을 피할 수가 없었다. 이러한 상황 은 농경 지역의 군대가 유목 지역의 기병을 공격할 때 계속 반복되었다.

헤로도토스는 스키타이인의 사회적 심리적 특징을 그들의 거주지나 생활 방식과 직접 연결시켰다. 투키디데스와 마찬가지로 헤로도토스 역시 전쟁의 결과를 환경적 원인으로 해석했다. 중앙유라시아 지역에서 역사서 에 기록된 최초의 유목민족인 스키타이인에 대한 헤로도토스의 이러한 묘 사는 이후 중국의 사마천(기원전 145~기원전 86)의 설명과 매우 유사하 다. 사마천은 한나라를 수백 년간 공격한 중앙아시아의 흉노는 정주세계 의 대규모 군대가 무찌를 수 없는 유목 전사라고 설명했다. 정주세계의 제 국과 유목민의 관계에 대한 이러한 상호보완적인 분석은 환경사와 변경사 의 밀접한 관계를 잘 보여준다. 생활 방식이 전혀 다른 집단이 서로 대적 하여 충돌하는 양상을 살펴봄으로써 구체적인 환경조건이 사회, 군대, 경 제를 만들어가는 과정을 이해할 수 있다. 중국과 서구에서 모두 변경의 역 사가들은 이러한 상호작용을 고찰한 저술을 대량으로 남겼다.

후대의 역사학자

다른 여러 서양 학자들도 환경적 원인에 대해 관심을 기울였지만 여기에
서 그들을 자세히 논하지는 않을 것이다. 그러나 투키디데스와 헤로도토
스가 환경, 집단 심리, 전쟁 간의 밀접한 관계를 논했으므로 중세와 근대
초기의 위대한 두 역사가, 이븐 할둔(Ibn Khaldun, 1332~1406)과 에드워드
기번(Edward Gibbon, 1737~1794)의 관점에 대해서는 언급할 필요가 있다.
두 사람 모두 제국의 흥망에 관해 방대한 저서를 남겼고 초원의 유목민족
이 정주세계의 제국에 미친 영향에 특히 주목했다. 이븐 할둔은 1378년 아
랍어로 쓴 『역사서설(무카디마, Muqaddimah)』에서 정주 농경세계와 이동
성이 강한 유목세계를 대비하여 역사적 변화에 대한 철학을 개괄적으로
서술했다.[03] 이 책의 철학은 국가의 흥망을 정주민과 유목민의 심리적 물
질적 자원의 변동과 연결시키는 일종의 순환론이었다. 이동성이 강한 유
목민들은 부락 단위로 조직되었고 이들을 가공할 전사로 만들어주는 강력
한 집단적인 연대의식인 아사비야(asabiyyah)가 있었다. 뛰어난 군사 기술,
그리고 전투 지역의 환경에 대한 깊은 지식 덕분에 그들은 자신들보다 수

03　(역자주)『역사서설(무카디마)』는 이븐 할둔이 왕조의 흥망과 제도의 폐치를 다룬 명저
　　로, 그중 서문(序文, 즉 무카디마)에 해당하는 부분이 유명해져서 많은 언어로 번역되었
　　다. 한글 번역본은 이븐 할둔 지음, 김호동 옮김, 『역사서설』, 까치, 2003; 이븐 칼둔 지음,
　　김정아 옮김, 『무깟디마-이슬람 역사와 문명에 대한 기록』, 소명출판, 2020.

적으로 우세한 집단을 정복할 수 있었다.

정복 후에 부락 전사들은 도시의 상업 자원과 문인 관료기구의 효율적인 징세를 이용하여 크게 부유해졌다. 그러나 힘들지만 활기에 넘치는 초원과 사막의 환경에서 벗어나 정착민이 된 후 유목민들의 집단의식은 퇴색해갔다. 결국 정착하여 부유해졌으나 타락에 빠진 국가는 파벌 싸움과 빈부 갈등에 빠졌다. 이러한 사회적 약점으로 인해 더 강력한 집단의식을 가진 활력이 넘치는 신흥 부락의 정복자가 붕괴하고 있던 국가를 점령했다. 순환은 계속 반복되었다.

이븐 할둔의 순환론적 역사관은 특히 북아프리카 국가나 중동 핵심부의 투르크 유목 부족의 사례를 참고한 것이다. 튀니지에서 태어나 스페인의 그라나다와 이집트의 카이로까지 이슬람 세계를 두루 여행했던 이븐 할둔은 지역 정치에 깊숙이 관여했지만 동시에 학자로서 세계주의적인(cosmopolitan) 시야를 갖고 있었다. 그의 역사관은 서구와 중동의 많은 역사가에게 영감을 주었고 가장 위대한 근대 역사 철학가라는 명성을 얻게 했다. 현대의 사회학자들은 지금도 이븐 할둔의 관점을 이용하여 거시 역사를 설명하고 있다.[04]

영국인 에드워드 기번은 초원의 유목 민족이 제국에 끼친 영향을 서술하면서 특히 로마제국의 사례에 주목했다. 그의 저서 『로마제국 흥망사(The History of the Decline and Fall of the Roman Empire)』는 모두 6권으로 1776~1788년에 출판되었다. 서로마제국이 게르만인의 침입을 받고 쇠퇴한 과정에 관한 기번의 설명은 잘 알려져 있지만, 그의 서술이 1381년 동로마제국 즉 비잔틴제국의 몰락까지 이어진다는 사실을 아는 독자는 많지

---

04 Peter Turchin, *Historical Dynamics: Why States Rise and Fall*, Princeton University Press, 2003.

않다. 유럽 서부에서 활동한 게르만 부족과 동부에서 오스만 제국을 건국
한 투르크 부족을 서술하면서 기번은 할둔과 놀랄 만큼 비슷한 역사관을
보여준다. 기번의 관점에 따르면 서부의 흉노나 동부의 투르크와 같은 유
목 민족은 야만인이기는 했지만, 강력한 응집력과 부족에 대한 충성심은
이들을 가공할 전사로 만들어주었다.

　이와 반대로 향락을 추구하고 타락한 서로마제국과 동로마제국의 엘
리트들은 서로 연합하여 정복자에 대항하지 못했다. 사실 그들은 전사 부
족민들을 군대로 불러들인 장본인이었다. 두 제국 모두 외부의 정복이 아
니라 내부의 분열로 멸망했다. 기번은 집단의식인 아사비야(asabiyyah)와
같은 말을 사용하지는 않았지만 자주 집단의 결속과 개인적인 나약함을
분명하게 비교했다.

> 강력한 권력을 추구하는 로마인들의 남성적인 자부심은 공허한 동방(East)에 과시적
> 인 형식과 의례를 남겨주었다. 반면 디오클레티아누스 시기 동로마제국의 아시아적
> 인 화려함은 나약하고 우유부단한 분위기를 띠고 있었다.[05]

　요약하면 이븐 할둔과 에드워드 기번은 유목 환경과 농경 환경의 영
향을 고찰함으로써 역사의 장기 변천에 관한 이론을 도출해냈다. 그들은
그리스 고전 역사학의 전통을 계승하여 방대한 규모의 세계 제국사를 저
술하고, 자연환경에 대한 이해를 중동과 유라시아 대륙으로 확대시켰다.
이들은 앞선 시대의 선구자들보다 사회 권력의 원천에 대해 더 많은 정보

05　Edward Gibbon, *The History of the Decline and Fall of the Roman Empire* (London, Allen
　　Lane, Penguin Press, 1994), Chap. 17, vol. 1 p. 521; Chap. 18, vol. 1 p. 562.

가 있었고 더 넓은 세계주의적 관점을 지니고 있었다. 영어와 아랍어로 쓰인 그들의 저서가 많은 사람에게 널리 전파되면서 더 많은 독자가 환경이 전쟁에 끼친 영향을 이해하게 되었다.

전문 역사학과 환경사

서구에서 전문 역사학이 하나의 학문 분과로 탄생한 것은 19세기 말이다. 역사학이 하나의 학문적인 직업으로 등장했다는 것은 재능 있는 "아마추어" 역사가가 개인적인 작품으로 역사를 쓰는 것에서 벗어나 대학의 교수직, 연구 세미나, 학술잡지, 학술회의, 그리고 일차 자료의 편찬 등 학계의 표준적인 구조가 만들어졌음을 의미한다. 역사 과목은 또한 사회과학이나 문학과는 구분되는 하나의 전문 연구 영역으로 정의되기 시작했다. 역사사회학자인 찰스 틸리(Charles Tilly)에 따르면 전통적인 역사학의 기본 특징은 다음과 같다.

1. 시간과 공간을 변화의 근본 원리로 견지한다.
2. 연구자는 시간과 공간을 서로 상응하게 분할한다.
3. 연구 주제는 국가 정치에서 중요한 문제에 기반한다.
4. 전문가와 아마추어의 구분이 모호하다.
5. 문헌 자료에 크게 의존하고 그 결과 문자의 세계(literate world)에 주목한다.
6. a) 주요 인물을 고증하고
   b) 주요 인물의 태도와 동기를 분석하며
   c) 각종 문건을 통해 비판을 검증하고

d) 결과물을 서술로 제시한다.[06]

1884년에 설립된 미국 역사학회(The American Historical Association)는
독일의 연구 세미나를 모델로 만들어졌다. 1876년 볼티모어에 세워진 존스
홉킨스대학은 스스로 "과학적 역사의 산실"을 자처하며 역사학을 위한 연
구 세미나를 만들었다.[07] 그들이 목표로 삼은 "객관성"은 자연과학의 기준
에 따른 중립성, 증거의 엄밀한 고증, 동료들에 의한 평가를 의미했다.

그러나 역사가들은 19세기 민족국가의 등장과 밀접하게 연결되어
있었다. 그들은 모든 민족의 특징을 먼 과거에 만들어진 최초의 형태로부
터 계속 발전하여 19세기에 이르러 하나의 조직된 민족 문화가 수립되는
지속적인 성장의 과정으로 설명했다. 역사가들은 주로 각국의 정치, 전쟁,
예술, 문화에 집중했다. 유럽의 모든 민족국가는 각자의 역사 연구기관을
설립하고 교과서를 편찬하여 공통의 민족사를 다음 세대에 전달하고자
했다.

그러나 20세기 초에 프랑스에서는 후에 아날학파라 불리는 학자
들을 중심으로 민족주의적 역사를 반박하는 움직임이 일어났다. 1929년
그들은 『사회경제사 연보(Annales d'histoire économique et sociale)』라는 잡
지를 창간했다. 이러한 움직임을 이끈 것은 마르크 블로크(Marc Bloch,
1886~1944)와 뤼시앵 페브르(Lucien Febvre, 1878~1956) 두 사람이었다.
아날학파의 기본 원칙은 다음과 같았다.

---

06 Charles Tilly, "How (and What) are Historians Doing," *American Behavioral Scientist*, 33:6
    (1990), pp. 685~711.
07 Peter Novick, *That Noble Dream: The "Objectivity Question" and the American Historical
    Profession*, Cambridge University Press, 1988, p. 78.

장기 지속(longue durée), 즉 수 세기에 걸친 변화 주기, 특히 농업 생산에 영향을
끼친 자연 주기에 주목한다.

지배자나 지식인의 활동만이 아니라 인류의 절대 다수를 차지하는 평민의 삶에 주목
한다.

사회과학, 특히 역사 지리와 인류학 및 사회학 등 새로운 분야와 밀접한 관계를 맺는다.

경제학자와 마찬가지로 양적 자료에 크게 의존하며 경제 주기에 관심을 기울인다.

아날학파의 목표는 전통적인 역사학의 국가 경계를 초월하거나 혹
은 문제로 삼는 것이었다. 그들에게 역사란 민족국가가 흥기하고 제국이
몰락하는 과정에 관한 이야기가 아니었다. 역사가의 일은 인위적인 경계
를 넘어 심층의 과정을 연구하고, 인류를 구획하는 민족주의적 특수성이
아니라 인류를 통합하는 특징에 주목하는 것이었다. 아날학파는 보편적이
고 심지어 "제국주의적인" 역사 과목을 수립하여 역사 시기의 모든 인간
에 관한 전체론적인 서술을 수립하고자 했다. 그것은 거창하지만 또한 숭
고한 목표였다.

자연환경에 관한 연구는 이러한 접근에서 핵심적인 부분이었다. 아
날학파의 연구자들은 토양·물·기후·지형 등 지역의 지리를 상세히 검토
하는 프랑스의 폴 블라슈(Paul Vidal de la Blache)가 창시한 역사지리학의
전통에 기반을 두었다. 수천 년 인류 역사에서 절대다수는 토지를 경작하
는 농민이었기에 아날학파는 농업사 연구에 특히 주목했다. 그들은 중세
부터 근대 초기까지 수백만 프랑스 농민의 삶을 세밀하게 복원하고 프랑
스의 거의 모든 지역의 장기 지속에 관해 저술했다.

제2차 세계대전 이후 아날학파는 거대한 제도권 역사학이 되었지만,
그 시작은 마르크 블로크와 뤼시앵 페브르라는 두 명의 특출한 학자가 이

끄는 작은 프로젝트였다. 마르크 블로크의 학문적 이력은 한 편의 영웅 소
설과 같다. 그는 자신을 둘러싼 환경에 주목함으로써 새로운 역사 분야를
창시했으며 새로운 연구 방법론을 개척했고 여러 세대의 후학에게 영향을
미쳤다. 그는 페브르와 함께 잡지를 창간하여 자신의 생각을 널리 알렸고,
제2차 세계대전 중에 레지스탕스 대원으로 활동하다가 독일 게슈타포의
손에 희생되었다.

블로크는 알자스 지역 출신의 유대인으로 열렬한 프랑스 애국자였
다.[08] 그의 부친은 1870년에 독일인들에게 맞서 스트라스부르(Strasbourg)
도시를 지켰고, 저명한 파리 고등사범학교(Ecole Normale Superieure)에
진학하여 후에 그곳에서 고전문학 교수가 되었다. 블로크는 1894년부터
1906년까지 교수와 학생들을 정치 운동으로 몰아간 드레퓌스사건이 초래
한 대혼란의 시기에 성장했다. 프랑스 군대에서 복무한 유대인 출신의 알
프레드 드레퓌스 대위는 1894년에 위조된 문서와 반역이라는 무고에 근거
하여 군에서 면직되고 유배형에 처해졌다. 프랑스 우익은 이를 반유대주
의운동의 기회로 삼았지만, 프랑스 지식인들은 드레퓌스를 위한 변호 운
동을 전개하고 진실을 밝히라고 요구했다. 프랑스 정부는 10여 년 동안 재
판 결과에 대한 번복을 거부하다가 1906년에 이르러 마침내 드레퓌스의
무죄를 인정하고 그를 복직시켰다.

드레퓌스의 무죄가 인정됨으로써 프랑스의 유대인들도 애국자로 간
주될 수 있음을 보여주었지만, 당시 20세였던 블로크는 이 사건을 계기로
군대와 귀족 지지자들을 증오하게 되었다. 이때의 경험으로 그는 아마도
역사에서 소문·편견·사회심리적 현상의 역할을 민감하게 인식하게 되었

---

08 Carol Fink, *Marc Bloch: A Life in History*, Cambridge University Press, 1989.

을 것이다. 이러한 문제는 이후 그의 연구 주제가 되었다. 역사가는 과학적·실증적·객관적이어야 한다고 주장하던 시기에 이것들은 인기 있는 연구 주제가 아니었다. 그러나 자연과학을 맹목적으로 신뢰하는 프랑스의 실증주의나 독일의 과학적 허세에 대한 반대는 블로크 사상의 대표적인 특징이었다.

　　제1차 세계대전 후 프랑스군에서 퇴역한 블로크는 스트라스부르대학(University of Strasbourg)에서 가르치기 시작했다. 그의 주요 저작은 모두 1920년부터 1939년까지 매우 짧은 기간에 완성되었다. 블로크의 저작은 봉건주의 비교사·화폐사·기술사·비교법제사 등 여러 주제를 다루었지만, 주로 중세부터 근대 초기까지의 농업사, 특히 프랑스 농업사에 집중되어 있었다. 1931년에 출판된 그의 고전적 저작 『프랑스 농촌사의 기본 성격』에서 블로크는 프랑스 농촌 생활의 가장 근본적인 특징을 추적했다.[09]

　　이 책에서 블로크는 프랑스 농업의 독특한 특징을 강조했다. 중세 프랑스는 영국·독일·지중해 지역과 마찬가지로 중세의 삼포식 농법(the three-field system)의 특징을 지니고 있었지만, 이 세 지역의 농경 방식이 한곳에 모여 있는 것이 바로 프랑스의 특징이었다. 민족주의자의 시각으로 프랑스를 바라보았던 블로크는 프랑스를 농업 환경에 의해 자연적으로 경계가 구획된 공동체로 여겼다. 사실 중세와 근대 초기에는 이곳에 살았던 사람들이 모두 프랑스어를 사용한 것도 아니었고, 그들 대부분은 근대 "프랑스"라는 개념에 관한 생각도 없었다. 그러나 블로크는 심층의 물질적 조건이 그들을 근본적으로 통합시켰다고 주장했다. 여기에서 블로크의 프

09　Marc Bloch, *French Rural History: An Essay on its Basic Characteristics*, University of California Press, 1966 (마르크 블로크 지음, 김주식 옮김, 『프랑스 농촌사의 기본성격』, 신서원, 1994).

랑스 애국주의자로서의 관점이 국제주의적(internationalist)이고 비교사적인 분석 방법을 발전시키려 하는 아날학파의 주장과 충돌하는 것을 볼 수 있다. 그러나 다른 저작에서 블로크는 프랑스와 다른 유럽 국가의 농경지·기술·법률 제도를 섬세하게 비교하여 분석했다.

블로크의 연구 방법은 놀랄 만큼 새로운 것이 많았지만, 그 가운데 가장 중요한 주장은 고대 문서만 읽을 것이 아니라 자연 속에서 영감의 원천을 찾아야 한다는 것이었다. 이 책의 서문에는 블로크가 자신의 스승이자 저명한 중세시대 법제사 연구자 퓌스텔 드 쿨랑주(Fustel de Coulanges)에 관해 언급한 유명한 구절이 있다. 프랑스에는 영국과 같은 개방 경작지가 출현하지 않았다고 주장한 스승에 대해 블로크는 다음과 같이 말했다.

> (퓌스텔의) 이러한 답변은 그의 위대한 명성을 전혀 훼손할 수 없다. 더욱이 그는 외부 세계를 강렬하게 의식하는 사람도 아니었다. 프랑스 북부와 동부 지역 전체에서 분명히 영국의 개방 경작지를 연상케 하는 특징적인 형태의 경작지들을 그가 주의깊게 관찰한 적은 한번도 없었다. 그가 대답하기 위해 참고한 것은 문서들이었으며 그나마 오래된 문서들만 참고했을 뿐이다. 그는 그 문서들을 좀 더 가까운 과거에 조명해보지 않은 채 문서 자체만을 고찰했던 것이다.[10]

퓌스텔은 한번도 도서관 밖으로 나가 자신의 눈앞에 있는 토지로부터 증거를 찾으려 하지 않았다는 것이다.

블로크에게 역사 연구의 첫 번째 원칙은 과거를 연구하기 위한 질문을 찾으려면 우리를 둘러싼 지금의 환경을 살펴보아야 한다는 것이었다.

---

10 마르크 블로크 지음, 『프랑스 농촌사의 기본성격』, p. 54.

블로크는 역사가의 연구와 그의 현재적 경험을 결코 분리하지 않았다. 그에 따르면 역사가는 "역사를 거꾸로 읽는 방식", 즉 현재에서 과거를 거꾸로 소급하여 추적하는 방식으로 자신의 문제를 해결해야 했다. 블로크는 또한 토질과 기후에 매우 주목했는데, 지도를 바탕으로 농경지의 모습을 재구성하고 초기 정착의 표시로서 지명에 주목하는 등 참신한 자료들을 이용했다. 그는 역사 지리와 농업사 분야를 새로 개척한 인물이었다. 그의 주된 목표는 장기적인 사회 변화의 숨겨진 원인을 찾아내고 그들 간의 연관성을 통합적으로 이해하여 평범한 사람들의 삶을 가능한 여러 방면에서 복원하는 것이었다.

『프랑스 농촌사의 기본성격』은 인류가 자연을 변화시키고 이 과정에서 스스로 변화하는 모습을 자세히 묘사하고 있다. 먼저 12~13세기에 나타난 인구 증가로 사람들은 삼림을 개간하여 프랑스 북부에 개방 경작지 제도(open-field system)를 만들어냈다. 블로크가 말하듯이 삼림은 인류가 대적하기 가장 어려운 대상이었지만, 동시에 인간의 노력이 가장 뚜렷한 성과를 이룬 곳이기도 했다. 이러한 개방 경작지는 매우 긴밀하게 결합된 농촌 공동체를 만들어냈다. "대단히 협소한 땅"으로 구성된 개방 경작지 제도에서는 협력이 요구되는 경작제도가 만들어졌는데, 모든 경작지에서 이웃들이 종자를 심을 수 있었고 한 곳의 토질이 다른 모든 곳의 토질에 영향을 미칠 수 있었기 때문이었다.

"만약 잘못된 경작 방식으로 모든 경작 주기를 결정하면 생산이 제대로 될 수 없었다. 강력한 사회적 결집력과 토지의 집단 소유의식이 있어야만 이런 종류의 제도가 확립될 수 있었다." 또한 북부 평야에서 사용되는 대형 바퀴가 달린 쟁기는 힘센 말이 끌어야 했기에 공동체 전체가 함께 사료를 공급하여 말을 길러야 했다. 블로크에 따르면 물질 조건과 "관습,"

중세 영지

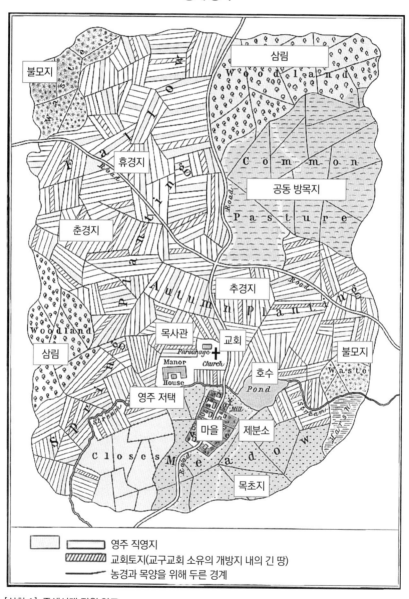

영주 직영지
교회토지(교구교회 소유의 개방지 내의 긴 땅)
농경과 목양을 위해 두른 경계

[삽화 1] 중세시대 장원 약도

즉 "심리적 태도"라는 요인이 휴경지의 공동 방목을 발전시켰고, 그 결과 어떤 농민도 자신의 경작지를 공동체로부터 분리시키지 못했다.[11]

그러나 프랑스 남부에서는 다른 형태의 경작지 제도와 사회가 등장했다. 남부에서 농지는 긴 장방형이 아니라 불규칙한 네모형이거나 마름모형이었다. 이곳에서는 토양이 가볍고 건조해서 쟁기질이 쉬웠으므로 마을 사람들이 서로 가까이 경작할 필요가 없었다. 따라서 이곳의 농촌 공동체는 농경 가구가 훨씬 느슨하게 연결된 형태로 만들어졌다.

블로크는 이처럼 프랑스 근대 초기의 확연하게 다른 두 농촌 사회를 묘사하고 그들의 사회 구조·생산 조건·심리적 태도가 서로 다른 공동체를 만들어냈다고 설명했다. 각각의 경우에 토질·기후·쟁기·경작지의 특징이 서로 이질적인 사회 구조를 만들어냈기 때문에 이 두 사회를 결합시키는 것이 근대 초기 프랑스의 중요한 특징이 되었다. 블로크는 환경이 인간 사회에 미친 영향을 자세히 설명했지만 그것을 유일한 결정 요인으로 여기지는 않았다. 이러한 방법을 통해 그는 많은 후학에게 영향을 끼친 환경사에 대한 전체론적 관점을 새롭게 수립했다.

블로크의 가까운 친구이자 동료인 뤼시앵 페브르는 최초의 탁월한 지역 농촌사를 저술하여 후대 아날학파의 토대를 구축했다. 그가 1925년에 저술한 『역사지리학 입문(A Geographical Introduction to History)』은 장기 역사(long-term history)의 원류를 역사 지리와 연결한 책이다. 페브르는 역사 연구에서 인문지리의 중요성을 역설했지만, 오직 기후 조건이 인간의 특성을 결정한다고 여기는 과도한 지리결정론은 단호하게 반대했다. 이 책에서 그는 서유럽과 같은 온대기후 지역에서는 자유 사회가 탄생한

---

11 마르크 블로크 지음, 『프랑스 농촌사의 기본성격』, pp. 125~135.

반면 열대기후는 아시아인에게 게으름과 침체를 가져다주었다는 주장에
반박했다. 페브르에 따르면 이것은 "금지되어야 할 방법론을 함부로 사용
한 것이며 거짓된 과학을 보여주는 것"이었다.[12] 페브르에게 기후 결정론
을 반박하는 것은 아시아인에 대한 편견을 극복하고 그들의 성취를 인정
하는 일이기도 했다. 페브르의 저작은 대부분 근대 초기의 지성사와 문화
사에 대한 것이지만, 그는 블로크와 함께 아날학파의 주된 관심이 농업 생
산에 기반한 장기 지속에 있음을 분명히 보여주었다.

겸손하면서도 열정적인 학자이자 애국자로서 프랑스 주변부 지역
의 한 대학에서 가르쳤던 마르크 블로크는 2차 대전 이후 프랑스에서 환
경사 연구의 큰 성공에 토대를 마련했다. 그의 사후 역사가들은 프랑스의
더 작은 규모의 지역에 관해 더 큰 책을 출판하여 농업 생활을 상세하게
묘사했다. 그들은 블로크가 처음 제시한 문제에 많은 수량적 증거와 풍부
한 자료, 그리고 놀라운 통찰력을 추가했다. 이러한 지역사 연구는 모두 지
방 농업환경에 대해 놀랄 만큼 풍부한 관점을 제시하고 있다. 그러나 동시
에 블로크의 간단명료하고 개괄적인 관점이 수천 쪽에 달하는 방대한 자
료에 묻혀버리면서 간과되는 부분도 생겨났다. 그럼에도 불구하고 블로크
가 구축한 지역 농업사 연구의 전통은 다른 나라의 역사가들에게 여전히
영감을 제공하고 있다. 예를 들어 마이클 콘피노(Michael Confino)는 블로
크처럼 근대 러시아의 삼포식 농업을 상세히 분석하고, 자연적 요소와 인
간적 요소가 결합된 농업 체제에서 여러 요소가 함께 작동하는 방식을 보
여준다.[13] 한편 중국 북부와 남부 지역의 농업 생산 방식을 분석한 필립 황

---

12 Lucien Febvre & Lionel Bataillon, *A geographical introduction to history* (A. A. Knopf, 1925), p. 99.
13 Michael Confino, *Systèmes Agraires et Progrès Agricole: L'Assolement Triennal en Russie aux XVIIIe-XIXe Siècles*, Paris: Mouton, 1969.

(Philip Huang)도 블로크와 비슷한 관점을 가지고 있었다.[14]

그러나 근대적 관점에서 보았을 때 블로크의 접근방식이 생태학적 측면을 폭넓게 고찰하지는 않았다는 점도 지적해야 한다. 토지, 토양, 기후는 그의 서술 속에서 정지된 요소였다. 토지는 순환하지 않고, 생물학적 유기체로서의 동식물은 원인이 되는 요소로 여겨지지 않았다. 자연 세계는 제약 조건으로 간주되었고 생존을 위해 생산하는 인간이 힘들게 극복해야 할 대상이었다. 아날학파의 농촌 역사 연구자들은 일반적으로 중세와 근대 초기에 자연이 인간 사회에 부과한 거대한 제약을 강조했다. 오늘날 연구자들은 자연과 인간 사이에는 역동적인 상호관계가 있었으며 중세와 근대 초기에도 그러했음을 밝히고자 한다.

아날학파에서 가장 유명한 학자인 페르낭 브로델(Fernand Braudel, 1902~1985)은 지금까지도 전 세계 역사가들에게 영향을 미치고 있다. 브로델의 역작인『지중해: 펠리페 2세 시대의 지중해 세계』의 초판은 1949년에 출판되었지만 책의 주요 부분은 세계대전의 여파로 학술 연구가 대부분 중단되기 전에, 그리고 아날학파의 첫 번째 전성기가 끝났던 1939년에 완성되었다. 브로델은 이 책의 대부분을 독일의 포로수용소에서 썼다. 그는 아날학파 창시자들의 연구 방법과 관점을 채택했지만, 지중해 세계에 대한 그의 저서에는 사실 1930년대 프랑스의 상황이 반영되어 있으며 초기 전후시대(early postwar period)의 분위기가 더해져 있다. 1966년에 발행

---

14 Philip C. C. Huang, *The Peasant Economy and Social Change in North China*, Stanford University Press, 1985; *The Peasant Family and Rural Development in the Yangzi Delta, 1350~1988*, Stanford University Press, 1990. 한편 콘피노와 필립 황의 연구를 비교한 논문은 Peter Perdue, "Technological Determinism in Agrarian Societies," Merritt Roe Smith and Leo Marx eds., *Does Technology Drive History?: The Dilemma of Technological Determinism* (M.I.T. Press, 1994), pp. 169~200.

된 프랑스어 수정판은 1972년에 영어로 번역되어 프랑스 밖에서 가장 강력한 영향을 발휘했다.[15]

브로델은 블로크와 페브르에 의해 시작된 문제의식을 계승하여 장기 시대에 주목하고 심층 구조를 중시했으며 단발성 사건은 중요하게 여기지 않았다. 그러나 브로델은 자신의 연구를 더욱 크고 구조적인 방식으로 발전시켰다.『지중해: 펠리페 2세 시대의 지중해 세계』는 방대하고 다양한 주제를 다룬 책으로, 양적 자료와 자연조건에 대한 증거 자료로 가득차 있으며 기독교 세계와 이슬람 세계를 망라한 지중해 전역에 걸친 고문서 자료를 광범위하게 인용하고 있다. 책 제목이 16세기 후반의 지중해만을 언급해서 대단치 않아 보이지만, 사실 이 책은 광범위한 시공간을 망라한다. 블로크, 페브르, 그리고 초기 아날학파의 역사가들이 프랑스만 연구했던 것에 비해 브로델은 연구 영역을 확장하여 스칸디나비아반도에서 사하라사막까지 더 넓은 공간을 다룬다. 아날학파의 전통과 환경사 연구에 브로델이 가장 크게 기여한 점은 바로 한 시기에 여러 단위의 공간이 여러 가지 방식으로 상호작용했음을 지적한 점이다. 이 점에 대해서는 3장에서 자세히 설명할 것이다.

그러나 블로크와 브로델의 연구 방법에는 뚜렷한 연속성이 있다. 프랑스에 다양한 농경 관습이 존재했음에도 불구하고 그 나라의 통합성을 강조한 블로크처럼 브로델 역시 다른 무엇보다도 지중해가 하나의 지역임을 강조했다. 브로델은 국민국가나 지역을 중심으로 하는 시각에서 벗어

---

15 Fernand Braudel, *La Mediterranée et le Monde Mediterranéen à l'Epoque de Philip II,* *Armand Colin*, 1966; *The Mediterranean and the Mediterranean World in the Age of Philip II,* Harper & Row, 1972 (페르낭 브로델 지음, 주경철 · 조준희 옮김, 『지중해: 펠리페 2세 시대의 지중해 세계』, 까치, 2017~2019).

나, 기후와 지리 같은 근본적인 요소들이 여러 근대 국민국가를 넘어 넓은
범위의 문화적 지역을 규정한다고 주장했다.

『지중해: 펠리페 2세 시대의 지중해 세계』는 모두 3부로 구성되어 있
는데, 각각 전혀 다른 연구 방법을 취하고 있다. 제1부는 지리, 제2부는 콩
종튀르(conjunctures), 즉 국면, 제3부는 사건을 다룬다. 제1부의 설명에 따
르면 지중해 지역은 산과 사막으로 구획된다. 브로델은 산맥에 의한 교통
의 제약이나 산악지대와 평야지대의 차이점에 대해 설명한다. 그에게 지
중해는 해상 교통망으로 연결된 여러 소규모 해안 지역을 의미했다. 건조
한 기후, 척박한 토양, 압도적으로 많은 올리브와 포도나무가 이 지역에서
인간 생존의 기본 구조를 만들었다. 블로크가 분석한 북부 유럽은 기후가
다습하고 토질이 윤택했기 때문에 이곳에서 심경법(深耕法), 비육한 소, 밀
농사 및 강력한 봉건제가 출현했다. 이와 달리 지중해인들은 가벼운 음식
을 먹었고 밭에서 쟁기질을 깊게 하지 않았으며 자주 이동했고 도시와 교
역을 선호했다. 그들은 돈을 많이 벌었지만 언제나 가뭄과 기근을 두려워
했다. 블로크는 프랑스 남부 지역을 하나의 독특한 농경 문화로 규정했지
만, 브로델은 특히 『지중해: 펠리페 2세 시대의 지중해 세계』 초판에서 농
촌보다는 도시 생활에 주목했다. 나중에 관련 자료가 많이 확보되자 책의
개정판에서는 농촌 생활에 대한 부분이 더 추가되었다.

제1부에서는 시간이 느리게 움직인다. 여기에서 시간은 "움직이지
않는 것(immobile)"이 아니라 연월일과 같이 인간이 구획한 시간과 일치하
지 않는 지질학적 자연적 규모의 변화를 따른다. 지중해의 기후 주기, 산의
침식, 강바닥의 토사 침전은 느리게 진행되기 때문에 일상적 사건의 기록
에서는 거의 추적되지 않지만, 장기적으로 인간 활동의 근간을 규정한다.
브로델의 장기 지속(longue durée)은 블로크보다 인류의 시간 범위를 훨씬

더 연장시켰으며 후대의 환경사학자들이 지질 시간 단위와 인간의 시간 단위를 연결하도록 만들었다.

제2부에서 지중해 지역은 좀 더 바쁘게 움직인다. 여기에서는 편지·사람·돈·곡물·후추의 움직임 등 상업경제에 관한 모든 활동이 나타난다. 아날학파는 종종 정치를 무시한다는 비판을 받지만 제2부에서는 정치가 많이 등장한다. 브로델은 국가를 건설하는 과정이나 전쟁을 위해 자본·인력·식량을 동원하는 과정이 사회 변화에 결정적 영향을 끼친다는 것을 알고 있었다. 그는 단순한 경제결정론은 인정하지 않았다. 제2부는 교역·전쟁·국가정책에 자연이 끼친 영향을 강조했다는 점에서 특히 환경사학자들에게 중요하다. 가뭄·서리·폭우가 농민의 생산에 손해를 끼치는 것처럼 폭풍·추위·질병은 외교관·군대·세금 징수원의 활동에 제약을 가져왔다. 환경사학자들은 대부분 곡물·동물·농민에 주목하지만 브로델은 도시 인구 역시 자연환경에 크게 의존하고 있음을 보여준다.

제3부는 16세기 말에 일어난 사건들을 설명한다. 많은 비평가가 이 책의 제3부는 쓸모없는 부록으로 서술에 일관성이 없고 여기저기 흩어진 조각들을 모아둔 것에 불과하다고 혹평한다. 흔히 아날학파와 환경사학자들은 중요한 정치적 사건을 무시하고 정치 엘리트의 중요성을 간과한다는 비판을 받곤 한다. 하지만 브로델이 정말 사건이 중요하지 않다고 여겼을까? 그는 자신의 목표가 지속적이고 극적인 변화로 인해 우리들의 주의를 끄는 가시적인 역사와 조용하고 신중하며 관찰자나 참여자 모두에게 잘 감지되지 않지만 시간에 의해 부식되지 않고 완고하게 유지되는 심층의 역사를 동시에 보여주는 것이라고 설명했다. 그는 자신이 결코 시간에 적대적이 아니라고 선언했다. 그는 다만 더 긴 시간과 공간의 관점에서 주요

전투 같은 극적인 사건이 어떤 위치에 있는지를 보여주고자 했다.[16]

비평가들의 지적과 달리 브로델은 인간에 대한 탐구를 대신해서 정체불명의 경제 주기를 강조한 것이 아니다. 제1부에서 서술한 지리 역시 지질학자들이 다루듯이 지질 구조의 움직임을 추상적이고 지루하게 설명한 것이 아니다. 산·강·삼림·초원·동물은 인간이 이용하고 영향을 받는 한에서만 중요했다. 인간종(種)에게 자연 세계의 어떤 특권도 부여하지 않으려는 골수 생태학자들의 시각에서 보면 브로델의 관점은 지나치게 "인간적"이다. 브로델은 블로크와 페브르의 전통을 계승하여 인간 지리를 역사와 연결했을 뿐만 아니라 시공간의 범위를 확장해 더 넓은 공간과 더 긴 시간을 다루었던 것이다.

---

16 "이는 현재 우리를 포함해서 살아 있는 모든 사람들이 그렇듯이 심층의 역사에 대해서 무관심한 채 눈먼 열정이 넘치는 세계이며, 우리의 배를 술 취한 것처럼 나아가도록 만드는 급한 물결이다. 이는 분명히 위험이 가득한 세계이다. 그러나 우리는 소리 없는 심층의 큰 흐름들을 파악하고 또 장기간의 시간대를 설정하여 그 의미를 드러나게 만듦으로써 그 사악한 마술을 다스릴 수 있을 것이다. 위풍당당한 사건들은 흔히 짧은 순간에 그치는데, 그것들은 심층의 큰 운명의 힘들이 발현된 것이며 바로 그런 것들을 통해서만 설명할 수 있을 것이다." 페르낭 브로델 지음,『지중해: 펠리페 2세 시대의 지중해 세계』1권, p. 22.

후기 아날학파

아날학파는 1930~40년대 프랑스 학계의 주변부에서 미미한 활동으로 시작했으나 1947년 이후 프랑스 학계의 주류로 진출하여 프랑스 고등 연구원(École Pratique des Hautes Études)의 여섯 번째 분과가 되었다. 1956~1968년에 잡지 『아날(Annales)』의 편집장을 맡은 브로델은 여러 다른 분야의 역사가들과 결합한 대규모 연구 사업을 시작했다. 브로델 자신은 연구를 더욱 확장하여 세계사(global history)로 발전시키고 『자본주의와 물질문명』이라는 제목으로 3권의 책을 출판했다. 이 책은 경제사학자들에게 엄청난 영향을 미쳤는데, 제1권은 생산의 물질적 조건을 검토한 것으로 전 세계 인류 사회에 환경의 영향이 얼마나 큰지를 강조했다.[17] 이 책은 또한 브로델의 마지막 대규모 작업이었는데, 여기에서 그는 흥미롭게도 프랑스 지역 연구로 회귀하여 블로크와 프랑스 지역사 연구자들의 작업을 다시 정리하고 종합했다. 이처럼 브로델의 연구는 작은 것에서 큰 것까지 다양한 범위를 망라하며 프랑스·지중해·그리고 세계에 대해 공통의 분석틀을 적용했다.

　1970년대에 이르러 문화사가 중요한 분야가 되면서 아날학파와 잡

17　Fernand Braudel, *Capitalism and Material Life: 1400~1800*, Harper, 1973 (페르낭 브로델 저, 주경철 역, 『물질문명과 자본주의』 전6권, 까치, 1995~1997).

지 『아날』은 농업이나 장기 지속에 관한 주제에서 벗어나기 시작했다. 그
러나 에마뉘엘 르 루아 라뒤리(Emmanuel Le Roy Ladurie, 1929~)는 농업
사에 대한 연구를 계속하여 기후사 분야를 새롭게 개척했다. 그의 연구는
여러 갈래로 발전했는데, 어떤 저서에서는 환경이 매우 강조되어 있다. 프
랑스 남부 지역에 관한 그의 저서 『랑그도크의 농민들』은 명확히 멜서스
의 변화 모델에 기반을 두었다. 여기에서 라뒤리는 "움직이지 않는 역사
(immobile history)"라는 용어를 처음으로 만들어 농업 세계는 성장과 쇠퇴
의 끝없는 순환과정에 사로잡혀 있으며 자연 자원의 한계를 압박하는 인
구에 의해 움직인다고 설명했다.[18]

이후 라뒤리는 빙하의 움직임, 포도주의 생산 날짜, 강우량과 기온
에 관한 과학적 관찰과 지역 기록 등 기후와 관련된 자료를 다양하게 수집
하여 중세 이후 세계 기후의 장기적인 변화를 재구성해냈다. 라뒤리의 중
국인 선구자라 할 수 있는 축가정(竺可楨, 1890~1974)은 다양한 문헌 자
료에서 기후와 관련된 정보를 수집했다. 축가정과 마찬가지로 라뒤리 역
시 물리학자의 측량법을 보완하려고 문헌사료를 다루는 역사가의 연구방
법을 이용했다. 그의 저서 『축제의 시간, 기근의 시간: 1000년 이후 기후의
역사』는 역사가들에게 장기 기후변화가 인간 사회에 미친 영향을 소개한
선구적인 연구이다.[19] 라뒤리가 이 연구를 시작한 것은 지구온난화에 대
한 우려가 등장하기 전이었는데, 그는 자신의 연구를 계속 새롭게 보완하
여 지난 800년간 인간의 기후 경험을 분석한 3권짜리 방대한 연구성과를

---

18 Emmanuel Le Roy Ladurie, *Les Paysans de Languedoc*, Paris: SEVPEN, 1966 (에마뉘엘 르
루아 라뒤리 지음, 김응종 · 조한경 옮김, 『랑그도크의 농민들』, 한길사, 2009).

19 Emmanuel Le Roy Ladurie, *Times of Feast, Times of Famine: A History of Climate since the*
Year 1000, Doubleday, 1971.

발표했다.[20] 그는 이 책에서 소빙하 시기부터 지구온난화가 시작될 때까지 지난 150년간의 주요한 기후변화를 모두 설명하고 기후와 강수량의 변화가 농산물 가격·기근·복지에 미친 영향을 14세기부터 10년 단위로 상세하게 분석했다. 그의 연구는 같은 시기를 대상으로 하는 여러 다양한 연구와 지난 30~40년간 축적된 방대한 과학적 증거에 기반한 것이었다. 라뒤리는 아날학파의 역사가들로 하여금 장기적인 변화에 대한 20세기 초의 일반적인 관심에서 벗어나 지구의 기후변화가 전쟁·국가 건설·문화 현상·사회 변화 등에 구체적으로 어떤 영향을 끼쳤는지와 같은 대한 오늘날의 관심사에 주목하도록 만들었다고 할 수 있다.

비평가들은 "전체사(total history)"를 추구하는 아날학파의 목표가 지나치게 광범위하고 모호하다고 지적한다. 모든 문제를 포괄하는 거대한 연대기가 아니라 한 가지 가설을 꼼꼼하게 분석하고 정교하게 초점을 맞추는 "문제사(problem history)"가 필요하다는 것이다. 이러한 비판에는 현실적이고 개념적인 이유가 있다. 사실 역사를 연구하는 대부분의 사람들과 박사과정 학생들은 직업적인 역사학자로서의 자질을 입증하려면 논점이 명확하고 구체적인 단행본을 써야 한다. 그리고 많은 이가 학계에서 활동하는 동안 계속 그런 책을 쓰고 있다. 그러나 일반 독자들이나 대부분의 학부생은 그런 전문적인 연구를 읽지 않고, 대신 긴 시간과 넓은 공간을 다루는 종합적인 해석이 필요하다. 조 굴디(Jo Guldi)와 데이비드 아미티지(David Armitage)는 최근 『역사학 선언』에서 만약 역사학자가 50년 정도의 시간을 다루는 세부적인 전공서적만 출판하면 그는 대중과의 접점을 잃게

---

20 Emmanuel Le Roy Ladurie, *Histoire humaine et comparée du climat*, Paris: Fayard, 3 volumes, 2004.

될 것이라고 경고하고, 아날학파가 제시한 장기 지속에 관한 문제로 돌아가야 한다고 주장한다. 그들의 주장이 논쟁을 불러일으키고 있다는 사실은 역사 서술의 올바른 범위와 크기가 무엇인지가 오늘날 역사가들 사이에서 매우 큰 관심사임을 보여준다.[21]

전공서적이라는 개념은 통합적인 이해를 잘하려면 다른 전문적인 2차 연구에 기반을 두어야 한다고 강조한다. 환경사의 중요한 주제에 관해 우리는 잘 알지 못하며 더구나 인간과 환경의 관계는 지역마다 매우 다르다. 특정 지역의 사람들이 직면한 기후 조건에 어떻게 대응하고 형성했는지 알지 못하는 한, 지구의 기후사를 광범위하게 일반화하는 작업은 사실 무의미하다. 역사에서 전문 주제를 연구하는 것이 중요하다는 주장이 설득력이 있기는 하지만, 동시에 인간의 경험이 일련의 작은 규모의 문제들로 깔끔하게 구분되지 않는 것도 사실이다. 중요한 역사적 질문은 대부분 여러 가지 질문이 함께 섞여 있어서 개별적인 작은 가설들로는 쉽게 확인되지 않는다. 이 점은 환경사에서 특히 그러하다. 환경사는 매우 작은 지역 단위부터 완전히 전 지구적인 단위에 이르기까지 여러 다양한 범위의 자연에서 작동하는 과정을 고려해야 하기 때문이다. 브로델과 라뒤리의 연구는 각각 극단적으로 다른 범위를 다루지만 대부분의 역사학자는 다양한 사건·구조·과정을 하나의 통합적인 시각에서 설명하는 통사를 갈망하고 있다.

---

21 Jo Guldi & David Armitage, *The history manifesto*, Cambridge University Press, 2014 (조 굴디, 데이비드 아미티지 지음, 안두환 옮김, 『역사학 선언』, 한울아카데미, 2018); "AHR Exchange on the History Manifesto," *American Historical Review*, April 2015.

미국 학파

환경사의 두 번째 원천인 미국의 변경사 역시 19세기 말과 20세기 초에 등장한 학파로, 미국사에서 변경의 중요성을 강조한 프레데릭 잭슨 터너 (Frederic Jackson Turner, 1861~1932)의 주장으로 널리 알려졌다.[22] 터너 의 설명에 따르면 서쪽 변경으로의 끊임없는 팽창이 진보와 독립을 중시 하고 사회적 관습과 정치적 통제의 구속에서 벗어나 자유를 추구하는 미 국인이라는 특별한 인간형을 만들어냈다. 미국인의 이러한 특징은 최초 식민지에 도착한 이래 계속 유지되었으나 1900년경에 이르러 인구가 희박 한 토지가 줄어들고 변경이 사라지면서 미국인의 사회적 성향도 약화되기 시작했다. 아날학파의 블로크와 마찬가지로 터너 역시 한 사회의 심리적 특징을 인간과 자연의 관계와 연결했다. 실제로 19세기 미국과 프랑스 역 사에서 비슷한 현상이 나타났기 때문에 이런 종류의 분석이 더욱 활발해 졌다. 당시 미국에서는 이탈리아나 아일랜드 같은 다른 유럽 국가나 태평 양 건너 아시아에서 이민자들이 다수 유입되면서 이전부터 거주해온 앵글 로색슨인의 혈통이 약해져갔고, 이에 더하여 노동자 계층이 다수 거주하 는 대도시가 등장하면서 유럽의 계급적 대립이 신대륙 국가에도 나타나기

22　Frederic Jackson Turner, *The Frontier in American History*, Holt, Rinehart, and Winston, 1920 (프레데릭 잭슨 터너 지음, 손병권 옮김, 『미국사와 변경』, 소명출판, 2020).

시작했다. 프랑스의 유대인과 마찬가지로 미국의 새로운 이민자 계층은 충성심이 없고 열등한 집단이며 원래의 인종적 혈통을 위협하는 존재라는 의심을 받게 되었다. 터너와 블로크 두 사람 모두 자신이 속한 공동체의 본질적인 특징을 지키는 애국자라고 여겼다. 그러나 블로크는 유대인이었기 때문에 정통 프랑스 사회와는 거리가 있었지만 터너는 미국을 건국한 앵글로색슨인 개척자들을 옹호하는 입장이었다.

　많은 학자가 터너의 주장에 인종적인 편견이 담겨 있다고 비판해왔다. 터너는 오직 백인 남성 엘리트에만 주목했고 유럽인들이 도래하기 오래 전에 이미 북미대륙에 거주하고 있던 무수한 사람들을 무시했다는 것이다.[23] 그러나 이러한 비평가들 역시 미국인들이 변경으로 팽창해간 경험이 미국의 경제, 거주 양식, 그리고 자연 세계에 대한 미국인들의 태도에 큰 영향을 끼쳤음은 인정한다.[24]

　자연의 힘이 인간의 발전을 속박해왔음을 강조하는 프랑스의 아날학파와 달리 미국의 역사가들은 최근까지도 급속히 팽창하는 경제를 위해 자연을 개조하고 천연자원을 채굴하는 자본주의의 역동적인 힘을 칭송해왔다. 미대륙은 풍부한 자원을 보유하고 있고 자본주의는 무한대로 팽창할 것처럼 보였다.

　그러나 1960년대에 이르러 산업과 화학 기술이 풍요를 창출하는 것

23　Patricia Nelson Limerick, *The Legacy of Conquest: The Unbroken Past of the American West*, Norton, 1987; John Mack Faragher, "The frontier trail: rethinking Turner and reimagining the American West," *American Historical Review* 98:1 (1993); Stephen Aron, "Lessons in conquest: towards a greater Western History," *Pacific Historical Review* 63:2 (1994).

24　Bruce Cumings, *Dominion from sea to sea: Pacific ascendancy and American power*, Yale University Press, 2009 (브루스 커밍스 지음, 박진빈 · 김동노 · 임종명 옮김, 『미국 패권의 역사』, 서해문집, 2011).

이 아니라 자연 질서를 파괴하고 있다는 경고의 목소리가 들리기 시작했다. 자연과학자였던 레이첼 카슨(Rachel Carson)은 곡식과 정원에 DDT가 살충제로 사용되기 시작하면서 자신의 집 밖에서 더 이상 새소리가 들리지 않게 되었음을 깨달았다. 1962년에 출판된 『침묵의 봄(Silent Spring)』에서 카슨은 살충제가 모든 동물에 끼친 피해를 상세히 기록했다.[25] 이 책의 4장에서 다시 설명하겠지만 『침묵의 봄』은 큰 대중적인 반향을 불러일으켰고 마침내 환경운동을 탄생시켰다. 그러나 이러한 대중적인 자각이 역사 서술에 영향을 미치기까지는 상당한 시간이 걸렸다.

환경이 근대사의 중심 주제로 주목받게 된 것은 1980년대에 책을 출판하기 시작한 일군의 역사학자들 덕분이었다. 이때부터 도널드 워스터(Donald Worster), 윌리엄 크로논(William Cronon), 알프레드 크로스비(Alfred Crosby), 이 세 사람이 환경사 연구에 결정적인 영향을 미쳤다.[26]

그들의 연구는 북미대륙의 환경문제가 2차 대전 이후에 사용된 유해성 화학물질 이상으로 심각하다는 것을 보여주었다. 북미대륙에 처음 정착했을 때부터 인간은 어떤 식으로든 환경을 변화시켜왔다. 아메리카 원주민들은 불을 사용하여 삼림과 초원을 불태워서 사냥감을 사로잡았는데, 그 결과 북미대륙의 서식지에서 살아남을 수 있는 동식물의 종(種)이 달라

---

25 Rachel Carson, *Silent spring*, Fawcett Crest, 1962 (레이첼 카슨 지음, 김은령 옮김, 『침묵의 봄』, 에코리브르, 2011).

26 Donald Worster, *Dust Bowl: The Southern Plains in the 1930s*, Oxford University Press, 1979; William Cronon, *Changes in the Land: Indians, Colonists, and the Ecology of New England*, Hill and Wang, 1983; Donald Worster, *Rivers of Empire: Water, Aridity, and the Growth of the American West*, Pantheon Books, 1985; Alfred Crosby, Ecological *Imperialism: The Biological Expansion of Europe*, Cambridge University Press, 1986 (앨프리드 W. 크로스비 지음, 안효상 · 정범진 옮김, 『생태 제국주의』, 지식의풍경, 2000); William Cronon, *Nature's Metropolis: Chicago and the Great West*, Norton, 1991.

졌다.[27] 그러나 17세기 이곳에 도착한 유럽인들에게 북미대륙이란 사람은 적고 나무, 동물, 하천, 곡식이 풍부한 "황무지"로 여겨졌다. 신대륙의 자연자원은 무궁무진해 보였다.

하지만 유럽인들이 도래하기 이전부터 이곳에 살고 있던 아메리카 원주민들에게 무슨 일이 발생한 것일까? 알프레드 크로스비와 여러 학자들은 원주민 인구의 80퍼센트가 급격히 감소했다고 주장했다. 원주민들이 모든 곳에 고르게 흩어져 살았던 것은 아니었다. 스페인 정복 이전에 대략 2,000만~3,000만 명이 멕시코와 남서부에 살고 있었다. 이들은 농경 정주민으로 유럽인들이 가져온 천연두와 같은 질병에 취약했다. 원주민들이 대규모로 사망하여 새로운 정복자들에게 저항할 수 없게 되자 유럽 정착민들이 원주민들의 토지를 차지한 것이었다. 크로스비의 설명에 따르면 질병뿐 아니라 "여행 가방에 딸려온 생물들"도 북미대륙에 치명적인 영향을 끼쳤다. 쥐, 잡초, 돼지, 염소 등 여러 동식물이 유럽인들의 선박에 실려 인간 정착자들과 함께 도착했다. 새로운 종들은 경쟁자가 없는 상태에서 원래의 종들을 들과 숲에서 밀어내고 아메리카 원주민의 서식지를 잠식해 갔으며 유럽식 농경을 이식했다.

뉴잉글랜드 지역에서 원주민들이 맞닥뜨린 유럽 정착민들은 생물학적으로도 달랐고 무엇보다 재산 소유권에 대한 생각이 매우 달랐다. 윌리엄 크로논은 『토지의 변화: 원주민 인디언, 식민주의자, 그리고 뉴잉글랜드의 생태(Changes in the Land: Indians, Colonists, and the Ecology of New England)』에서 17세기 뉴잉글랜드를 분석하여 유럽인과 원주민이 처음에

---

27   Stephen J. Pyne, "Consumed by Either Fire or Fire: A Prolegomenon to Anthropogenic Fire," in Jill Ker Conway ed., *Earth, Air, Fire, Water: Humanistic Studies of the Environment* (University of Massachusetts Press, 2000), pp. 122~159.

는 협력하다가 점차 토지 소유권을 둘러싸고 격렬하게 경쟁하는 과정을 서술했다. 원주민들은 재산에 배타적인 소유권이 있다고 생각하지 않았고 여러 사람이 같은 토지를 다른 목적을 위해 이용할 수 있다고 여겼다. 토지의 가치는 생존을 위해 사용하는 데 있는 것이지 법적인 권리를 부과하는 데 있는 것이 아니었다. 그러나 유럽 이주민들은 토지를 그렇게 이용하는 것은 낭비라고 여겼다. 그들은 토지에 울타리와 돌담을 세워 경계를 명확하게 구분하고 다양한 작물을 재배하는 원주민의 농경방식을 바꾸어 한 가지 종류의 작물이나 과일 혹은 목축업으로 특화시키고자 했다. 당시는 자본주의의 초기 발달 단계여서 대규모 산업 집중 현상이 아직 등장하지 않았지만 토지 이용의 측면에서는 대대적인 변화가 나타났다.

크로논의 두 번째 저작 『자연의 도심: 시카고와 대서부(Nature's Metropolis: Chicago and the Great West)』는 시카고 도심에 초점을 맞추어 급속한 산업화의 두 번째 단계를 보여준다. 여기에서 크로논은 명확히 마르크스주의 용어인 "제2의 자연"이라는 개념을 이용하는데, 이 개념은 곡물, 육류, 목재 등 자연물의 상업화를 강조하는 의미를 지니고 있다. 자연물은 복잡하게 서로 얽힌 생태계 속에서 다른 종과 함께 자란다. 그러나 산업화된 동부 해안 지역에서 식량, 육류, 목재에 대한 수요가 증가하자 자연물은 시장을 위해 생산되는 상품으로 변모했다. 삼림은 목재로, 돼지는 육류로, 황금 물결의 곡식은 숫자가 매겨진 자루 더미로 곡식 창고에 저장되어 미래의 시장 수요에 맡겨졌다. 이 과정에서 철도도 중요한 역할을 했다. 철도는 미국 중서부의 광활한 지역을 시카고 도심과 연결하고 가공된 물품을 뉴욕, 보스턴, 필라델피아, 워싱턴 디시로 운송했다. 그 결과 시간대, 곡물과 육류의 처리 방식, 가격, 생산 방식이 모두 표준화되었다. 뉴잉글랜드에 대한 첫 번째 책이 유럽인의 정착과 토지 사용의 변화 사이의 연관성을 보여주었듯이, 시카고에 대한 두 번째 책은 자본주의적 산업화가 미국의 중서부에서 토지 사용에 어떤 급격한 변화를 가져왔는지 보여주었다.

도널드 워스터의 책 『제국의 강: 미국 서부의 물, 건조성, 성장(Rivers of Empire: Water, Aridity, and the Growth of the American West)』은 미시시피강 서쪽의 건조 지대에 주목하여 미국 서부의 건조한 기후와 제국주의적 성격을 띤 정착 과정이 서로 연관되어 있음을 새로운 시각에서 분석한다. 중서부와 달리 서부의 건조 지대는 정부가 막대한 지원금을 제공하지 않았거나 미연방 정부 군대가 원주민의 저항을 막아주지 않았다면 농경이 불가능했을 곳이었다. 워스터는 시카고 도심을 선전하려는 낙관론보다는 미국 자본주의의 훨씬 어두운 측면을 강조하여 보여준다. 저자는 도시 소비자들의 자연 제품 수요가 증가하여 기술이 급속히 발전했다는 이야기 대신 자연과 사람 모두에게 가해진 낭비, 억압, 폭력, 그리고 지배의 정치사를 보여준다. 리처드 화이트(Richard White) 역시 대륙 횡단 열차에 대한 최근 저서에서 철도가 자본주의의 합리적인 발달을 촉진한 것이 아니라 금융 사기와 정치 부패에 깊이 연루되었음을 보여주었다.[28]

앵글로색슨 인종이 비어 있는 황무지를 문명화된 정착지로 변모시켰다는 터너의 주장은 이제 더는 받아들여지지 않는다. 대신 우리는 자원의 고갈, 무수한 정착민들의 절망적인 상실, 기업 자본주의가 군사산업과 결합하여 만들어낸 부정과 폭력, 그리고 미국인들을 태평양 너머 아시아로 이끌고 간 제국주의적 팽창에 대해 더 많이 알게 되었다. 역설적인 사실은 원래 미국의 풍요로움을 찬양했던 변경사 학파가 이제는 지속가능한 인간

28　Richard White, *Railroaded: The Transcontinentals and the Making of Modern America*, Norton, 2011.

의 삶은 자연에 의해 크게 제약을 받는다는 것, 그리고 자연의 절차를 뛰어넘는 것은 위험하다는 것을 인정하게 되었다는 점이다. 이런 측면에서 변경사 학파의 관점은 근대 초기 유럽에 대한 아날학파와 관점과 비슷하다고 할 수 있다.

이 장에서 검토한 프랑스 아날학파와 미국 변경사 학파는 여러 측면에서 대조적이지만, 인간은 생존을 위해 이용하는 자연물, 그리고 그들이 살아가는 자연과 서로 밀접하게 상호작용하고 있다는 사실에 주목한다는 점에서는 공통적이다. 아날학파는 산업혁명 이전 시기에 주목하여 지리와 기후가 여러 가지 제약을 가했으며 인간은 자기에게 주어진 조건에 자주 적응해갔음을 밝혀냈다. 미국의 역사가들은 근대에 이르러 자연의 변화는 훨씬 극적으로 진행되었고 이 과정에서 발생한 생태적 결과에 인간이 오만한 태도를 취한 결과 우리 모두가 재앙의 나락으로 떨어질 수 있음을 강조한다. 두 학파 모두 인류가 처한 보편적인 문제를 특정 국가의 시각에서 논하고 있다. 아날학파와 변경사 학파가 제공한 개념과 연구 방법을 통해 환경사학자들은 세계의 다른 지역으로 연구를 확장할 수 있게 되었다.

2장

중국 환경사의 등장

근대 중국 환경사 연구는 중화제국 시기의 자료와 관점을 바탕으로 하면서 동시에 19세기와 20세기에 제국주의, 전쟁, 국가 건설, 혁명의 폭력적인 과정이 중국을 어떻게 변화시켰는지를 보여준다. 이 장에서 우리는 중화제국 시기에 만들어진 환경에 관한 자료를 살펴보고 근대 시기에 자연에 대한 태도가 어떻게 변화했는지 검토할 것이다.

프랑스 아날학파와 미국 변경사 학파를 소개하면서 설명했듯이, 환경사는 자연을 통합적으로 다룬다는 점에서 보편적인 관점을 취하지만, 동시에 특정 지역과 특정 시기에서 나타난 인간의 활동을 설명한다는 점에서 구체적인 문화적·국가적 시각을 보여준다. 이 장은 중국 환경사의 성격을 결정하는 중국적 특징에 주목할 것이다.

자연사의 전통: 자연에 대한 실증적인 연구

서구와 마찬가지로 중국에서도 환경사 분야는 고전 역사가와 철학자들이 인간과 자연의 상호작용을 연구하고 이에 관해 기록을 남긴 전통에 의해 만들어졌다. 이 절에서는 자연 세계에 관심을 기울이게 한 세 가지 전통을 소개할 것이다.

첫 번째는 자연사의 학술 전통으로, 그 시기 문화 생산의 주요 부분으로 자연 세계를 인용한 것이다. 이러한 학술 전통은 시가(詩歌), 정원(庭園), 여행기, 그림 등 예술 전통을 통해 드러난다. 자연에 대한 관찰은 신화, 문학, 윤리철학에서도 중요한 요소였으며, 식물·동물·광물의 분류나 약재를 고르기 위한 약초 설명서에서도 발견된다. 자연사에 대한 광범위한 정보는 『시경(詩經)』과 같은 시가집이나 『본초강목(本草綱目)』과 같은 약학서에서도 발견된다. 중국 시가는 대부분 화초나 풍경 혹은 장소를 언급하며 특정한 감정이나 역사 사건에 대한 기억을 불러일으킨다. 시가뿐만 아니라 풍경화나 정원 문화에서도 자연에 대한 관심이 잘 드러난다. 문인의 정원은 자연을 작은 규모로 모방하여 만들어졌고, 마치 모의실험실과 같이 물, 바위, 나무 등 자연이 소규모로 형상화되었다. 중국의 여행기 역시 자연의 경이로움과 성스러운 장소를 묘사한 것이 매우 많았다.

자연에 대한 관심을 보여주는 두 번째 자료는 중국의 변경 지역에 사는 사람들, 특히 서북 지역이나 중앙유라시아의 유목민 혹은 서남 산악 지

역의 산인(山人)에 관한 기록이다. 철학적인 논의에서나 정치적인 논의에
서나 고전 학자들은 변경 지역의 사람들이 그들 거주지의 자연환경과 밀
접하게 연결되어 있다고 여겼고, 이들을 교화 혹은 문명화시켜 정주 지역
의 한인처럼 만들 수 있는지에 관해 논쟁을 벌였다. 이러한 논의 과정에
서 고전 학자들은 인간의 삶을 규정하는 기후나 자연과 같은 요소에 주의
를 기울였으며 한인들 자신의 상황을 돌아보고자 비한인의 상황을 설명하
기도 했다. 서구 학자들 역시 "천성(nature)인가 교육(nuture)인가"라는 문
제를 둘러싸고 비슷한 논쟁을 벌였다. 인간의 심리적 특징은 타고난 것이
며 그들이 사는 지역과 밀접하게 관련된 것인가? 아니면 인간의 심성은 교
육의 산물이며 따라서 변할 수 있는 것인가? 중국의 학자들에게 변경 지역
사람들의 변화 가능성은 제국의 대외 정책을 결정하고 새로 정복한 지역
을 통치하는 데 중요한 요소였다.[01]

　　중국의 학자들은 인간의 본성이 특정 지역에서 형성된 불변의 산물
인지 혹은 황제의 통치와 도덕적 가르침을 적절하게 사용함으로써 사람을
교화할 수 있는지에 관해 서로 의견이 달랐다. 또한 인간은 자연을 이해하
고 따라야 할 뿐 바꿔서는 안 되는지 혹은 관료가 해야 마땅한 역할이 자
연을 변화시켜 인간에게 유용하게 만드는 것인지에 관해서도 의견이 분분
했다.

　　세 번째, 역사 지리의 전통은 제국 통치의 일부분으로, 지역마다 정
확한 이름을 부여하고 관료제의 위계 속에 각각의 자리를 정하고 행정적
인 목표에 따라 다양한 규모의 지도를 제작하여 각각의 지역을 위계질서

01　Peter C. Perdue, "Nature and nurture on Imperial China's frontiers," *Modern Asian Studies* 43:1
　　(2009).

에 따라 구분했다. 역사지리, 왕조의 강역지도, 지방지는 여러 규모의 지리와 자연 자원을 조사했으며 중화제국의 관리들은 하천의 수량과 곡물의 공급 상황을 관리하여 사람들의 생계를 안정적으로 유지하고자 했다.

　　이와 같은 세 가지 전통적인 논의와 조사 덕분에 거대한 규모의 기록과 분석이 만들어졌고 후대 학자들이 이를 통해 전근대 환경사 연구를 위한 자료를 확보하게 되었다.

고전 전통 속의 자연사

다른 여러 문명과 마찬가지로 중국 문명의 기원에 관한 이야기에서도 세상이 홍수로 뒤덮인 시기가 등장한다. 홍수가 났을 때 신이나 위대한 왕이 나타나 물을 빼내어 토지를 구하고 이로써 농경이 가능해졌다는 것이다. 학자들은 세계 여러 지역에서 홍수와 관련된 전설을 300개 이상 찾아냈는데, 이 가운데 가장 오래된 고대 바빌로니아의 길가메시 서사시는 성서에 등장하는 노아의 방주 이야기의 토대가 되었다. 홍수 신화에는 몇 가지 공통점이 있다.[02] 홍수가 물러났다는 것은 파괴의 시기가 지나고 인간의 시대를 위한 세상이 다시 만들어졌음을 의미한다. 홍수는 대개 전능한 신이나 자연이 내리는 벌을 형상화한다. 홍수가 지나간 후에 인구가 증가했다는 것은 세상에 많은 사람이 있었으며 그들이 동물과 밀접한 관계에 있었음을 의미한다. 홍수는 형체 없음과 파괴를 상징하지만 동시에 물을 통제하는 방법을 아는 사람들에게는 번식과 성장을 가져다주었다.

　　홍수를 다스리는 일에 관한 중국 신화에도 이런 주제들이 나타나는데, 특히 중국은 (다른 지역보다) 치수에 관한 국가적이고 인간 중심적인 관점이 더욱 두드러진다. 홍수 설화는 기원전 1000년경에 만들어지거나

02　Mark Edward Lewis, *The Flood Myths of Early China*, State University of New York Press, 2006, p. 48.

쓰였으며 맹자와 같은 주요 사상가의 저술에서 등장한다. 이런 설화는 아마도 이전부터 내려오던 주술적 힘을 지닌 초자연적인 존재에 관한 이야기에서 비롯되었을 것이다. 그러나 철학자의 눈에 치수의 능력은 인간, 특히 인간을 이롭게 하고자 자연을 다스리는 성왕(聖王)에게 부여된 힘이었다.

고대 중국에는 서로 다르지만 상호보완적인 두 가지 홍수 설화가 있었다. 두 명의 성왕이 홍수로부터 인간 세계를 창조했는데, 하나는 우(禹)이고 또 하나는 여신인 여와(女媧)였다. 서로 다른 문화적 교훈을 지닌 이두 신화는 후대의 학자들에 의해 하나로 통합되었다.

「우공(禹貢)」의 고사에 따르면 전설상의 세 황제 요(堯), 순(舜), 우(禹)가 중화의 문명을 창조했다. 요는 먼저 계절을 구분하고 해가 뜨고 지는 것을 관리했다. 그다음 요는 홍수를 다스릴 수 있는 사람을 찾았다. 두명의 악당 공공(共工)과 곤(鯀)이 시도했으나 실패했다. 그러자 요는 순을 선택하여 자신의 두 딸과 결혼시켰는데, 이것은 가정의 탄생이 세계 창조와 함께 이루어졌음을 의미했다. 그 후 순은 왕위를 우에게 물려주었고 우는 세계를 12개의 주(州)로 나누고 천하의 변경에 있는 네 곳의 산을 순행하여 세상의 질서를 세웠다.

우는 치수를 자신의 임무로 삼았다.

요임금 때에 물이 역류하여 나라 안에 범람하니, 뱀과 용이 살아서 백성들이 정착할 데가 없어, 아래에 있는 사람들은 둥우리를 만들고 위에 있는 사람들은 동굴을 팠다. (중략) 우에게 이를 다스리게 하니, 우는 땅을 파서 물이 바다로 흘러가게 하고 뱀과 용을 풀이 무성한 늪으로 몰아냈다. 물이 땅 가운데로 흐르게 되었으니 장강(長江), 회수(淮水), 황하(黃河), 한수(漢水)가 그것이다. 위험에서 벗어나고 새와 짐승이 사람

을 해치지 않게 되자 비로소 사람들은 평지를 얻어 살게 되었다.[03]

맹자가 말하는 이 이야기는 홍수로 인해 인간과 동물의 구분이 사라지고 인간은 집을 버리고 떠돌아다니게 되었음을 보여준다. 홍수를 다스리는 것은 정주와 그에 따른 문명을 가능하게 했다. 중국인의 전통적인 도덕관념에 따르면 유목민, 산속에 사는 사람들, 채집인 혹은 바다 위에 떠도는 사람들과 달리 오직 토지에 정착한 사람만이 문명화될 수 있었다. 이러한 문화적 이상형은 농경 정주민을 위해 자연은 통제되어야 한다는 사고와 밀접하게 연관되어 있었다.

혼란의 시기에 농경을 가능하게 했다는 점에서 우는 삼림과 관련이 있는 순과는 매우 달랐다.

> 순은 깊은 산중에서 나무나 돌과 함께 살고 사슴이나 멧돼지와 함께 놀았으니, 깊은 산속의 야인(野人)과 다를 것이 없었다. 그러나 그는 한 마디 선한 말을 듣고 한 가지 선한 행동을 보고 나서 마치 장강과 황하가 터지듯이 패연(沛然)하게 흘러 이를 막을 수가 없었다.[04]

맹자는 도덕적인 주장을 위해 이 신화를 이용하고 있다. 맹자가 보기에 순은 비록 야인이었지만 교정 불가능한 야만인이 아니었다. 순에게는 도덕적인 사람이 될 가능성이 있었고 도덕적인 사람이 되자 그는 위대한 힘을 발휘했다. 이것은 모든 인간은 자신을 변화시켜 성왕과 같은 도덕적

---

03 홍인표 옮김, 『孟子』「滕文公」下 (서울대학교출판사, 1992), p. 213.
04 홍인표 옮김, 『孟子』「盡心」上, p. 433.

인 행동을 할 수 있다는 "화(化)"의 이상형을 보여주는 최초의 사례이다. 순은 또한 야만과 문명 사이의 전환을 경험한 상징적인 인물이다. 그의 두 아내는 그를 교화했고 그는 가정, 종족, 국가 기구에 질서를 수립했으며 삼림과 늪지를 다스렸다.

홍수를 다스린 우는 강의 자연적인 힘을 이용했다고 여겨졌다. "우 임금이 물을 다스린 것은 물의 법도를 다스린 것이니 이 때문에 우는 사해(四海)를 골짜기(壑)로 삼았다." 화북에서 그는 아홉 개의 하도(河道)를 만들어 흐르게 함으로써 물의 자연적인 흐름을 거스르지 않았다. 그는 물을 이끄는(導) 방식을 이용하여 강이 하도를 따라 흐르게 했다. 이끈다(導)는 것은 곧 자연스러운 도덕적인 방식(道)과 관련된 것이었다.

홍수를 다스리는 데 실패한 곤(鯀)이 택한 방법은 물을 바다로 흐르게 하는 대신 가두는 것이었다. 후대에 수리(水利) 정책을 둘러싼 논쟁은 대개 이 두 가지 서로 대조적인 방법에 대한 것이었다. 홍수가 나면 댐으로 물을 가두어 전답을 보호해야 하는가, 아니면 내버려 두어서 자연스럽게 흘러가게 해야 하는가?[05]

그러나 치수에 관한 논쟁은 윤리적인 문제를 포함하고 있었다. 맹자는 다른 사상가들과 인성(人性)에 관해 토론하면서 물을 예로 들어 인간의 본성은 선하다고 주장했다.

물에는 사실 동서의 구분이 없지만 상하의 구분도 없겠는가? 인간의 본성은 선하지 않음이 없고 물은 아래로 내려가지 않음이 없다. 이제 물을 쳐서 튀게 하면 이마를 스치게 할 수도 있고 세차게 밀어 보내면 산에도 올라가게 할 수 있다. 그러나 그것

---

05   E. B. Venneer, *Water Conservancy and Irrigation in China: Social, Economic and Agrotechnical Aspects*, Leiden University Press, 1977.

이 물의 본성이겠는가. 그 형세가 그러한 것이다. 사람을 선하지 않게 하는 것도 그 본성이 이와 같은 것이다.[06]

비록 「우공」의 고사가 강력한 통치자의 행동을 찬양하는 것이기는 했지만 맹자의 해석은 그와 상반된 전통을 따른다. 맹자는 국가에 반대하지는 않았지만 가능한 자연에 적게 개입하는 제한된 형태의 국가를 주장했다. 공공(共工)은 이와 반대로 습지를 파괴하고 산을 깎아버렸기 때문에 치수에 실패한 것이었다.

> 옛날 백성을 다스리는 군주는 높은 산을 훼손치 않고, 소택(沼澤)을 메우지 않고, 강의 흐름을 막지 않고, 제방을 무너뜨리지 않는다고 했습니다. 높은 산은 흙이 쌓여 이뤄진 것이고, 소택은 생물이 귀의하는 곳이고, 강물은 대지의 커다란 통로이고, 호수는 물이 모여 있는 곳입니다. (중략) 이전에 공공씨(共工氏)는 이 같은 도리를 어기고, 음락(淫樂)에 안주하며 방탕하게 본성을 잃고, 땅 위를 흐르는 강물을 막고, 높은 산을 무너뜨려 낮은 계곡을 메우려 했습니다. 이는 천하에 위해를 가하는 것입니다. 상제는 땅을 보우하지 않고, 백성은 그를 옹호하지 않고, 천재인화(天災人禍)가 모두 발생하니 공공씨는 이로써 패망하고 말았습니다.[07]

마크 루이스(Mark Lewis)가 말하듯이 우의 치수는 서로 대립적인 정치 윤리 철학 간의 논쟁에서 "신화적 근거"로 활용되었다.[08]

한편 여와(女媧)의 신화는 우와는 매우 다른 방식으로 질서가 만들어

---

06 홍인표 옮김, 『孟子』 「告子」 上, pp. 354~355.

07 좌구명(左丘明) 지음, 신동준 옮김, 『국어(國語)』 「周語」 下 (인간사랑, 2005), p. 105.

08 Lewis, *The Flood Myths of Early China*, p. 43.

지는 과정을 보여준다.

> 아득히 먼 옛날, 천지의 네 기둥이 부러지고 구주(九州)의 대지가 갈가리 찢겨졌다.
> 그리하여 하늘은 두루 덮지 못하고 땅은 두루 싣지 못하였으며, 화염은 맹렬히 타올
> 라 꺼질 줄 모르고 홍수는 바다처럼 드넓게 퍼져나가 그칠 줄 몰랐으며, 맹수(猛獸)는
> 선량한 백성을 잡아먹고 맹금(猛禽)은 노인과 어린이를 낚아챘다. 이에 여와(女媧)는
> 오색 돌을 다듬어 하늘을 보수하였고 자라의 다리를 잘라 천지의 네 기둥을 바르게
> 세웠으며, 흑룡(黑龍)을 잡아 죽여 기주(冀州)를 물에서 건져냈고 갈대의 재를 쌓아
> 넘치는 물을 막았다. 이렇게 하여 하늘은 온전하게 보수되었고 천지의 네 기둥은 바
> 르게 섰으며, 홍수로 젖은 대지는 말랐고 기주(冀州)는 다시 평온해졌으며, 해로운 짐
> 승들은 죽었고 선량한 백성들은 살아났다.[09]

여기에서 여와는 관리가 아니라 여신이었다. 그녀는 물을 다스리려고
"다섯 가지 광물을 제련하는 방식"을 사용했는데, 이처럼 자연의 움직임을
불, 물, 나무, 금속, 흙의 오행(五行)으로 구분하는 방법은 의학 이론에서 특
히 중요했다. 여와의 신화에서 물을 다스리는 것은 병든 몸을 치료하는 것
과 같았다. 여와의 치수 방식은 또한 번식과도 관계가 있었다. 여와는 남신
(男神) 복희와 혼인하여 요, 순, 우보다 먼저 성왕(聖王)이 되었다. 복희와 여
와는 원래 번식이나 생식을 상징하는 뱀과 용의 영혼이었다. 그들은 자식을
낳아서 인류를 번식시켰다. 복희가 얻은 하도(河圖)는 천상의 신비한 표시
를 담고 있는 황하의 지도였다. 복희와 여와의 신화는 가족, 영혼, 정령에 관
한 철학을 보여주는 것으로 우의 합리적인 계획과는 거리가 있었다.

---

09 유안(劉安) 지음, 이석명 옮김, 『회남자(淮南子)』, 「覽冥」 (소명출판, 2010), pp. 367~368.

아마도 이 두 신화는 서로 무관하게 만들어졌을 것이다. 여와와 비슷한 신화가 동남아시아에서도 발견된다는 점에서 여와 신화는 아마도 중국 남부와 더 밀접한 관련이 있을 것이다. 반면 우의 신화는 북부와 관련이 있었다. 그러나 후대의 학자들은 이 두 신화가 서로 대치되는 것이 아니라 상호보완적이라고 주장했다. 여와는 우의 부인으로 여겨졌고, 우 자신도 물고기의 영혼과 연결되었다. 우는 마치 물고기가 펄떡거리는 것처럼 깡충깡충 걸어 다녔다고 전해진다.

중국의 전통에서 물의 문화와 관련된 많은 이야기가 전해지지만, 여기에서는 관료, 과거제도, 그리고 엘리트가 인정한 정통 서사만을 소개했다. 도가, 불가, 그리고 다른 여러 작가도 물을 통해서 자신들의 철학을 설명했다. 여기에서 소개한 신화만으로도 상징적, 정치적, 윤리적 논쟁에서, 그리고 기술과 관련된 논의에서 물이 얼마나 중요했는지를 충분히 알 수 있다. 후대에 우는 중국의 영토 범위를 구획한 군주로 중시되었다. 기원전 5세기 전국시대에 작성된 「우공(禹貢)」은 중국 최초의 역사지리서로 여겨진다. 1137년에 새겨진 전국 지도 『우적도(禹迹圖)』는 우의 치수로부터 비롯된 것이라고 여겨진다.

자연에 대한 실증 자료

신화와 전설 외에도 고전학자들은 자연 세계에 대한 실증적인 정보를 참고했다. 최초의 한자 문헌에는 자연사에 대한 정보가 매우 풍부하다. 『이아(爾雅)』는 기원전 3세기에 편찬된 사전으로 고대 자료를 참고하였으며 모두 19장으로 구성되어 있다. 8장부터 12장까지 5개 장은 하늘(天), 땅(地), 산(岳), 산(山), 강(水) 등 지질과 지리를 논하고, 13장부터 19장까지 7개 장은 식물, 초목, 곤충, 어류, 조류, 야생동물, 가축 등 자연사에 대한 항목이 수록되어 있다.

공자는 제자들에게 『시경(詩經)』을 공부하라고 추천하면서 이 책에는 도덕적인 교훈뿐만 아니라 자연 세계에 대한 실증적인 증거가 담겨 있다고 설명했다.

> 너희는 어찌하여 시를 연구하지 않느냐? 시를 읽음으로 연상력을 기를 수 있으며, 관찰력을 높일 수 있으며, 다른 사람과 잘 어울리는 훈련을 할 수 있으며, 풍자하는 법을 배울 수 있다. 가깝게는 그 속의 도리를 운용해 부모를 모실 수 있고, 멀게는 임금을 섬기는 데 사용할 수 있고 또한 조수(鳥獸) 초목(草木)의 이름도 많이 알게 된다.[10]

---

10 박종연 옮김, 『논어(論語)』 「양화편(陽貨篇)」 (을유문화사, 2006), pp. 529~530.

맹자는 흔히 자신의 정치 윤리적 주장을 입증하기 위해 자연을 언급했다. 우산(牛山)의 나무에 관한 유명한 구절을 통해 맹자는 우산처럼 황량해진 땅에서도 비가 적당히 내리면 초목이 자랄 수 있듯이, 억눌려 있는 것처럼 보일지라도 인간의 본성은 새롭게 고칠 수 있다고 주장했다.[11]

한대(漢代)의 가의(賈誼, 기원전 200~기원전 168)는 관직에서 파면되어 멀리 호남으로 유배된 인물이었는데, 그는 『복조부(鵩鳥賦)』에서 인간이 자연의 흐름을 이해하면 어떤 힘을 얻을 수 있는지를 극적인 필체로 표현했다.

> "무릇 화(禍)와 복(福)이란 서로 얽혀 있으니 어찌 꼬아놓은 끈과 다르겠는가. 운명이란 말할 수 없는 것이니 누가 그 끝을 알겠는가. (중략) 무릇 천지는 화로와 같아서 조화로움이 교묘하고 음양은 연료와 같아서 만물을 빚어낸다. (중략) 진인(眞人)은 사물을 버리고 오직 도(道)와 함께 하며 중인(衆人)은 미혹되어 욕망과 원망을 쌓는다. 진인은 평안하고 고요하여 오직 도와 함께 휴식하며, 모략과 형상을 버리고 초연하게 낙심하고, 높고 광활한 하늘에서 도와 함께 비상한다."[12]

사상가, 화가, 시인의 작품 외에 약재 관련 서적에서도 식물의 의학적 효과에 대한 지대한 관심과 자연세계에 대한 실증적인 연구가 잘 드러난다. 이러한 전통은 이시진(李時珍)이 쓴 종합 의학서인 『본초강목(本草綱目)』에서 정점을 이루었다. 이 책은 저자가 1593년에 사망한 후에 출판되

---

11 홍인표 옮김, 『孟子』 「告子」 上, pp. 366~367.

12 "夫禍之與福兮, 何異糾纆, 命不可說兮, 孰知其極. (중략) 且夫天地爲爐兮, 造化爲工, 陰陽爲炭兮, 萬物爲銅. (중략) 至人遺物兮, 獨與道俱. 衆人惑惑兮, 好惡積意. 眞人恬漠兮, 獨與道息. 釋智遺形兮, 超然自喪. 寥廓忽荒兮, 與道翶翔."

었다.[13] 의사이자 관리였던 이시진은 30년에 걸쳐 이 책을 완성했는데, 중국 남부를 여행하면서 자연 표본을 대량으로 수집했다. 『본초강목』은 동식물뿐만 아니라 기이한 인간들에 관한 종합 목록이었다. 그는 약물의 속성을 이해하려면 개인적인 경험이 중요하다는 것을 강조했다. 독극물의 효능을 알려면 본인이 스스로 먹어보아야 한다는 것이었다. 다시 말해 그는 식물을 연구할 때 실사구시(實事求是)의 실증주의적 방법을 취했던 것이다.

이시진의 책에 소개된 모든 항목은 그에게 자연의 조화(造化)를 보여주는 증거였다. 예를 들어 그는 곤충과 벌레의 생명 주기를 우주 전체의 순환 과정을 보여주는 축소판으로 여기고 특별히 관심을 가졌다. 『본초강목』은 단순히 약재의 명칭과 속성을 기록한 목록이 아니다. 이 책은 개별 동식물을 철학적인 성찰과 실용적인 도움을 얻을 수 있는 수단으로 보고, 자연 물질의 생산이 금·목·수·화·토의 오행(五行)의 움직임에 영향을 받는다고 여겼다. 의사들은 약재의 특정한 효능뿐만 아니라 이 물질이 변화하는 방식도 이해해야 했고, 태우거나 썩히거나 마모시키는 방법을 사용하여 약재의 속성을 환자와 질병의 상태에 맞추어 조절해야 했다. 자연 순환에 대한 이시진의 종합적인 관점은 만물의 상호관계에 의한 결과, 즉 우리가 오늘날 체계적인 효능이라고 부르는 것을 그가 이해하고 있었음을 보여준다. 『본초강목』은 자연 세계에 대한 이시진의 폭넓은 해석 덕분에 명대 중국 자연사 연구의 최고봉이 되었다.

백년 후 청 제국의 정복으로 중국 자연사 연구의 범위는 더욱 확장되

---

13 Carla Nappi, *The monkey and the inkpot: Natural history and its transformations in early modern China*, Harvard University Press, 2009.

었다. 18세기 청 황실의 식물 연구는 영국이 인도에서 진행한 식물 조사에 비교할 만했다. 청대 만주족 황실은 몽골과 티베트 등 중앙유라시아 지역에서 생산되는 약재나 특수 식품의 성분에 각별한 관심을 기울였다. 만주족은 황실 목초지나 사냥터에서 생산되는 물품을 북경의 소비자들에게 판매하여 이익을 얻었다. 초원의 버섯, 사슴뿔, 모피, 진주, 옥 등 무수한 물품들이 조공이나 교역을 통해 북경으로 유입되었고 관리들은 물품의 산지를 세심하게 분류했다.[14] 동시에 남방 해안 지역에서는 영국의 동인도회사 상인들이 시장에 적합한 화훼나 과일류 등 중국의 자연 물품에 점차 관심을 두게 되었다. 그들은 지역의 중국인 화가들을 고용하여 중국 남부의 식물을 화려하고 세밀하게 그린 도록을 제작했다.[15] 이런 방식으로 중국의 자연 지식이 중국 밖으로 알려지게 되었다. 동시에 지역 화가들이 외국인을 위한 그림 제작법을 익히면서 서양의 식물도감 기술도 중국으로 유입되었다. 청 제국의 서북부와 남동부에서 자라는 새로운 물품들과 그 지역의 자연사에 관한 연구로 환경에 대한 지식이 더욱 확대되어갔다.

　　티베트어로는 야르짜 귄부(dbyar rtsa dgun 'bu), 중국어로는 동충하초(冬蟲夏草)로 알려진 히말라야 고원의 약재가 있다. 이 흥미로운 물품은 18세기부터 약재로 여겨졌고 오늘날에는 유명한 국제적인 상품이 되었다. 조학민(趙學敏)은 1800년에 이시진의 『본초강목』을 수정 보완한 『본초강목습유(本草綱目拾遺)』에서 동충하초가 사천·운남·귀주·광동 등 멀리 떨어진 지역에서도 발견된다고 기록했다. 1738년에 쓰인 『중국통사(The general

14　Jonathan Schlesinger, *A World Trimmed with Fur: Wild Things, Pristine Places, and the Natural Fringes of Qing Rule*, Stanford University Press, 2017.

15　Fa-ti Fan, *British naturalists in Qing China: Science, empire, and cultural encounter*, Harvard University Press, 2004.

History of China)』의 저자 장 밥티스트 두 할드(Jean-Baptiste du Halde) 역시 동충하초는 매우 희귀한 약재이며 황실 의사만 처방할 수 있다고 설명했다. 청대에 이르러 의학서에 실린 정보의 범위나 자연 물품에 대한 종합적인 관심은 이시진의 시대보다 더욱 확대되어 멀리 떨어진 변경에서 자라는 물품이나 심지어 중국의 영토 밖에 관한 지식까지도 포함하게 되었다. 오늘날 동충하초는 국제시장에서 가장 값비싼 약재 가운데 하나가 되었다.[16]

이시진의 『본초강목』과 청대의 수정판 외에, 17세기 송응성(宋應星, 1587~1666)이 쓴 『천공개물(天工開物)』 역시 철학적 목적을 위해 자연 세계에서 증거를 수집한 비슷한 사례이다.[17] 송응성은 인간의 기술이란 인간의 이익을 위해 자연을 변화시키는 것이라고 여겼다. 이시진과 마찬가지로 송응성 역시 나무·불·돌·식물 등을 유용한 물품으로 바꾸려면 이러한 물질의 속성을 이해하는 것이 중요하다고 강조했다. 직물이나 비단을 직조하고 차를 재배하는 기술은 모두 인간이 자연을 변화시키는 과정이었다. 그러나 정작 장인과 농부는 자신들의 노동 뒤에 있는 큰 목적을 제대로 이해하지 못했고 지식인들은 이런 기술 지식을 중시하지 않았다.

송응성의 저서에 실린 무수한 삽화는 인간이 노동을 통해 광물·소금·대나무·식물과 같은 자연 요소로부터 물건을 만들어내는 과정을 보여준다. 그는 이러한 노동을 관찰하고 기록함으로써 오직 학자들만이 기술이 어떻게 우주의 질서를 보여주는지를 제대로 알고 있다고 주장했다. 예

---

16 Carla Nappi, *The monkey and the inkpot*, pp. 143~144.
17 송응성 지음, 최병규 옮김, 『천공개물(天工開物)』, 범우출판사, 2009; Dagmar D. Schäfer, *The crafting of the 10,000 things: Knowledge and technology in Seventeenth-Century China*, The University of Chicago Press, 2011.

를 들어 송응성은 농부가 사람의 배설물, 유채씨, 짚 같은 유기물을 토지에 뿌려서 비옥하게 만드는 과정을 목격했다.

> 벼 이삭은 척박한 땅에서 자라면 벼 이삭의 낟알이 엉성하게 된다. 부지런한 농민은 논에 여러 종류의 비료를 사용하여 거름을 주며 벼가 잘 자라도록 애써야 한다.[18]

그러나 농부들은 자신들의 행동에 담긴 원리는 알지 못했다. 송응성에 따르면 부패란 물질의 기(氣)가 변하는 과정의 일부이며 토질을 회복하는 데 필요한 것이기도 했다. 송응성은 장인과 농부가 가진 실용적인 지식을 이론적이고 철학적으로 분석했다. 대부분의 지식인처럼 그는 장인들이 자연의 원리를 알지 못한다고 경시했지만, 다른 이들과 달리 그는 수공업의 세부 공정에 큰 관심을 가졌다. 장인들을 관찰함으로써 그는 기(氣)의 변화에 기반한 독특한 신유학 철학을 발전시켰다. 송응성의 목표는 기존의 위계질서를 바꾸는 것이 아니라, 자연 세계와 인간 사회를 통합하는 조화로운 우주의 질서에 수공업이 어떻게 기여하는지를 보여주는 것이었다. 중국 철학에서 기는 음양으로 나뉘고 음양은 다시 오행을 만들어냈다. 이상적인 수공업자는 올바른 변화의 과정을 완벽하게 이해하여 자연 물질로부터 유용하고 아름다운 물건을 만들어내는 사람이었다. 그들의 기술을 기록함으로써 송응성은 우주가 인간과 자연계를 하나로 통합할 수 있음을 증명했다. 다그마 샤퍼(Dagmar Schäfer)가 말했듯이, 송응성은 "완벽한 공예와 기술에서 보편 원리가 드러난다는 것을 이해했다. 이것은 당대를 지배하는 혼란을 끝내기 위해서 인간이 이해해야 하는 우주의 질서를 보여

18　송응성 지음, 최병규 옮김, 『천공개물(天工開物)』(범우출판사, 2009), p. 22.

주는 것이었다."[19]

송응성과 이시진은 모두 근대 초기 유럽의 자연사 학자들과 비견할 만한 실증적인 방법을 사용했다.[20] 그들은 세세한 것을 중시했고 경험에 비추어 고전 이론을 수정했으며 심지어 실험하기도 했다. 독극물의 효과를 측정하려고 직접 맛을 보았던 이시진은 일종의 자연 실험을 수행한 것이었다. 이러한 사례는 중화제국의 학자들 일부가 꼼꼼하고 열정적으로 자연 세계를 관찰했음을 보여준다. 이들은 인간이 자신의 이익을 위해 자연의 움직임과 물질을 조작한다는 것을 알고 있었다. 그러나 인간이 이용하는 자연은 거대한 우주 질서의 변화에서 아주 작은 일부에 지나지 않았고 인간은 모든 생명체와 함께 우주에 속해 있었다. 중국의 학자들은 이러한 생태적 관념을 가지고 창조를 체계적으로 이해하며 인간을 세계의 주인이 아니라 변화의 참여자로 여겼다.

---

19 Dagmar Schäfer, The crafting of the 10,000 things: Knowledge and technology in Seventeenth-Century China, (University of Chicago Press, 2011), p. 1.

20 Pamela Smith and Benjamin Schmidt, eds., Making knowledge in early modern Europe: Practice, objects, and texts, 1400~1800, University of Chicago Press, 2007.

타인과의 조우

자연 세계의 관찰에서 보이는 두 번째 전통은 인성(人性)과 특정 지역의 환경 간의 관련성을 강조하는 경향이다. 학자들은 군사·외교적 전략을 강조하기 위해 철학적 원리의 의미를 설명했다. 고대의 역사가 사마천은 인간의 행동과 환경조건에는 밀접한 관계가 있다고 여겼다. 사마천의 『사기(史記)』는 한인의 정주와 유목민의 이동이라는 두 가지 생활 방식을 뚜렷하게 대비시켰다. 기원전 1000년 무렵에 이 두 가지 거주 방식은 사실 서로 혼재되어 있었지만 한대(漢代)의 역사가 사마천은 양자가 극도로 대비되는 것이라는 인식을 만들어냈다.[21] 초원지대 유목민의 정치와 생활 방식에 관한 사마천의 세밀한 묘사는 몇 세기 전 헤로도토스가 그려낸 것과 매우 유사했다. 사마천은 초원의 흉노가 스키티아인들과 마찬가지로 유목민이며 금수와 같이 목축에 의존해서 생활하고 곡식을 재배하지 않는다고 했다. 흉노의 통치자들은 전쟁과 개인적인 영웅주의를 숭배했으며 한의 군주들을 끊임없이 위협했다.

---

21 Nicola Di Cosmo, *Ancient China and Its Enemies: The Rise of Nomadic Power in East Asian History*, Cambridge University Press, 2001 (니콜라 디 코스모 지음, 이재정 옮김, 『오랑캐의 탄생: 중국이 만들어낸 변방의 역사』, 황금가지, 2005).

그들이 기르는 가축으로는 대체로 말·소·양이 있고 특이한 가축으로는 낙타·나귀·노새·버새·도도(駒駼: 푸른 말)·탄해(驒駭: 야생마)가 있다. 그들은 물과 풀을 따라 옮겨 다녀서 성곽이나 일정한 주거지가 없고 농사를 짓지도 않았다. 그러나 각자의 땅만은 나누어 가졌다. (중략) 그들의 풍속은 한가할 때는 가축을 기르면서 새나 짐승을 사냥하는 것을 생업으로 삼고, 위급할 때는 전원이 싸움에 참여하여 침략하고 공격하는데, 이것이 그들의 천성이다. (중략) 싸움이 유리하면 앞으로 나아가고 불리하면 뒤로 물러서며 달아나는 것을 부끄러운 일로 여기지 않았다.[22]

흉노를 물리치려면 그들의 군사전략뿐만 아니라 생태 환경도 이해해야 했다. 한대의 정치가 가의(賈誼)는 금수와 같은 흉노를 길들이려면 "다섯 가지 먹이(五餌)"를 책략으로 사용해야 한다고 주장했다.

화려한 옷과 가마를 내려 그들의 눈을 멀게 하고, 산해진미를 내려 그들의 입을 상하게 하고, 음악과 여자를 내려 그들의 귀를 멀게 하고, 좋은 집과 곡식 창고와 노비를 내려 그들의 배를 상하게 하고, 투항하는 자에게는 상(上)이 불러들여 즐겁게 해주고 친히 술을 따라주고 먹여주어 그들의 마음을 상하게 합니다. 이를 다섯 가지 먹이라고 합니다.[23]

일단 흉노가 비단이나 차와 같은 한인의 물건에 의존하게 되면 감히 제국을 공격하지 못하리라는 것이었다. 이러한 책략을 위해서는 한인의 농업생산물을 제국이 필요로 하는 군마(軍馬)와 교환해야 했는데, 이는 자

---

22 사마천 지음, 김원중 옮김, 『史記列傳』下, 「匈奴列傳」 (을유문화사, 1999), p. 232.

23 Ying-shih Yu, *Trade and Expansion in Han China* (University of California Press, 1967), p. 37.

급자족의 원칙에서 벗어나는 것으로, 정주 농경 제국과 유목 연합 세력이
서로 의존하게 만드는 것이었다. 흉노를 변화시키려는 이와 같은 전략을
위해서는 혼인 연맹이나 예물 하사 및 유목민과 한(漢) 황실을 연결하는
의식이 필요했다.

그러나 전투력이 뛰어난 유목민의 생활 방식을 받아들이는 과정에서
한인 정주민들 역시 변화했음을 기억해야 한다. 전국시대 조(趙)나라 관리
들은 관복(官服)을 긴 두루마기에서 짧은 바지로 바꾸는 문제로 토론을 벌
였다. 말을 타려면 바지를 입어야 했는데, 이것은 초원의 기마병사와 같은
옷차림이었다. 많은 관리가 기존 복식을 바꾸는 데 반대했지만, 조나라 왕
은 안전을 위해서는 복식을 바꾸어야 한다고 주장했다. 한나라 사람들은
초원의 사람들로부터 군마를 사야 했고 동시에 스스로 초원의 기마병이
되어 유목민의 위협에 맞서야 했다. 이것은 인간과 동물이 협력하여 함께
진화하는 것, 즉 양측이 함께 조정하여 상대방의 필요에 맞춘 사례라고 할
수 있다.[24] 군사적 목적을 위해 동물을 길들이면서 동시에 인간의 문화도
함께 바꾸어야 했다는 사실은 인간의 본성과 거주환경의 관계가 과연 불
변하는 것인지에 대해 의문을 가져왔다.

인간 사회는 얼마나 가변적인가? 사회는 그들이 거주하는 공간의 특
성에 구속되는가, 혹은 경제적 군사적 필요의 변화에 따라 달라지는가? 한
인과 유목 사회 모두 새로운 기회가 생기면 전통적인 관습을 바꿀 수 있었
지만, 여전히 서로 이질적이었다. 후대에도 이 문제를 둘러싼 학자들의 논
쟁은 계속되었다.

---

24   Edmund E. Russell, *Evolutionary history: Uniting history and biology to understand life on
Earth*, Cambridge University Press, 2011.

역사지리학

환경에 대한 세 번째 전통인 역사지리는 고대 중국의 학문 전통이다. 환경사의 시각에서 보면 역사지리는 다른 지리적 범주를 이용한 분석이라고 할 수 있다. 인간과 자연의 접촉은 여러 단계에서 이루어진다. 농부가 경작하는 토지처럼 매우 지역적인 단계도 있고, 규모가 커지면 지역 경제에서 제국, 나아가 전 지구적 규모로 확대된다. 역사지리는 과거에 여러 규모에서 나타난 활동 간의 관계를 구체적으로 명시하는 방법이다.

역사지리학자들은 먼저 지명을 확인한 다음 이를 분류하여 체계화한다. 성(省), 군(郡), 주(州), 현(縣) 등 행정체계는 제국마다 달랐고, 왕조마다 대규모 지리지를 편찬하여 행정체계의 연혁을 기록했다. 고조우(顧祖禹, 1631~1692)가 편찬한 『독사방여기요(讀史方輿紀要)』나 19세기 청조가 편찬한 『대청일통지(大淸一統志)』가 여기에 속한다. 지역 단위에서 지방지에는 시장, 행정구역 경계, 세금 징수액, 인구수 및 기타 행정 자료와 경제 자료가 포함되어 있었다. 지방지의 풍속(風俗) 편은 현지의 곡물, 음식, 동식물에 관해 설명하며 다른 부분은 기근, 홍수, 가뭄, 병충해에 관해 기록하고 있다. 이러한 문헌은 환경 변화를 분석하는 데 매우 중요한 자료이다. 현대의 환경사학자들은 이러한 문헌들을 사료로 사용할 수 있을 뿐만 아니라 전통시대 중국인들이 그들이 사는 환경의 지리적 자연적 특징을 어떻게 인식했는지 이해하는 지표로도 활용할 수 있다.

　　제국 규모의 통지(通志)뿐만 아니라 지역 엘리트들이 편찬한 지방지도 있었다. 지방지가 대량으로 등장한 것은 송대였지만 출판량이 크게 늘어난 것은 명대였다. 청대에 이르러 제국이 팽창하고 새로운 영토가 판도에 들어오면서 지방지의 출판 횟수나 출판 지역의 범위가 크게 증가했다. 변경 지역의 새로운 산품이 지방지에 자주 등장하기 시작했다. 신대륙 작물은 16세기부터 동남 해안 지역과 운남을 통해 중국에 유입되었는데 18세기에 이르러 청대 지방지의 풍속 편에서 소개되기 시작했다. 이러한 자료들은 옥수수·담배·고구마·땅콩 등 신작물이 구릉 지역으로 전파되어 많은 인구를 부양했음을 보여준다.[25]

　　앞서 언급한 동충하초와 같은 외래 약재와 초원이나 고원지대의 특이한 산품들이 지방지에 자주 언급되면서 그것들이 새로운 상품 가치를 지니게 되었음을 보여주었다. 운남의 동광 개발이 청의 동전 주조에 중요한 자원이 되어가자, 지방지도 광물자원을 지역의 중요한 생산품으로 자주 소개했다. 청의 정복이 가져온 "기이한 소유물들," 그리고 세계경제가 가져온 신상품이 청 제국에 유입되면서 제국과 지역 단위에서 역사지리는 새로운 기회와 도전에 직면하게 되었다.[26] 변경의 확장은 새로운 제국의 소유물을 어떻게 관리하고 이용하고 식민화하고 통제할 것인가에 대한 문제를 야기했다. 변경에 관한 이 모든 문제를 논하기 위해서는 자연 조건,

---

25　Ping-ti Ho, "The Introduction of American Food Plants into China," *American Anthropologist*, 57:2 (1955).

26　Stephen Jay Greenblatt, *Marvelous Possessions: The Wonder of the New World*, University of Chicago Press, 1992.

거주민, 그리고 그들의 생활 방식에 대한 지식과 정보를 대량으로 수집해야 했다.[27]

27 Emma J. Teng, *Taiwan's Imagined Geography: Chinese Colonial Travel Writing and Pictures, 1683~1895*, Harvard University Asia Center, 2004; Matthew Mosca, *From Frontier Policy to Foreign Policy: The Question of India and the Origins of Modern China's Geopolitics, 1644~1860*, Stanford University Press, 2013.

이질적인 대상의 통합: 대만과 신강

청조가 새로 복속시킨 지역 가운데 대만과 신강 두 곳을 통해 청의 정복 후에 자연 지식이 확대되는 과정을 살펴볼 수 있다. 17세기 청이 정복하기 전까지 대만의 거주민은 동남아시아에서 온 이주민이었다. 이들은 수렵과 어렵, 그리고 동남아시아 상인과의 교역으로 생계를 이어갔다. 대만 정복 후 청의 관리와 학자들은 이 새로운 영토를 탐색하고 중국 내지의 독자들을 위한 기록을 남기기 시작했다. 얼마 후 대만과 가까운 복건으로부터 이주민들이 들어와 서부 해안 지역의 비옥한 토지를 경작하기 시작했고 점차 중국 이주민은 섬에서 수천 년간 살아온 토착민과 접촉하게 되었다. 저지대의 토착민 중에는 농경에 종사하는 사람도 있었는데 이것은 새 중국인 정착민에게 친숙한 모습이었다. 그러나 초기에 대만을 여행한 사람들은 이곳을 이국적인 매력을 지닌 원시의 낙원으로 묘사하기도 했다. 여행가와 지리학자들은 대만의 토착민을 생번(生番)과 숙번(熟番)으로 구별하고 이들을 한인 이주민과 분리해야 하는지 혹은 한인의 생활 방식을 강요해야 하는지에 관해 토론했다.[28]

---

28 John Robert Shepherd, *Statecraft and Political Economy on the Taiwan Frontier, 1600~1800*, Stanford University Press, 1993.

　　여행가와 지리학자들은 이 섬을 청 제국의 지리 속에 어떻게 포함시
킬 것인지를 논의했다. 1684년 대만이 청의 판도에 들어왔을 때 섬을 제국
의 질서 속으로 통합해야 한다고 주장한 사람들은 한인의 정착을 장려하
여 변방의 황무지를 문명화된 땅으로 바꾸어야 한다고 황제에게 건의했
다. 모험을 추구하는 지식인 여행가들은 대만에 가서 그곳의 자연 세계를
묘사했다. 제국이 새롭게 소유하게 된 영토의 신기한 풍광을 목격한 사람
들에게 나타나는 양면적인 감정은 제국이 미지의 땅으로 팽창한 결과 긴
장이 발생했음을 보여준다.

　　1697년 대만에서 「비해기유(裨海紀遊)」를 쓴 욱영하(郁永河)는 이 섬
의 무성한 초목, 거센 풍랑, 우뚝 솟은 산, 그리고 세찬 폭우를 목격하고 놀
라워했다.

> 번인(番人)들의 집은 개미굴과 같고 가시덤불이 길가에 늘어져 있네.
>
> 태풍은 낮은 창문을 때리고 바다 안개는 계단에 자욱하네.
>
> 비를 피하려고 나는 가는 곳마다 나막신을 신고 침상에는 사다리를 놓아야 하네.
>
> 집 앞의 시내는 다시 불어나니 나는 망설이며 쉴 곳을 찾네.[29]

　　욱영하는 폭우로 불어나는 물살을 피하려고 하면서 자신이 우(禹)가
홍수를 다스리기 전의 원시적인 혼돈의 시간으로 돌아갔다고 느꼈다. 대
만의 서쪽 해안 지역을 힘들게 여행하면서 그는 길가의 야생식물에 압도
되었다.

29　郁永河, 「裨海紀游」 卷2, 『叢書集成續編』 第64冊, 上海書店出版社, 1994; Teng, *Taiwan's Imagined Geography*, p. 272.

망망한 평원에 초목이 무성하니 단단한 것들은 머리에 닿고 부드러운 것들은 어깨에
닿아서, 수레가 그 속을 달리면 마치 지하세계에 있는 듯하다. (중략) 모기와 파리가
살을 물어뜯는 것이 마치 굶주린 독수리나 호랑이 같으니 물리쳐 쫓아낼 수가 없다.
(중략) 인간이 겪는 고통과 피로가 극에 달한다.[30]

욱영하가 처음 접하고 묘사한 대만은 완벽한 야만의 세계로 혼돈과
무질서로 가득 차 있었다. 이곳은 인간이 살기에 전혀 적합한 곳이 아니었
다. 그가 묘사한 대만은 내륙 아시아의 사막이나 초원, 혹은 서남 변경의
정글이나 산악지대보다 더 열악했다. 대만은 그의 마음속에서 "조화롭지
못한 공포의 분위기"를 만들어냈다.[31]

그러나 욱영하와 후대의 여행가들은 대만이 정복되기만 하면 엄청
난 가능성의 땅이 될 것이라고 여겼다. 이전에는 내지의 그 누구도 이 섬
의 존재를 알지 못했지만 이제 이곳은 정복되었으므로 청 제국은 섬을 다
스리기 위해 지도를 제작하고 지리적인 특징을 기록해야 했다. 대만을 통
치하려면 지역의 환경, 인구, 토지 생산성, 삼림 조사가 필요했다. 욱영하
의 여행기는 대만 정착 초기에 청의 지식인들이 새로운 지식의 유입에 어
떻게 반응했는지를 보여준다.

욱영하는 청의 공식 이념인 향화(向化)를 신봉했다. 모든 인간은 공
통적인 인간 본성을 공유하기에 모두 중국식으로 문명화될 수 있다는 믿
음이었다. 욱영하는 대만 원주민을 다른 인종(異類)이라고 생각하지 않았
으며 이들에 대한 차별을 반대했다.

---

30 「裨海紀遊」卷2; Teng, *Taiwan's Imagined Geography*, p. 276.
31 Teng, *Taiwan's Imagined Geography*, p. 86.

그들의 팔다리와 몸통과 피부와 뼈가 어찌 사람이 아니겠는가. (중략) 배부르고 따뜻한 것에 기뻐하고 굶주리고 추운 것에 괴로워하며 힘든 노력을 싫어하고 편안함을 즐기는 것이 인간의 본성이다. 그들을 다르다고 여길 수는 있으나 그들의 본성이 어찌 다르겠는가? [32]

동시에 욱영하는 원주민 간의 차이는 그들이 사는 환경과 밀접하게 관련되어 있다고 여겼다. 개화가 덜 된 야번(野番)인 고산족(高山族)은 산속 깊은 곳에 살았고 교화가 불가능했다.

야번(野番)들은 깊은 산속에 살고 있으니 첩첩산중이 병풍과 같고 높은 산이 서로 이어져 있다. (중략) 그들의 처소는 동굴이며 피를 마시고 털을 뜯어 먹는다. (중략) 그들은 성질이 흉포하여 수시로 나가 약탈하고 초막을 불태우고 사람을 죽인 후에 자신들의 처소로 돌아온다. (중략) 무지몽매하여 향화(向化)를 알지 못하니 진실로 금수일 뿐이다. [33]

한편 평원 저지대에 사는 토번(土番)인 평포족(平埔族)은 전형적인 한인의 정주 농경 생활 방식에 따라 토지를 경작하고 옷감을 지어 살았다. 청대 황제들은 대만과 중국 서남부 원주민을 대상으로 수백 권의 민속지를 편찬하게 했는데, 이 책들은 산악과 정글지대의 자연환경을 거주민의 생활 방식과 연결하여 설명했다. [34] 청대 민속지는 흔히 야번과 토번을 구

---

32 「裨海紀遊」 권3; Teng, *Taiwan's Imagined Geography*, pp. 279~280.
33 「裨海紀遊」 권3; Teng, *Taiwan's Imagined Geography*, p. 279.
34 Laura Hostetler, *Qing colonial enterprise: ethnography and cartography in early modern China*, University of Chicago Press, 2001; David Deal&Laura Hostetler, *The art of ethnography: A*

분하여 기록했다. 숲속에 사는 야번은 사슴을 사냥하며 움막에서 살고 옷을 갖추어 입지 않았고, 반면 저지대의 토번은 상당한 가옥과 의복을 갖고 있었으며 농경과 길쌈을 한다고 묘사했다.

만약 청조가 삼림을 제거하여 황무지를 정복하고 귀순한 원주민을 교육한다면 대만은 부유한 땅이 될 수 있었다. 대만은 내지의 이주민을 유인할 것이고 그 결과 제국의 농경지가 증가하여 정착민들에게 새로운 기회를 부여하게 될 것이었다. 한때 강희제는 대만을 쓸모없는 진흙 덩어리이며 소유할 가치가 없다고 비웃었다. 그러나 18세기에 이르러 대만은 다른 변경 지역과 마찬가지로 극렬한 개발의 대상이 되었다. 개발의 목표는 이곳의 공포스러운 자연조건을 정착민이 다룰 수 있는 안전한 거주 공간으로 바꾸는 것이었다. 욱영하와 같은 시인과 여행가들은 새롭게 제국의 판도에 들어온 사람과 땅에 대해 생생한 기록을 남김으로써 환경을 개조하려는 움직임에 기반을 마련해주었다.

Chinese "Miao album", University of Washington Press, 2006.

신강 개발

청대의 역사지리는 멀리 떨어진 변경을 설명하고 이 지역을 "판도에 넣기 (入版圖)"위한 새로운 연구가 필요했다. 학자와 관리들은 토착민을 분류하고 지명을 기록하는 방식을 정해야 했다. 제임스 밀워드(James Millward)가 설명하듯이, 청의 정복 초기에 신강의 지명은 튀르크어로 기록되었으나 18세기에 청의 지리학자들은 당나라 시기에 이 지역에서 사용되었던 옛 이름을 찾아내어 토착어 지명을 고전 속의 지명으로 바꾸었다.[35] 이것은 이름을 통해 제국의 지배를 드러내는 전형적인 방식으로, 영국인들이 북미 지역에서 지명을 만들 때 영국에 있는 도시 이름 앞에 "뉴(New)"를 붙인 것과 비슷했다.

지도 제작자들뿐만 아니라 개인 여행가들도 제국의 국가 기록에 자신의 개인적인 견해를 덧붙였다. 한림학사 기윤(紀昀, 1724~1805)은 뇌물수수 사건에 연루되어 1769~1770년에 신강으로 유배되었다.[36] 그는 신강

---

35 James A. Millward, "Coming onto the map: Western religions, geography and cartographic nomenclature in the making of Chinese empire in Xinjiang" Late Imperial China 20:2 (1999), pp. 61~98.

36 Peter Perdue, China Marches West: The Qing Conquest of Central Eurasia, (Harvard University Press), pp. 428~429 (피터 C. 퍼듀 지음, 공원국 옮김, 『중국의 서진: 청의 중앙유라시아 정복사』, 길, 2012, pp. 550~551); 李忠智, 『紀曉嵐與四庫全書: 紀曉嵐烏魯木齊雜詩詳注』, 現代敎育出版社, 2010; 紀昀, 『烏魯木齊雜詩』, 叢書集成初編, 中華書局, 1985.

에서 2년을 보낸 후 북경에 돌아왔다. 고향으로 돌아오면서 기윤은 우루무치에서 경험한 일에 관해 여러 편의 짧은 시를 썼는데, 이 160편의 시를 묶어서 출판한 것이 『오로목제잡시(烏魯木齊雜詩)』이다.

기윤의 시는 청대 변방을 여행한 지식인이 자연 현상을 주의 깊게 관찰했음을 보여주는 좋은 사례이다. 그는 시에서 묘사한 것이 자신이 직접 목격한 것임을 강조함으로써 그가 단순히 고대의 기록에서만 지식을 얻은 것이 아님을 독자들에게 보여준다. 그는 시마다 논평을 덧붙여서 자신이 관찰한 내용의 실증적인 근거를 제시했다. 그가 다루는 주제는 곡식 가격부터 지역의 음식과 노래에 이르기까지 다양하다. 북경으로 돌아온 후 기윤은 『사고전서(四庫全書)』의 총편찬관 두 사람 중의 하나가 되었다. 『사고전서』는 당대 최고 문헌학자들의 지식을 담은 고전 지식의 총서로, 고증학의 실증주의 원칙을 엄격하게 적용하여 고대 문헌을 편찬했다. 그러나 기윤의 실증주의적 접근법은 사실 신강 유배 시기에 이미 그 흔적이 보인다.

기윤은 신강의 자연환경이 지닌 뚜렷한 특징들을 상세히 관찰하고 내지와 어떤 차이가 있는지 설명했다. 그는 특히 이곳의 풍부한 생산에 큰 인상을 받았고, 물 공급이 충분하다면 중국 북부보다 이곳에서 곡식을 훨씬 더 많이 생산할 수 있다고 지적했다.

5월에 다 자란 밀을 수확하니 왁자지껄 시장에는 곡식 실은 수레가 들어오네.

누가 믿겠는가, 햇곡식 10곡(斛)이 겨우 동전 2관(貫)이라니.[37]

---

37   紀昀,『烏魯木齊雜詩』「民俗 其二」.

그는 신강에서 사용되는 특수한 지하 관개수로인 카레즈(karez)를 높이 평가했는데, 이 수로는 눈 녹은 물을 산에서 농지로 수송하는 역할을 했다. 카레즈는 고대 중동의 기술을 오아시스 농법에 맞게 만든 것으로 사막의 번영을 가능하게 만들었다.

> 산전(山田)의 용구(龍口)에서 샘물을 끌어 물을 대니, 샘물은 눈이 녹은 것이네.
> 백발의 번왕(藩王)은 나이가 80이지만 봄에 내리는 비로 곡식이 자란다는 것을 알지 못하네.[38]

이 시의 논평은 다음과 같다.

> 일년 내내 비가 내리지 않을 때도 있고 내려도 겨우 한두 번 내린다. 오직 관개를 통해서 물을 대기 때문에 토지가 없는 것이 아니라 물이 없는 것을 걱정한다. 물을 댈 수 없으면 모두 그 토지를 버린다. 산에서 물을 끌어들이는 곳을 속칭 용구(龍口)라 한다.

한편 겨울이 추운 이곳에서는 겨울에 밀이 자라지 못했고 봄에만 자랐다. 이곳에서는 보리가 흔했지만, 기윤은 내지에서 온 사람들이 이 사실을 모른다고 지적했다.

기윤은 청조의 교화 정책을 지지했는데, 여기에는 자연환경을 개조하는 작업도 포함되어 있었다. 그는 광산 개발을 자세히 언급하면서 연기가 나는 석탄과 그렇지 않은 석탄을 구분했고, 광산과 호수 등 모든 곳에서 식염이 생산된다는 사실도 발견했다. 심지어 그는 한인들이 정착하면

---

38   紀昀, 『烏魯木齊雜詩』 「民俗 其七」.

서 이곳의 기후도 달라졌다고 여겼다.

> 수만 가구에서 불을 피우고 연기를 내니 천산(天山)의 태곳적 얼음이 녹아내리네.
>
> 눈 내리는 이른 겨울 아침 편지를 쓰는데도 홍사연(紅絲硯) 벼룻물은 얼지를 않네.[39]

이 지역은 원래 날씨가 매우 추웠으나 지난 몇 년간 인구가 증가하면서 내지와 비슷하게 되었다는 것이다.

기윤은 가끔 북경을 몹시 그리워했지만, 청의 정복으로 이 먼 변방 지역이 내지와 긴밀하게 연결되어 우루무치의 생활이 편해졌다고 생각했다.

> 여덟 촌(寸) 높이 해바라기 금빛으로 빛나니 낮은 담장의 낡은 집에 몇 그루 길게 자랐네.
>
> 내 집은 수도에서 멀리 떨어져 있으나 항상 해를 바라보는 마음이 귀하여라.[40]

기윤은 지역사회가 부유해지고 상업이 번성하는 것을 목격하기는 했지만, 농업개발 전문가의 관점에서 여전히 이 척박한 변경을 개발한 것은 새로 이주한 한인들이라고 생각했다. 국가의 지원으로 수문과 수로 체계를 건설하자고 제안하는 등 기윤은 유배 기간에도 쓸모 있는 사람이 되고자 노력했다. 그러나 지역 주민들은 수로가 곧 막히게 될 것이라고 하면서 그의 의견에 반대했다. 하지만 기윤은 지역 문화가 이미 변화하고 있음을 알고 있었다. 이전에 우루무치 주민들은 오직 말에만 관심이 있었지만, 지

---

39 紀昀, 『烏魯木齊雜詩』 「風土 其二」.
40 紀昀, 『烏魯木齊雜詩』 「物産 其二十一」.

금은 배에서 노를 젓고 노래 부르는 것을 좋아하게 되었다. 배우들이 남방의 곤곡(昆曲)을 공연했을 때 기윤은 깊이 감동했다.[41]

동시에 기윤은 자연과 인간 사이의 극적이고 무시무시한 갈등이 변경 지역의 거친 활기를 만들어냈다고 생각했다. 그는 세찬 물살 때문에 강물이 역류하는 것처럼 보이는 현상과 거센 바람이 사람과 말을 낙엽처럼 휘돌리는 현상을 놀라움에 차서 기록했다. 그는 병사들이 밭을 망가뜨리는 거대한 멧돼지를 활로 쏘는 것을 보았다. 아이들이 병아리를 광주리에 담는 동안 굶주린 독수리는 닭을 향해 화살처럼 날아들곤 했다.[42]

기윤은 또한 우루무치의 요리법에 적응하여 어떤 경우에는 내지 음식보다 낫다고 평가하기도 했다. 깨와 잣은 맛이 별로였지만 멜론은 하미에서 생산한 것만큼 맛있었다. 멜론을 쪼개면 위구르의 전통 모자와 비슷하게 생겼다. 양배추도 북방만큼 훌륭했다. 거위 고기가 매우 맛있었는데, 이는 지방관이 거위를 외부에서 데려와 길렀기 때문이었다. 한약 처방을 위한 약초는 쉽게 구할 수 있었다. 그는 이곳의 맛 좋은 물고기를 "남방식"으로 요리해서 즐겼다.[43]

우루무치는 지역의 야생닭도 북경에 조공품으로 보냈다.[44] 기윤은 지역 생산물의 우수함을 칭찬하고 이것을 수도와 연결함으로써 상품 유통이 주변과 중심을 연결하여 변경을 문명지대로 만들고 이를 통해 수도의 문화적 지평을 확장시키고 있음을 보여주었다.

---

41 紀昀,『烏魯木齊雜詩』, p. 142. (역자주) 昆曲은 14~15세기에 강소성 소주의 곤산(昆山) 지역에서 시작한 희곡과 노래를 말한다.

42 紀昀,『烏魯木齊雜詩』, pp. 198, 210.

43 紀昀,『烏魯木齊雜詩』, pp. 185~188, 198, 202.

44 紀昀,『烏魯木齊雜詩』, p. 187.

　행정 지리가 주현(州縣)의 공공 양식을 체계적인 지도로 그려내는 것과 달리 기윤과 같은 여행가들은 환경에 대한 자신의 생각을 간간이 개인적으로 표현했다. 그들이 특정 산물이나 자연 생태에 개인적인 반응을 보였다고 해서 그들에게 거시적인 안목이 없었던 것은 아니다. "변경 시가(邊塞詩)"의 전통에서 변경은 대개 황량한 유배지로 묘사되었다. 그러나 기윤은 2년간의 유배지를 자기 고향으로 만들었다. 그의 작품에 의해 중국의 문학 전통에는 변경을 내지화하는 새로운 비유법이 등장했다. 우루무치의 경험에 관한 기윤의 기록은 문명화의 과정이 제국 전역으로 확대되었으며 다양한 지역 환경이 점차 하나의 조화된 전체로 흡수되어갔음을 보여준다. 내지와의 문화적·경제적 교류는 변경 지역의 풍요 및 활기와 결합되어 모든 사람에게 번영과 성장을 가져다주었다. 기윤의 환경 인식은 "자연과의 투쟁"이 아니라 오히려 인간이 천연자원을 활용해 자신의 이익을 증진하고자 조화롭게 노력하고 자연의 힘을 통제하여 늘어나는 인구에 필요한 물자를 충족하는 것이었다.

　청대의 이러한 학술연구는 변경의 환경, 거주민, 자연 자원에 대한 새로운 지식과 사고를 만들어냈다. 내지의 한인 독자들은 이를 통해 이전에 알려지지 않았던 새로운 자연과 사람들에 대해 훨씬 더 많이 알게 되었고 그곳의 자연과 민속지에 대해 상상하였으며, 극도로 다양한 환경조건에 적응해온 인간의 활동에 공감하게 되었다.

자강운동과 현대화: 도(道)에서 자원으로

19세기에 중국이 아편전쟁에서 패배한 후 시작된 자강운동은 관료와 학자들 사이에서 자연에 대한 인식을 극적으로 바꾸어놓았다. 자연과 협력을 추구하거나 과학적이거나 문학적인 관심 혹은 통치의 목적으로 지역 생산물을 조사하는 것이 아니라, 이제 서구 제국주의에 대항하기 위해서 자연자원을 빠른 시간 내에 개발해야 했다.

중화제국의 관리들은 자연을 정적인 존재로 인식하지 않았다. 예를 들어 토지는 경제 발전을 위한 자원으로 여겨졌다. 그들은 토지 개간을 적극적으로 장려하면서 "지력을 다한다(盡地力)"는 표현을 즐겨 사용했지만, 여전히 자연과의 협력을 강조하고 야만인을 길들이는 것처럼 자연도 인간 활동의 동반자로 여겨야 한다고 생각했다. 한인들은 사람이 살지 않는 황무지를 두려워하여 피했고, 삼림·초원·밀림·산악·해양지대는 야생 동물이나 해적·유목민·이동성 부족민 등 위험하고 통제 불능한 사람으로 가득 차 있다고 여겨졌다. 그러나 황무지는 인간의 노력으로 길들일 수 있었다. 인간은 자연에 정착하여 황무지를 개발하고 이용하면서 인간과 자연의 상호관계를 인식하게 되는 것이다.

자연은 동물과 마찬가지로 길들이는 것이지 사람이 정복해야 할 대상은 아니었다. "자연과의 투쟁"은 19세기 말에 나타난 근대적 용어였다. 자연을 정복한다는 생각은 20세기에 경제적 군사적 강국을 꿈꾸는 여러

나라의 많은 제국주의자와 민족주의자들 사이에서 가장 중요한 주제였다. 이 생각은 오늘날에도 여전히 중국의 경제 정책을 주도하고 있다.[45]

19세기 중국에서 자강운동을 주도했던 순무와 총독은 경제와 군사적 목표를 위해 광산과 에너지 자원 개발에 주력했다. 그들에게 자연은 자원을 공급하는 수동적 대상이지 협력적 동반자는 아니었다. 군사 문제가 그들의 사고를 지배하였고 그 결과 자연을 정복해야 할 적으로 인식하게 만들었다. 이것은 자연에 대한 인식의 변화를 의미했다. 자연과 인간의 종합적인 상호관계를 강조하던 도학적(道學的) 철학 인식에서 벗어나 인간이 개발할 수 있는 개별적인 자연 생산품 혹은 자연 자원의 경제적 가치에 주목하게 된 것이었다.

광동 출신의 학자 위원(魏源, 1794~1856)은 광주에서 처음 아편전쟁을 목격하고 청의 군사 정복 역사를 서술한 『성무기(聖武記)』를 편찬했다. 이 책은 서구 제국주의에 저항하기 위해 청의 전성기의 상무정신을 어떻게 활용할 것인지를 설명한다. 위원은 외세에 저항하려면 군사 자원에 대한 지식과 상무 정신의 배양이 필요하다고 주장했다. 위원에게 상무정신은 조상의 사당을 숭배하는 것보다 훨씬 중요했다. 조상 숭배는 전쟁보다 조화로운 사회관계를 더 중시했기 때문이었다.

위원과 그의 추종자들은 경제개발, 상무정신의 배양, 변경으로의 팽창이 서로 연결되어 있다고 생각했다. 위원과 공자진(龔自珍, 1792~1841)은 신강을 성(省)으로 편제하고 새로운 한인 정착민 사이에 엄격한 규율 문화를 만들어야 한다고 주장했다. 앞선 세대의 사람들과 같이 그들도 신강의

---

45 David Blackbourn, *The conquest of nature: Water, landscape, and the making of modern Germany*, Norton, 2006.

척박한 환경을 지역민들의 특징과 연결했다. 그러나 이제 변경의 거주민들은 교화가 필요한 원시적인 야만인이 아니라 국가를 위해 충성을 다할 군사 기술을 갖춘 유능한 재원이었다. 변경이 지닌 공격적이고 폭력적인 성향은 동원되어야 할 자원이지 길들여야 할 위험이 아니었다.

위원 이후의 자강운동가들 역시 산악지대의 사람들에게는 특별한 전투 기술이 있다고 생각했다. 호남 서부의 묘족은 증국번(曾國藩, 1811~1872)과 좌종당(左宗棠, 1812~1885)이 태평천국의 반란을 진압할 때 동원한 상군(湘軍)의 주력 부대였다. 좌종당의 군대가 감숙(甘肅)으로 진군했을 때 이 궁벽하고 가난한 지역은 활력의 원천으로 여겨졌다. 좌종당은 이 지역에서 경제 개발을 추진하고, 변경에서 새로운 부를 창출하려고 몽골에서 가져온 양모를 가공할 모직 공장을 세웠다.

중국의 자연 자원을 개발하고자 한 것은 자강운동가들만이 아니었다. 19세기 말에 이르러 독일의 리히트호펜(Baron Freiherr von Richthofen, 1892~1918)과 같은 서양의 탐험가와 기술자들은 개발 가능한 광산 자원을 찾아서 중국의 여러 지역을 여행했다. 미국 서부에서 기술자로 한동안 시간을 보낸 적이 있었던 리히트호펜은 영국과 독일에 있는 후원자들에게 중국은 거대한 강과 풍부한 석탄 매장량을 이용한 에너지 생산의 가능성이 엄청나게 크다고 보고했다.

> 산서(山西)는 세계에서 석탄과 철광 매장량이 가장 풍부한 지역 가운데 하나일 것이다. 내가 보내는 상세 내역이 보여주듯이, 현재의 석탄 소비 추세에 비추어 볼 때 산서 지역 한 곳에서만 앞으로 수천 년간 세계에 석탄을 공급할 수 있을 것이다.[46]

---

46 Shellen Xiao Wu, *Empires of Coal: Fueling China's Entry into the Modern World Order, 1860~1920*

    자강운동에 참여한 중국 관료와 개항장의 외국인 간의 상호작용으로 경제개발과 환경 개조를 위한 새로운 계획이 만들어졌다. 서구 상인들은 특히 개항장의 확대가 필요했으므로 지방관들과 협력하여 양자강·주강(珠江)·황하 하구에 위치한 도시의 기반 시설을 바꾸려고 새로운 계획을 수립했다.[47] 중국 관리들은 농경지를 보호하고 홍수를 방지하기 위해 양자강과 황하를 관리해온 오랜 경험이 있었지만, 이제 그들은 전 지구적 산업 개발을 위해 하천과 항구 도시의 수송 능력을 개발해야 하는 새로운 도전에 직면하게 되었다.

    최근의 연구는 자강운동의 성과를 이전보다 긍정적으로 평가한다. 청일전쟁에서 중국이 일본에 패배했으므로 자강운동은 실패했다는 기존의 관점 대신, 학자들은 자강운동의 장기적인 영향에 주목하고 있다. 자강운동은 청말 민국 초에 국가 건설을 위한 탄탄한 기반을 구축하는 데 성공했다. 또한 중국의 지도자들은 서양의 기술자들로부터 상당한 협력과 투자를 이끌어냈고 산업화와 군사력 확대를 위해 자연을 개조하려는 중국의 새로운 목표에 협력하도록 만들었다.[48]

    자강운동에 관한 연구는 대부분 환경 개조보다는 경제개발에 주목한다. 그러나 부국강병을 위한 중국의 거대한 계획이 환경을 크게 변화시키리라는 것은 쉽게 짐작할 수 있다. 중국과 서양의 기술자들은 하천의 흐름과 방향을 개조하고, 광산을 개발하고, 삼림을 개간하고, 세계시장을 겨냥

(Stanford University Press, 2015), p. 61.

47 Shirley Ye, *Business, Water, and the Global City: Germany, Europe, and China, 1820~1950*, PhD Dissertation, Harvard University, 2003.

48 Benjamin A. Elman, *A cultural history of modern science in China*, Harvard University Press, 2006.

한 농산물의 대량생산을 목표로 대규모 계획을 수립했다. 19세기에 이러한 계획은 시작 단계였지만 민국 시기에 이르러 전쟁과 혼란의 와중에서도 이러한 건설공사는 더욱 대규모로 진행되었다.

20세기 중국의 환경관

20세기 초 중화민국이 근대 국가를 건설하고자 노력하던 시기에 많은 외국인 고문, 기업가, 학자들은 이익을 찾아서 혹은 자극을 얻으려고 중국을 여행했다. 19세기의 선교사들은 중국을 기독교 국가로 만들고자 했지만, 20세기의 새로운 외국인들은 더욱 세속적인 목표가 있었다. 이들은 사회문제를 해결하기 위해 근대 과학과 기술을 이용하고자 했고, 농촌 생활을 광범위하게 조사한 후 농민의 삶을 개선하고자 했다. 존 로싱 벅(John Lossing Buck, 1890~1975)과 그의 아내 펄 벅(Pearl Buck, 1892~1973)은 중국의 서북 농촌 지역에서 여러 해를 보내면서 중국 농민에 관해 매우 자세히 알게 되었다. 존 벅은 자신의 지식을 이용하여 양적 조사를 대규모로 진행한 반면, 펄 벅은 한 농민 가족의 고난을 감동적으로 그려낸 소설 『대지(The Good Earth)』(1931)로 세계적인 명성을 얻었다. 존 벅과 펄 벅, 그리고 다른 농업 전문가들은 토질·기후·경제 등 수백만 중국 농민의 삶에 영향을 끼치는 환경조건에 큰 관심을 기울였다. 그들은 환경이 중국인의 삶에 직접적인 영향을 끼친다는 것을 알고 있었지만, 그들이 우선 주목한 것은 농촌 사회의 빈곤을 경감할 방법을 시급히 찾아내는 것이었다. 다른 학자들은 중국에서 겪은 경험으로부터 세계사의 거대한 흐름을 장기적인 관점에서 설명할 수 있는 이론적 방법을 찾아내고자 했다. 두 명의 저명한 서구 학자는 오언 래티모어(Owen Lattimore, 1900~1989)와 칼 비트포겔

(Karl August Wittfogel, 1896~1988)이었다. 그들은 중국인 공동 연구자 및 친구들과 함께 작업하여 중국 사회를 해석하면서 중국의 경제 발전과 생산의 자연조건을 긴밀하게 연결했다. 그들은 중화제국 시기에 발전한 역사지리학적 분석 전통을 계승하고 여기에 근대적 학문 연구 방법론을 적용했다.

칼 비트포겔은 처음에는 자신이 래티모어의 제자라고 주장했지만 나중에 그를 배신했다. 독일의 마르크스주의 사회학자였던 그는 혁명적 사회주의 운동에서 중국의 위치를 둘러싼 공산주의자들의 논쟁에 참여하기도 했다. 그의 저서는 중화제국의 국가체제를 지탱한 자연 구조가 무엇인지를 분석한 것이다. 요나라에 대한 비트포겔의 선구적인 연구는 풍가승(馮家昇, 1904~1970)과 공동 작업으로 이루어졌는데, 여기에서 그는 만주를 중심으로 하는 유목 정권이 한인 정착민과 유목민들의 요구를 받아들이고 적응해가는 과정을 상세하게 설명했다.[49] 중국 농업에 대한 비트포겔의 독일어 저서 『중국의 경제와 사회(Economy and Society in China)』는 중국의 농업 체제를 발전시킨 여러 요소를 분석한 것이다.[50] 그는 소농경제로 인해 소규모 토지 혹은 "정원 농경(garden agriculture)"에 집약적인 노동이 사용되었으며 이러한 소농경제에서는 가축노동보다 인간노동이 더 중요했고 수리(水利)에 대한 의존도가 매우 높았다고 강조했다. 비트포겔의 두 책은 중국 농업 분야에서 지금도 고전적인 연구로 여겨진다.

49　Karl A. Wittfogel and Feng Chia-Sheng with the assistance of John De Francis, Esther S. Goldfrank, Lea Kisseigoff, and Karl H. Menges, *History of Chinese Society: Liao, 907~1125,* The American Philosophical Society, distributed by the Macmillan Co., 1949.

50　Karl A. Wittfogel, *Wirtschaft und Gesellschaft Chinas* (Chinese Economy and Society), C. L. Hirschfeld, 1935.

기조정(冀朝鼎, Chi Ch'ao-ting, 1903~1963)은 비트포겔과 래티모어에 비견될 만한 중국인 학자로 중국의 경제지리에 대한 최초의 고전적인 저작을 발표했다. 청화대학(淸華大學)을 졸업하고 시카고대학과 컬럼비아대학에서 지리학을 공부한 그는 1936년 "중국사의 핵심 경제구역(Key Economic Areas in Chinese History)"이라는 제목으로 박사학위 논문을 출간했다. 그의 책은 하천 체계가 어떻게 중국의 거대 경제구역을 결정했는지를 분석한 것으로, 후에 윌리엄 스키너(G. William Skinner)가 제안한 지형적 대구역(physiographic macroregions)의 등장을 예상하게 했다. 오언 래티모어는 기조정의 장례식에서 추도문을 낭독하기도 했다.

우공학회와 역사지리

고힐강(顧頡剛, 1893~1980)은 중국사 연구에 근대적 방법론을 도입한 선구자이다. 1930년대 고힐강과 그의 동료들은 "강역 민족주의(territorial nationalism)"의 개념을 발전시키고 중화제국과 민국 시기 중국의 영토적 경계를 만들어낸 것은 지리적 요인이었다고 주장했다. 이들은 국가적 통합을 옹호하는 데 역사지리학을 이용했다. 사빈 다브링하우스(Sabine Dabringhaus)는 18세기 중엽부터 1949년까지 중국에서 역사지리학적 인식이 등장하는 과정을 추적하고, 중국 학자들이 고대의 역사지리 문헌을 근거로 자국의 영토를 옹호하는 주장을 발전시키는 과정을 분석한다.[51] 다브링하우스의 연구는 주로 1934년부터 고힐강이 편집자로 참여한 역사지리 잡지 『우공(禹貢)』에 투고한 저자들을 분석한 것이다. 18세기 중반 청 제국의 영토가 최대로 팽창된 직후부터 여행가·시인·지리분석가들은 중국의 강역 범위를 역사적으로 추적하기 시작했는데, 다브링하우스는 이들이 언급한 내용도 함께 분석했다. 이 연구는 중화제국 시기와 민국 시기 중국의 공간 인식을 이해하는 데 매우 유용하다.

중국의 민족주의를 연구한 많은 학자가 영토와 공간의 중요성을 강

---

51   Sabine Dabringhaus, *Territorialer Nationalismus, Geschichte und Geographie im China der Republikzeit (1900~1949)*, Köln u. a. 2006.

조하지만, 그들 대부분은 강역과 관련된 상징이나 언어의 사용 문제에 주목할 뿐, 역사지리학을 바탕으로 영토적 정당성을 주장하는 구체적인 사례에는 주목하지 않았다.[52] 우공학파는 청대 선구자들의 연구를 바탕으로 매우 실증적인 연구를 전개했다. 그들은 중화제국 시기 선구자들의 연구에 기반하여 18세기 말 청이 최대 판도에 이르렀을 때의 모든 영역을 포함하여 역사상 중국의 범위를 엄밀하게 정의했다. 그들의 목표는 강역이라는 고정된 개념을 중심으로 그 안에 거주하는 다양한 민족을 포함하여 중국을 통합하는 것이었다. 그들의 강역 민족주의는 중화민국에서 지배적이던 종족 민족주의(ethnic nationalism)와 일치하는 부분도 있고 모순되는 부분도 있었다.

20세기 초에 등장한 중국의 민족주의는 거의 완전한 종족 민족주의로, 고대부터 현재까지 한족의 통합성과 우수성을 강조했으며 야만적인 만주족 통치자들이 야기한 국가적인 모욕을 시급히 타파하고 극복해야 한다고 역설했다. 그러나 1911년 직후 손문과 혁명가들은 좁은 범위의 국민국가적 종족 민족주의에서 벗어나 오족공화론(五族共和論)을 제창하고 청제국의 강역을 계승할 것을 주장했다. 그 결과 중국의 민족주의는 주로 유럽을 대상으로 분석한 이론가들이 말하는 민족주의의 두 가지 이상적인 유형 어느 것과도 맞지 않았다. 그것은 단일 민족을 중심으로 하는 순수한 형태의 종족 민족주의도 아니고, 같은 이상을 공유하는 모든 사람에게 시민권을 부여하는 순수한 형태의 시민 민족주의(civic nationalism)도 아니었다. 그것은 소련의 소수민족 정책의 기반이 된 단순한 "전이(轉移) 민족

---

52 Henrietta Harrison, *The Making of the Republican Citizen: Political Ceremonies and Symbols in China, 1911~1929*, Oxford University Press, 2000; Prasenjit Duara, *Culture, power, and the state: Rural North China, 1900~1942*, Stanford University Press, 1988.

주의(transfer nationalism)"도 아니었다.[53] 중국 민족주의의 특징은 긴 제국의 역사에서 비롯된 것이다. 역사지리학자들의 관점에서 보았을 때 과거 5,000년 동안 문화적 정치적 연속성을 유지해온 중국의 역사적 경험은 다른 어떤 민족국가에서도 볼 수 없는 것이었다. 중국의 국민국가를 정의하는 데에 중화제국 시기의 전통과 유산이 중요했기 때문에 중국의 정체성과 강역을 논할 때 역사지리학은 핵심적인 요소가 되었다.

고힐강과 그의 동료들은 근대 중국 역사지리학의 기초를 만든 것은 18세기 말부터 19세기 중엽에 제국의 변경에 관해 기술한 청대 학자들이라고 생각했다. 변경에 관해 기술한 청대 학자는 대부분 신강으로 유배되었던 사람들이고, 이들은 새로운 영토의 언어와 지리에 관해 기록하고 여행기나 시를 남겼다. 고힐강은 기윤의 시를 언급하지는 않았지만 다른 사람들의 시를 자료로 이용했다. 서송(徐松, 1781~1848)은 1812년에 신강으로 유배되었는데, 그의 「신강부(新疆賦)」는 제국이 이 지역을 획득하게 된 것은 제국 통치의 자비로움을 증명하는 것이라고 칭송했다. 한편 『신강지략(新疆識略)』에서 서송은 역사 지도와 개인 연구에 근거하여 이 지역에 대한 역사적·문화적 자료를 수집했다. 한인을 이주시켜 신강을 한화하고 자연 자원을 더욱 개발해야 한다는 서송의 주장은 공자진(龔自珍)이나 위원(魏源)과 같은 경세치용학파에 영향을 끼쳤다. 장목(張穆, 1808~1849) 역시 신강에 유배되었던 인물로 『몽고유목기(蒙古遊牧記)』의 초고를 썼다. 이 책은 장목이 사망한 후 1859년 하추도(何秋濤, 1824~1862)가 완성했다. 이 책은 몽골의 역사와 맹기제도(盟旗制度), 청의 통치에서 몽골 지역이 차

---

53 Thomas S. Mullaney, *Coming to terms with the nation: Ethnic classification in modern China*, University of California Press, 2011.

지하는 중요성, 러시아의 침입으로부터 몽골 지역을 지켜야 할 필요성에 관해 서술했다. 이 책은 몽골에 관한 최초의 지역사로, 여기에서 장목은 한인 이주를 통한 경제개발을 주장했다. 복건 출신인 하추도는 『삭방비승(朔方備乘)』에서 국경에서 벌어지는 러시아인의 활동을 자세히 서술하고 국방정책의 필요성을 특히 강조했다.

위원(魏源, 1794~1856)은 청 제국이 다국 체제 속에서 다른 국가들과 함께 공존해야 함을 이해하고 있었다. 이런 점에서 중국의 학자들은 그가 근대 중국사의 기초를 수립했다고 여긴다. 그러나 다브링하우스나 고힐강은 위원의 이러한 시각에 반대했다. 여러 면에서 위원은 황제의 보편적인 권위에 대한 전통적인 인식에서 크게 벗어나지 않았다. 반면 신강에 유배되었던 사람들은 변경의 문화적 이질성, 지정학적 경쟁 관계, 그리고 이 지역에서 경제개발의 긴급한 필요성을 매우 분명하게 깨닫고 있었다. 물론 『성무기』는 위원이 제국의 팽창정책에 찬성하였으며 『해국도지(海國圖志)』는 그가 국제 정세를 파악했음을 보여준다. 그는 청의 권위가 도전받고 있으며 외국이 거둔 성과를 인정하고 이를 청의 대외 정책에 수용해야 함을 깨닫고 있었다.

역사지리학은 1900년부터 1930년대에 중국에서 전문 분야가 되었다. 양계초(梁啓超, 1873~1929)는 일본의 발전으로부터 영향을 받아 신사학(新史學)을 주창했다. 그에 따르면 역사는 단순히 사실을 기록하는 것이 아니라 모든 인류의 진보를 설명하는 학문이었다. 중국은 인류의 진보에서 중요한 역할을 담당하고 있으며 역사 인식을 바꿈으로써 중국인들은 통일과 자주를 향해 진보할 수 있고 민족주의 의식도 형성될 수 있다는 것이었다. 한편 호적(胡適, 1891~1962)은 "대담한 가설"과 "세심한 증명" 두 가지를 모두 강조했다. 왕국유(王國維, 1877~1927)는 중국의 역사를 확장하려고 고대부터 축적된 고고학 자료와 문헌 자료를 모두 사용하는 "이중 증거법(二重證據法)"을 주장했다. 부사년(傅斯年, 1896~1950)과 전목(錢穆, 1895~1990)은 다른 전통의 맥락에서 서구의 역사 연구 방법론의 영향을 배척하고 대신 한대(漢代)부터 청대까지 왕조 간의 지적 문화적 연관성이 밀접했음을 강조했다.

역사가들은 전통 왕조에 기반한 국가의 새로운 역사를 강조하기는 했지만 중국의 국가 건설에서 변경 지역의 역할을 직접적으로 논하지는 않았다. 변경 지역을 어떻게 중국 통사에 포함할 것인가? 역사지리학자들은 이 문제를 주요한 주제로 삼았다.『우공』은 만주·몽골·신강에 관해 여러 편의 특별호를 발간하여 이들 지역을 어떻게 중국의 불가분한 일부로 포함하고 과거의 자연스러운 지위를 회복시킬 것인지를 논의했다. 이 모든 변경 지역이 국민당 정부의 통치에서 벗어나 있었던 1930년대 당시에 역사지리학자들은 이들 지역이 중국 내지와 지속해서 연결되어 있음을 강조하는 학문적인 전통을 집요하게 유지했다.

사회학·인류학·경제학과 같은 다른 사회과학 분야와 달리 역사지리학은 서구에서 수입된 사조(思潮)에 의존할 필요가 없었다. 연혁지리(沿革地理)의 변화를 추적하고 지역문화를 기술해온 왕조사와 지역사의 오랜 전통 덕분에 역사지리학 분야에서 중국은 서구와 비슷한 성과를 축적해왔다고 볼 수 있다. 1725년에 완성된『고금도서집성(古今圖書集成)』은 옹정제의 지시에 따라 편찬된 대규모 유서(類書)로, 역사지리가 전체 분량의 20퍼센트에 달할 만큼 큰 비중을 차지했다. 19세기 말 무기제조창이나 산업 시설에서 일한 자강운동가들은 서구의 지리서를 번역하여 소개했는데, 이때 광산 자원을 찾기 위한 리히트호펜의 여행기는 외국인과 중국인 독자들로부터 큰 관심을 받았다.

장상문(張相文, 1866~1933)은 1909년 지학회(地學會)를 설립하고 1910년에는 환경결정론의 영향을 받은 『지학잡지(地學雜志)』를 발간했다. 장상문은 중국을 다섯 개의 변경과 내지로 구성된 여섯 개의 기본 지역으로 나누고, 다시 중국 내지를 여덟 개 지역으로 구분한 최초의 연구자였다. 그의 분류는 이후 지역 지리학의 발달을 가져왔다.

이 시기의 지리학과 지질학은 서구의 영향을 크게 받았다. 예를 들어 정문강(丁文江, 1887~1936)은 일본에서, 축가정(竺可楨)은 하버드대학에서 공부했다. 그러나 역사지리는 중화제국 시기의 전통과 밀접하게 관련되어 있었다. 동시에 역사지리학자들은 과학적인 연구와 정치적인 이념 사이에서 모순을 겪었다. 1934년 고힐강(顧詰剛)과 담기양(譚其驤, 1911~1992)은 우공학회를 설립하고 이를 실증적인 연구기구로 만들어 정치에 직접 동원되는 것과 차별을 두고자 했다. 대계도(戴季陶, 1891~1949)가 발행한 『신아세아(新亞細亞)』는 범아시아적 의미에서 소수민족을 하나의 문화로 동화시키자는 정치적 목표를 공개적으로 주장했다. 이와 달리 고힐강과 담기양은 정치 이념이 아닌 실증 연구를 바탕으로 중국의 과거로부터 다민족국가의 정통성을 찾아내고자 했다. 고힐강은 중국 최초의 지리학 기록인 「우공」이라는 문헌 자체가 선사시대의 실제 상황을 묘사한 것이 아니라 진한시대에 창조된 신화라고 주장했다. 우공학회는 큰 성공을 거두어 회원이 400명에 이를 만큼 성장하여 1937년 일본의 침입으로 활동이 중단되기 전까지 많은 연구 프로젝트를 수행했다. 고힐강은 관련 활동을 지속하여 1941년에 성도(成都)에서 중국변강학회(中國邊疆學會)를 설립했다. 그러나 그의 중요한 지리학 연구 성과는 1930년대의 그 짧은 동안에 이루어졌다.

우공학파는 자연지리를 중국의 국가 정체성과 연결하는 여러 주제를 연구했다. 여기에는 국가권력의 정통성, 중심과 주변의 관계, 경제 발전의 추진, 다민족주의, 중국 회교도의 특수성 등이 포함되었다. 지리학자들은 중국의 역사적 전통을 바탕으로 국가를 재통합해야 한다는 공통의 목적이 있었지만 다른 주제에서는 서로 견해가 달라서 논쟁이 일어나기도 했다. 민족적 다양성, 생태적 파괴, 국경의 불안정성에 대한 우려는 민족주의자 간의 합의를 계속 어렵게 만들었다. 1930년대에는 소수의견에 불과했던 주장들 가운데 개혁개방 이후 새로운 중국의 시대와 훨씬 더 잘 어울리는 것들도 있다.

　　그들 대부분은 중국의 국경이 과거 2,000년간 유지된 자연적인 경계라고 생각했다. 그들은 과거 제국 시기의 정책을 연구함으로써 청 제국과 중화민국이 왜 그렇게 넓은 영토를 상실했는가 하는 긴급한 현안을 다루고자 했다. 이를 연구하는 과정에서 그들은 제국 내에 존재하는 생태 구역의 다양성을 인정하지 않을 수 없었다. 전봉장(田鳳章)과 같은 학자들은 만주인과 중국인은 공통적인 환경조건에 처해 있으므로 그들은 하나의 국가로 통합될 수 있다고 주장했다. 고힐강 역시 역사 속의 "동화(同化)"와 "확장(擴張)"과 같은 용어를 계속 사용함으로써 미래의 재통합을 옹호했다. 그러나 동서업(童書業, 1908~1968)은 고힐강의 주장을 반박하면서 중국은 하나의 지리 구역이 아니라 하나의 내지와 다섯 개의 변경(서남·티베트·몽골·신강·동북)으로 구성되어 있다고 주장했다. 다른 학자들은 중국의 팽창은 군사적 필요의 산물이지 지리결정론의 결과가 아니라고 지적했다. 그들은 문화적·지리적 요소의 상대적 역할을 인정하지는 않았지만 대부분은 기후와 지형의 차이를 극복하는 데에 문화의 역할이 중요하다고 지적했다.

　　역사지리학자들은 제국의 통치로 편입되는 과정에서 비한인 원주민들이 어떤 입장인지에 대해서는 관심을 기울이지 않았다. 그들은 한문 자료에만 의존했고 대체로 제국 중앙정부의 시각을 따랐다. 그러나 도희성(陶希聖, 1899~1988)이 대필한 장개석의 『중국의 운명(中國之命運)』이 말하듯이, 그들 모두가 중국의 자연 경계와 자연 구성이 고대에 이미 만들어졌다고 주장한 것은 아니었다. 고힐강과 사념해(史念海, 1912~2001)는 고대에 복수의 여러 국가부터 하나의 통일된 화하문명(華夏文明)이 등장했다고 주장했지만, 다른 학자들은 한·당·원·청 제국이 국가권력과 지배에 결정적인 변화를 가져왔다고 지적했다. 증문오(曾問吳, 1900~1979)는 한대 혹은 그 이전 시기에 중국과 서부 지역에서 공통의 문화가 등장했다고 주장한 반면, 화기운(華企雲)은 이러한 상호작용이 18세기에야 분명해졌다고 주장했다. 이처럼 학자들 사이에는 제한된 범위 내에서 시기에 관한 폭넓은 이견이 존재했다.

1950년대와 1960년대 자본주의 맹아론 논쟁에서도 마찬가지로 마르크스주의 학자들은 모든 사회가 노예제 사회, 봉건사회, 자본주의 사회로 나뉜다는 보편적인 단계 구분에 대해서는 문제를 제기하지 않았지만, 각 단계의 이행 시기에 관해서는 논쟁이 있었다. 중화인민공화국 시기와 달리 1930년대는 학술 토론에서 사실상 검열이 없었는데도 이 두 시기는 이념적인 속박과 다양성의 제한이라는 면에서 놀랄 만큼 비슷했기 때문에 서로 비교해 볼 만하다. 이것은 민족주의자와 마르크스주의자들이 단순히 정치적 이념적 요구에 굴복한 것이 아니라 스스로 검열의 속박에 들어가 있었음을 보여준다.

사실 어떤 면에서 보면 중국의 변강 문제에 대해서는 현재의 중국보다 1930년대에 오히려 수용할 수 있는 담론의 경계가 더 넓었다. 1930년대의 작가들은 그들의 공격적인 개발주의 계획을 설명하려고 "확장"이나

"간식(墾殖)"과 같은 용어를 당당하게 사용했다. 그들은 변경 지역을 낙후하고 비어 있는 땅으로 여겼고 그곳의 경제 자원이 중국 전역에 큰 도움을 줄 것이라고 생각했다. 청대의 학자들과 마찬가지로 그들 역시 농업 투자, 광산 자원 개발, 철도 건설, 내지와의 긴밀한 상업망 구축을 통해 국력을 강화할 것을 강력하게 주장했다. 변경 개발의 주요한 방법은 주변부 지역으로 한인의 이주를 장려하는 것이었다. 오직 한인들만이 국가적 통합을 이룰 수 있는 잠재적인 역량을 갖고 있었다. 만주·몽골·신강·티베트·서남 지역의 원주민들은 거의 주목받지 못했다. 지리학자들은 한대의 군둔(軍屯)이나 당대의 기미부주(羈縻府州)가 긍정적인 측면에서 유럽의 식민지와 매우 유사하다고 여겼다. 그들은 변경 지역의 거주민과 속국을 제국의 중앙과 결합하는 핵심적인 절차로서 한화를 공개적으로 지지했다. 어떤 학자들은 원대 몽골이 조선과 베트남을 중앙이 직접 통치하지 않고 간접 지배의 방식을 사용한 점을 비판하기도 했다.

그들이 가장 바람직한 왕조로 여긴 것은 팽창주의적인 한과 당이었다. 그러나 그들은 당의 엘리트 계층에 중앙아시아인들이 다수 포함되어 있었다는 사실은 무시했다. 역설적으로 그들 대부분은 손문이 순수한 한인 왕조라고 선호했던 명에 대해서는 16세기에 지나치게 방어적이 되었다는 이유로 중시하지 않았다. 청에 대해서는 한과 당을 불완전하게 모방했다고 하여 대체로 부정적인 인식이 있었지만, 만주인은 스스로 한화됨으로써 문화적 통합에 기여했다고 여겼다. 오늘날 중국과 서구의 "신청사학자들"로부터 비판을 받고 있는 이 "한화" 이론은 청을 중화민국의 선조(先祖)로 평가하는 데 있어서 핵심적인 요소이다.

그러나 우공학파의 궁극적인 목표는 행정구역의 변화 과정, 즉 연혁사(沿革史)를 세밀하게 조사하여 국민국가의 영토적 정당성을 지지하는 것이었다. 잡지『우공』의 발간사는 대중과 학계가 중국의 변경을 무시한 결과 일본과의 협력을 주장하는 자들에 의해 중국의 여러 변경 지역이 언제나 중화제국의 일부였던 것은 아니라는 어리석고 잘못된 생각이 퍼지고 있다고 주장했다. 우공학회의 주된 임무는 변경 지역에 대한 새로운 통사를 집필하고, 새로운 역사 지도를 제작하고, 실증적인 지리 조사에 기반한 새로운 국사를 만들어내는 것이었다. 이러한 연구는 자연지리에 대한 정보가 필요했기에 이들은 황하와 양자강의 정확한 수원을 찾는 일과 같이 자연과학자들의 참여를 환영했다. 그러나 국민국가의 경계를 다시 설정하고 정립하는 일이 자연사 연구보다 더 중요했다.

　민족성의 문제에 있어서도 다양한 견해가 등장했다. 고힐강은 "한(漢)"을 민족 개념으로 사용하는 데 반대했다. 그에 따르면 "한"은 단순히 지리 용어이고 경계가 구획된 공간에 사는 모든 사람을 가리키는 말이었다. 그의 급진적인 동화주의는 장개석 정권의 이념과 밀접하게 관련되어 있었다. 그는 국민당 정부의 계획과 청조의 계획이 서로 다르다는 것을 인정했다. 그는 청조가 각각의 민족 집단을 구분하고 회교도에 대해 특히 적대적이었으며 변경 개발에 실패했다는 점을 비판했다. 변경 지역의 경제를 급속히 발전시킴으로써 하나의 통합된 국가 영역을 만들고 외세의 침입에 저항할 수 있는 경제 자원을 확보해야 한다는 것이 그의 생각이었다.

　송일청(宋一淸)과 같은 일부 학자들만이 민족 집단들이 중앙의 계획에 자주 반발해온 사실을 지적했다. 그는 이러한 반란은 소수민족의 활력을 보여주는 것이라는 도전적인 주장을 제시하고 이러한 저항의 힘은 중국의 통합에 도움이 되는 쪽으로 바뀔 수 있다고 주장했다. 그러나 모든 학자가 명확한 국경선을 획정할 필요가 있다고 지적했다. 국경 획정은 1689년 네르친스크조약에서 시작되었으나 이후 청의 통치자들은 그 중요성을 간과했다. 경제 발전 역시 우공학파의 주목을 받았는데, 이들은 국가를 부강하게 만들려면 경제지리가 중요하다고 강조했다. 그들은 공개적으로 한인 이주민에 의한 식민화를 통해 개발이 덜 된 자원의 생산성을 증대하자고 역설하고, 동시에 이러한 개발은 내지뿐만 아니라 중국 전역의 모든 사람에게 도움이 될 것이라고 주장했다.

증문오(曾問吳)에 따르면 신강은 엄청난 경제적 가능성이 있으며 자원이 풍부해서 국가 경제에 도움이 될 땅이었다. 실제로 신강 군벌 김수인(金樹仁)과 성세재(盛世才)의 통치하에 이곳은 남경 정부의 영향을 받지 않았다. 그러나 신강이나 접근이 불가능한 만주보다 우공학파가 더 주목한 곳은 한인이 우세한 서북 지역이었다. 그들은 서북 지역에 대한 특집호를 세 차례나 발행하고 그곳에서 대규모 현장 조사를 준비했다. 감숙과 내몽골로 한인이 대거 이주함에 따라 급속한 발전의 기반이 마련되었으므로 하투(河套), 즉 오르도스와 몽골 지역의 자원 개발을 더욱 촉진해야 한다고 주장했다. 오언 래티모어가 한인의 잔혹한 통치와 몽골인의 수난을 지적하고 한인 정착민들을 개척자가 아닌 가난한 피난민으로 묘사했던 것과 달리, 우공학파의 학자들은 열린 변경의 도전을 통해 중국인의 정신을 고양하는 것을 변경 정착의 이상적인 방향으로 수용했다. 미국식으로 말하자면 그들은 프레데릭 잭슨 터너의 열렬한 추종자들이었으며 변경의 토착 거주민들에 대해서는 상대적으로 무관심했다.

왕동춘(王同春)은 우공학파의 영웅이었다. 그는 1880년대 이래 하투 지역의 수리사업에 투자했고 청 말에는 사병(私兵)을 조직하기도 한 인물이었다. 1907년에 그는 지나친 폭력 활동과 북경 정부로부터의 독립 문제로 투옥되었다가 20세기 초에 다시 지역에서의 악명을 되찾았다. 그는 국가의 감독하에 서북 지역에 새로운 자원을 끌어들인 개인 사업가의 모델이었다. 고힐강과 장상문은 그의 열정을 칭송하고 그의 사업을 좌절시킨 청조의 낙후된 보수주의를 비난했다. 그들은 또한 서북 지역에 철도를 건설하여 이곳을 전국적인 기반 시설과 연결하려 한 손문의 적극적인 계획을 지지했다.

이러한 형태의 경제 민족주의는 긍정적인 측면보다는 방어적인 측면이 컸다. 이들의 주된 목표는 외세의 간섭으로부터 중국을 보호하는 것이었지 모든 토착 요소를 긍정적인 방향으로 통합하는 것은 아니었다. 취약한 국민당 정부 아래 경제 민족주의는 현실이라기보다는 이상에 가까웠지만, 20세기 초부터 1950년대까지 근본적인 추진력으로 작용했다. 역사지리학자들은 산업에 관해 거의 기술하지 않았고 사회혁명의 마르크스주의적 이념을 인정하지 않았지만, 새로운 사회를 건설하려면 변경 지역을 적극적으로 근대화해야 한다는 필요성에는 공감했다. 오직 소수의 사람들이 생태 문제를 인식하고 지나친 개간과 토지 유실로부터 초원을 보호해야 한다고 주장했다.

지리학자들은 또한 국가 통합의 뿌리를 찾고자 역사 민속지학으로 연구를 확장했다. 중화민국은 청의 다민족 제국이 보유했던 세 가지 중심축, 즉 통일적인 민사 행정기구, "이이제이(以夷制夷)" 정책의 수행 능력, 그리고 황제라는 최우선적인 통합의 상징을 모두 상실한 상태였다. 국민당 정부는 변경의 "야만인"들을 민족 구성원으로 만들어줄 통합을 위한 대체물을 찾아야 했다. 20세기 초의 종족(種族) 민족주의가 손문에 의해 다민족적인 공민(公民)으로 급격히 변화하는 과정은 원세개(袁世凱, 1859~1916)와 같은 현실적인 정치인들의 행동이나 민속지학자들의 저술에서도 드러난다. 원세개는 1912년 제정된 헌법에서 민족과 상관없이 모든 정치조직의 구성원들을 받아들였다. 대계도가 동질적인 단일민족으로 구성된 중국을 주장한 것과 달리 고힐강은 한족 우월주의 이념을 도덕적으로 잘못된 것이라고 반대했다. 그러나 하나의 국사 안에 여러 민족의 역사를 통합하여 저술하는 작업은 해석과 실증의 측면에서 역사가들에게는 큰 도전이었다. 만약 각 민족 집단의 역사적 기원이 다르다면 어떻게 그들을 중국이라는 하나의 국가와 사회 속으로 통합할 것인가? 이에 대한 다양한 주장이 제기되었다. 1939년에 최초의 민족사를 저술한 임회상(林會湘)은 중화민족은 여러 민족 집단으로 만들어졌다고 설명했다. 여사면(呂思勉)은 생태적인 요소를 지적하여 한족의 통합성을 옹호했다. 고힐강과 같은 학자들은 고대부터 현재까지 중국인의 민족 공간이 동질적이었다는 국민당 정부의 공식적인 민족주의에 반대했지만 동시에 생물학적 기준에 따라 사람을 구분하는 단순한 인종적 민족주의도 부정했다. 제사화(齊思和)는 물질적 생물학적 구분을 뛰어넘는 주체적인 동력으로서 민족의 중요성을 강조했다. 그는 오족(五族) 개념을 "공허한 이론적 개념"이라고 비판했다.

지리학자들은 "교화(敎化)"라는 중화제국 시기의 개념을 그대로 수용하고 한인뿐만 아니라 모든 사람은 교육을 통해서 근대화를 향한 하나의 직선적인 과정으로 나아갈 수 있다고 주장했다. 인류 사회는 일련의 단계적인 발전 과정을 거쳐 한 방향으로 나아가며 이전 단계로 되돌아가지 않는다고 믿는다는 점에서 중국의 지리학자들은 마르크스주의자들과 많은 점을 공유한다. 중국의 통합과 근대화라는 목표를 위해 교량 역할을 성공적으로 했다는 점에서 회교도들은 이상적인 소수민족으로 여겨졌다. 회족이자 우공학파의 일원이었던 백수이(白壽彝)는 1932년 이슬람 협회를 창건했다. 후에 그는 중국 공산당의 공식 역사서인 『중국통사(中國通史)』를 주편(主編)했는데, 이 책은 고대부터 현재까지 중국의 민족 집단이 조

화와 통합성을 유지해왔다고 강조한다.[54]

우공학파의 학자들은 1930년대 마르크스주의와 직접적인 관계는 없었지만 대부분은 공산당 정권에 쉽게 적응했다. 고힐강은 중국공산당에 가입하여 호적을 맹렬히 공격했고 중국사회과학원에 참여했다. 역사지리학의 세 명의 태두인 담기양(譚其驤), 사념해(史念海), 후인지(候仁之)는 각자의 방식으로 민국 시기와 공산당 시기를 보냈다. 그러나 공산당이 국방의 임무를 승계하고 민족을 엄격하게 구분하면서 역사지리학자들은 더 이상 국가를 지키는 일을 자신들의 주된 원칙으로 삼지 않게 되었다. 담기양의 중국역사지도집이 완성됨으로써 역대 행정지리 통사(通史)와 전국 지도에 관한 그들의 사업은 마침내 완성되었다.[55] 이 지도 사업은 동일한 자연 경계선을 유지하면서도 지리정보시스템(GIS) 지도제작법을 활용하는 등 새로운 방식으로 여전히 지속되고 있다.

그러나 1930년대의 논쟁은 고정된 국가 강역을 공고히 하는 것 이상의 의미가 있었다. 그들이 제기한 문제는 1930년대의 위험스러운 시기만큼이나 1990년대의 가변적인 시기와도 관련이 있었다. 그들의 연구에는 국가의 경계를 초월하는 생태학적 접근법의 맹아가 여러 가지 측면에서 발견되는데, 특히 지역의 지리 연구를 적극적으로 주창한 기조정(冀朝鼎)의 연구에서 이런 특징이 잘 나타난다. 그들은 중국을 자치 지역의 결합체로 보고, 각각의 지역은 동질적인 국가 공간의 일부가 아니라 각자 고유한 활력과 자연을 갖고 있다고 생각했다. 마찬가지로 변경민들이 국가 안에서 차지하는 위치를 논할 때도 그들은 국경을 국가의 불가분의 일부로 정

---

54 白壽彝, 『中國通史』, 上海人民出版社, 2004.

55 譚其驤, 『中國歷史地圖集』, 中國地圖出版社, 1982.

형화해서 묘사하지 않았다. 대신 그들은 변경민들에게는 고유한 문화의 역사가 있으며 우연적인 사건에 의해 어떤 시기에는 제국의 일부가 되었다가 또 다른 시기에는 그렇지 않았다고 지적했다.

역사지리학자들은 중국 환경사 분야에서 근대적 연구의 기초를 수립한 선구자들이었다. 그들은 단순히 지도에 지명을 적어넣은 것이 아니었다. 그들의 연구는 중국의 인구와 영토의 관계에 관한 큰 문제의식을 제시했다. 그들은 중국의 통일성을 중국의 영토와 문화에 단단하게 고정시킴으로써 중국인을 어떻게 통합할 것인가 하는 긴급한 문제에 답하고자 했다. 우공학파의 문제의식은 1930년대 중국의 분열과 침략 상태에서 비롯되었지만 그들이 제기한 질문의 의미는 오늘날에도 여전히 유효하다.

우공학파의 일원은 아니었으나 중화제국 시기의 관행을 당대의 상황과 연결하고자 했던 중국인 학자가 한 명 더 있다. 등척(鄧拓, 1912~1966)은 젊었을 때부터 공산당 당원이었으며 1937년에 고대부터의 기근 구제의 역사에 관한 책을 출판했다.[56] 그는 감옥에서 이 책을 완성하고, 중화제국 시기 중국이 기근을 구제하고 가뭄과 홍수의 영향을 최소화하고자 실시한 정책들을 상세히 검토했다. 등척의 책은 기근이라는 주제를 종합적으로 검토한 최초의 연구서이다. 과거의 사료만을 인용하고 있지만 저자는 국민당 정부가 적절한 기근 구제책을 시행하는 데 실패한 사실을 암암리에 비판했다. 그는 중화제국 시기에 국가가 국민을 구제하려고 적극적인 곡물 공급책을 실시했다고 강조했다. 후대의 농업사, 특히 기근 관련 연구는 모두 등척의 선구적인 연구를 따르고 있다.

후에 모택동 정권에서 고위 간부가 된 등척은 당의 공식 노선과 달리

---

56 鄧拓, 『中國救荒史』, 商務印書館 『中國文化史叢書』, 1937.

대약진운동이 가져온 기근에 모택동의 책임이 있다고 주장했다. 강청(江靑) 일파의 공격을 받은 등척은 1966년에 자살했다. 문화대혁명 시기에 주된 비판의 대상이 되었던 오함(嗚晗, 1909~1969)이 명대사 연구자였던 것처럼, 등척은 자신의 연구를 바탕으로 모택동 정권을 평가했던 것이다. 기근 구제에 대한 그의 연구는 모택동의 경제개발 정책이 가져온 재앙적인 실패를 폭로하는 기준점이 되었다. 용감한 저널리스트인 양계승(楊繼繩)은 대약진운동 이후의 기근을 연구함으로써 등척이 닦아놓은 길을 따라갔다.[57]

57 Yang Jisheng, *Tombstone: The great Chinese famine, 1958~1962*, translated from the Chinese by Stacy Mosher and Guo Jian, edited by Edward Friedman, Guo Jian, and Stacy Mosher, Farrar, Straus and Giroux, 2012.

오언 래티모어와 그의 유산

20세기 초 학자들 가운데 중국 환경사 연구에 가장 오랫동안 영향을 끼친
사람은 오언 래티모어(Owen Lattimore, 1900~1989)였다.[58] 미국인인 그
는 여행가·외교관·지리학자·언론인·사업가·학자이며, 오늘날 우리가 알
고 있는 중국의 변경과 중앙아시아 역사 연구 방법은 바로 그가 창시한 것
이다. 만주·몽골·신강·티베트·러시아 및 기타 변경 지역에 대한 방대한
저서에서 그는 중국인이 오아시스와 삼림, 그리고 초원지대의 거주민들과
접촉했던 변경 지역의 문화사를 탐색했다. 그는 대학에서 학위를 받은 적
이 없었고, 1950년대 조셉 매카시(Joseph McCarthy) 상원의원의 탄압으로
학계에서 자리를 잃었다. 그러나 국가의 경계를 넘는 그의 시각은 중국과
중앙아시아의 윤곽을 만들어온 근본적인 동력을 탐구하는 데 있어서 동
시대 다른 어떤 아시아 역사 연구자들보다 큰 학문적 영감을 준다. 세계사
연구자들은 그에게 큰 빚을 졌으며 우리는 지금도 그의 통찰력을 기반으
로 연구하고 있다.

58　Owen Lattimore, *Studies in Frontier History: Collected Papers, 1928~1958*, Oxford University
　　Press, 1962; Robert P. Newman, *Owen Lattimore and the "Loss" of China*, University of
　　California Press, 1992; David Harvey, *Spaces of Capital: Towards a Critical Geography*
　　(Routledge, 2001), pp. 90~107.

래티모어는 1900년에 워싱턴시에서 태어났다. 1919년 그는 중국으로 가서 천진에 있는 부친의 무역 사업을 도왔다. 1920년대 중국은 군벌이 난립한 혼란의 시기였다. 무역 사업과 중국의 외국인 사회에 피로를 느낀 그는 중국에 관한 집중적인 연구와 여행에 주력하기로 했다. 1925년 그는 내몽골에서 철도의 종착역인 귀화성(歸化城, 오늘날의 호흐호트)에 도착해서 중앙유라시아에서 온 양털 짐꾸러미를 싣고 가는 낙타와 대상(隊商)을 목격했다. 호흐호트에서 초원의 끝자락을 본 이상 그는 더 앞으로 나아가야 했다.

1925년 래티모어는 엘레노어(Eleanor)를 만나 이듬해인 1926년에 결혼했다. 그다음 그들은 매우 특별한 신혼여행을 계획했다. 오언 래티모어가 낙타 대상을 따라 몽골을 횡단하는 동안 아내 엘레노어 래티모어는 러시아의 시베리아 횡단열차를 타고 만주에서 신강으로 갔다. 그들은 철도가 끝나는 세미팔라틴스크(Semipalatinsk)에서 만나 남쪽으로 내려가 신강을 거쳐 카라코람 고개를 넘어 인도로 갈 예정이었다. 청대 중국의 서쪽 끝에서 주로 투르크 무슬림들이 살던 신강은 20세기 초에 독립적인 중국 군벌이 장악하고 있었다. 그곳의 거주민들은 러시아의 볼셰비키혁명, 이슬람 부흥운동, 무너진 청 제국의 잔해, 비적들, 군벌, 그리고 유목민들의 세력 다툼 속에서 고통받고 있었다. 래티모어 부부는 이런 혼란의 땅에서 다시 만나, 이 멀고 위험한 지역을 여행하면서 그들의 시선을 사로잡은 것들에 관해 각자 기록했다. 오언 래티모어는 당시의 경험을 바탕으로 1929년에 그의 첫 번째 여행기 『투르키스탄으로 가는 사막의 길(The Desert Road to Turkestan)』을 썼다. 엘레노어 래티모어 역시 자신의 여행기 『투르키스탄에서의 재회(Turkestan Reunion)』를 썼는데, 이 책은 "중국 투르키스탄에

서 신혼여행 도중에 쓴 편지"를 바탕으로 한 것이었다.[59] 이 여행에서 래티
모어는 몽골인과 초원에 대한 애정을 갖게 되었고 그것을 평생 유지했다.

> 나는 깊이와 색채를 지닌 저 거대한 고원 속으로, 눈앞에 보이는 산 너머 멀리 낯선
> 나라가 있는 곳으로 대상(隊商)과 함께 여행을 떠난다는 사실에 어린아이처럼 흥분
> 했다. 그곳은 내 평생 단 한번 여행할 수 있는 곳이고, 다른 시대를 살았던 사람들의
> 삶을 수십 일간 겪어볼 수 있는 곳이었다.

래티모어는 대상(隊商) 속의 몽골인과 회교도 안내인들을 좋아하게
되었지만 동시에 중국 농민에 대한 경멸적인 시선을 드러내기도 했다. 그
를 가장 괴롭혔던 것은 점점 더 많은 한인이 무자비하게 초원으로 밀고 들
어가 몽골인들을 몰아내는 현실이었다.

> 한인 농민들은 기본적으로 산아제한이나 결혼에 대한 신중함, 혹은 생존의 기회 수
> 단을 늘려서 자식을 길러야 한다는 생각이 없다. 그들은 "무분별한 결혼과 생식"으로
> 번식과 결혼의 기반을 확대해간다. 한인들은 1년에 10마일씩 대상들이 다니는 길 밖
> 으로 몽골인들을 몰아내고 있다.[60]

래티모어의 눈에 비친 한인 농민들은 자연과 조화를 이루며 토지를
경작하는 데 만족하는 평화로운 농업 전문가들이 아니었다. 과잉인구의
압력이 이들을 공격적이고 위협적인 세력으로 만들었고, 정부 정책은 이

---

59 Owen Lattimore, *The Desert Road to Turkestan*, Little, Brown, 1929: Eleanor Holgate Lattimore,
    Turkestan reunion, The John Day company, 1934.

60 Owen Lattimore, *The Desert Road to Turkestan*, p. 86.

들을 지원하여 원주민을 희생시키고 인구가 적은 변경 지역으로 진출하게
했다.

> 그 결과 몽골인들은 경작지와 집, 그리고 그들이 이해하지 못하는 생활 방식으로부
> 터 위협을 받고 물러나야 했다. 아름다운 언덕에서 짐승은 점점 사라지고 소나무와
> 양떼와 하얀 몽골 텐트 대신 지저분한 마을 몇 개가 들어섰다. 내가 보기에 이것은
> 정말 비극이었다.

몽골과 신강을 여행한 경험을 바탕으로 래티모어는 평생 유목민의 삶
에 관심을 두고 한인의 정착이 환경에 끼친 피해를 혐오하게 되었다.

래티모어 부부는 미국으로 잠시 귀국했다가 1929년에 다시 중국으
로 돌아갔다. 이번에 그들은 만주를 여행했는데 그곳에서도 비슷하게 한
인 이주민이 몽골인을 몰아내고 있음을 목격했다. 만주·몽골·신강에서 중
국의 군벌과 관리들은 지역에 대한 지배를 강화하고 세수를 증대하려고
한인 농민의 정착을 장려했다. 후에 국민당 정부는 과거 청조가 했던 것처
럼 한인 이주를 공격적으로 실시했다. 반면 러시아인들과 소련 정부는 그
때까지 아직 초원에 진출하지 않았으므로 래티모어는 러시아와 소련의 중
앙아시아인 정책이 중국과 비교하여 더 개화되었다고 생각했다. 그는 소
련과 군벌 협력자들의 정책을 부분적으로 지지했지만 결코 공산주의자는
아니었고, 심지어 마르크스주의자도 아니었다. 그는 사람들의 실제 삶에
기반하지 않은 거대 담론에 대해서는 언제나 회의적이었다.

1934년 북경에서 래티모어는 칼 비트포겔(Karl August Wittfogel)과 운
명적으로 만났다. 비트포겔은 자신을 경험이 풍부한 래티모어의 제자라고
여겼다. 그는 심지어 래티모어를 설득해서 『중국의 내륙아시아 변경(Inner

Asian Frontiers of China)』에서 자신의 연구를 인용하게 만들었다. 처음에 래티모어는 비트포겔이 자신과 학문적 관점이 같다고 생각하고 그를 지지했다. 그러나 아내 엘레노어가 그에게 경고했다. "조심해요. 이 남자는 미국에서 새 출발 하려고 당신에게 아첨하는 거예요. 이런 종류의 사람은 당신의 구두를 핥아줄 것처럼 하든지 아니면 자기 구두로 당신을 걷어차든지 둘 중의 하나예요."[61] 그러나 래티모어는 아내의 말을 듣지 않았다.

래티모어는 영향력 있는 잡지인 『태평양 문제(Pacific Affairs)』의 편집자로서 1930년대에 학술과 정치 논쟁에 자주 참여했다. 그는 여행도 계속했다. 그는 모스크바에 가서 러시아의 몽골학 권위자들을 만났고 러시아어를 공부하기 시작했다. 중국으로 돌아온 후 그는 중국공산당 지도자 모택동과 주은래를 만났는데, 1936년 당시 그들은 서북부의 섬서성에 있는 연안의 토굴로 후퇴해 있었다. 공산당과 국민당은 적어도 명목상으로는 일본에 저항하려고 국공합작을 결성하고 있었다. 다른 관찰자들과 마찬가지로 래티모어 역시 공산당이 계급투쟁보다는 국가 통일에 더 주력하고 있다고 여겼다. 그러나 전쟁이 끝난 후에 공산당은 사회주의 사회를 건설하고자 할 것이고 국공합작은 일시적인 전략이라는 것을 그는 잘 알고 있었다.

일본과의 전쟁이 끝난 후 국민당과 공산당은 중국을 완전히 장악하려고 내전을 시작했다. 래티모어와 미국의 국무부 외교관 대부분은 국민당 정부가 부패와 무능으로 가득 차 있다는 것을 내부적으로 알고 있었다. 반면 공산당은 규율이 강하고 절제되어 있으며 일본에 맞서 싸우려는 의지가 분명해 보였다.

---

61 Newman, *Owen Lattimore and the "Loss" of China*, p. 24.

1949년 중국공산당이 승리하자 미국에서는 "누가 중국을 잃어버렸 나?"라는 질문이 제기되어 격렬한 논쟁이 벌어졌다. 이 과정에서 래티모 어는 또다시 주목을 받았다. 1950년 상원의원 조셉 매카시는 앨거 히스 (Alger Hiss) 같은 미국 국무부 관리와 군부 인사들을 소련 스파이로 기소 하고 이들이 국민당 정부를 고의로 무력화시켰다고 주장했다. 그는 래티 모어가 "소련의 최고 스파이이며 앨거 히스 일당의 수괴"라고 비난했다.[62]

매카시 의원이 수백 명의 공산당원이 국무부에 잠입해 있다고 주장 하자, 상원 국내안보 소위원회(Senate Internal Security Subcommittee)는 청 문회를 개최했다. 여기에서 래티모어는 매카시가 주도한 반공 운동의 주 요 공격 대상이 되었다. 래티모어를 공격한 핵심 증인은 다름 아닌 그의 제자였던 칼 비트포겔이었다. 독일에서 열렬한 공산당 활동가였던 비트포 겔은 미국에서 똑같이 열렬한 반공주의자가 되어 매카시의 마녀사냥에 적 극적으로 참여했다. 미국 연방수사국(FBI)은 래티모어에 대해 3만 9,000쪽 에 달하는 서류를 제출했고 1952년에 대법원은 그를 위증죄로 기소했다. 그러나 1년 후 연방 법원은 그에 대한 기소를 기각했다.

그러나 존스홉킨스대학의 총장은 래티모어를 해임하라는 학교 이사 회의 압력에 따라 래티모어가 학장으로 있던 학부를 없애버리고 그에게서 대학원생 지도나 연구 프로그램 운영의 기회를 박탈했다. 1962년 래티모 어는 영국의 리드대학(University of Leeds)에서 중국학과를 새로 개설해달 라는 초청을 받아들이고 그곳에서 몽골학 연구를 진행했다. 후에 그는 영 국의 케임브리지대학으로 옮겼고 여생의 대부분을 몽골과 유럽에서 보냈 다. 몽골인들은 래티모어를 가장 훌륭한 친구이자 자신들의 역사를 연구

---

62   Owen Lattimore, *Ordeal by Slander* (Little, Brown, 1950), p. x.

한 가장 뛰어난 학자로 칭송하고 있다.

래티모어의 방대한 저작에는 여행기·정치 논평·정부 보고서·학문 연구가 모두 포함되어 있다. 그의 저서에는 중국과 중앙유라시아 역사를 만들어낸 환경조건에 관한 앞으로의 연구에 영감을 주는 다음과 같은 주제들이 소개되어 있다: 1) 중앙아시아의 지리와 중국과 비한인 사이의 상호작용, 2) 지정학적 분석, 3) 환경결정론에 대한 문제.

초원의 생활과 『중국의 내륙아시아 변경』

초원의 생활에 대한 래티모어의 지식은 그의 개인적인 경험에서 우러나온 것이었다. 그는 낙타몰이꾼들과 함께 황량한 사막을 여행하고 중국 서북부의 우중충한 숙소에 묵으면서 여행 도중에 추위와 가뭄과 온갖 위험을 경험했다. 그의 연구에는 고유의 생활 방식을 잃어가고 있는 사람들의 삶에 대한 공감이 짙게 배어 있다. 당·원·청의 시대를 살았던 가공할 초원의 전사나 부유한 대상(隊商)은 이제 사라졌고, 20세기의 몽골과 중앙유라시아의 사람들은 빈곤과 전쟁과 무시 속에서 고통받았다. 더욱이 국민당 정부의 지원으로 한인의 이주가 가공할 속도로 확대되면서 오아시스 거주민과 초원의 유목민들은 질병에 시달리며 이주민에게 의존하는 신세가 되었다. 그들은 전통적인 삶의 방식으로부터 밀려났고 동시에 자신들의 동물이 생산한 물품을 헐값으로 사들이는 국제시장 체제로 편입되었다. 래티모어의 천재성은 당시 중앙유라시아에서 보이는 쇠퇴의 징후로부터 과거의 활력을 읽어내고, 그런 과거가 바로 고대부터 중국의 국가체제를 형성해온 근본 요소였음을 파악했다는 점이다.

1940년에 처음 출판된 『중국의 내륙아시아 변경』과 1959년에 출판된 논문집 『변경사 연구(Studies in Frontier History)』는 래티모어의 연구에서 가장 핵심적인 저작이다.[63] 이 책들은 세계사에서 유목세계의 역할에 관해 새로운 통찰력을 제시한다. 래티모어에 따르면 고대부터 북중국의 한인 정착민들은 농경문화를 만들고 초기 국가를 건설했다. 그들에게는 황토지대의 부드러운 토양, 온난한 기후, 부족한 강우량, 소맥·수수·기장과 같은 단단한 곡물이 자라는 환경이 있었다. 그러나 북중국 변방의 건조 지대에서 초원 유목이라는 매우 이질적인 생활 방식이 등장하기 시작했다. 이러한 생활 방식은 오늘날에는 거의 사라졌고 소수의 유목민만이 몽골과 아프리카에서 산다. 초원의 유목민들은 정착지에서 안정된 생활을 하는 대신 초원에서 풀을 뜯어 먹는 동물에 의지하여 살아간다. 그들은 끊임없이 이동하면서 현지의 기상 조건과 목초의 공급 상황을 보고 적당한 유목지를 찾아 이동한다. 유목생활은 원시적인 형태의 수렵 채집으로 귀환한 것이 아니라 극히 어려운 환경 속에서 살아가면서 만들어낸 매우 정교하고 복잡한 삶의 방식이다.

유목생활은 시베리아 침엽수림 지대와 동토 지대에서 순록을 키우는 사람들, 만주에서 헝가리까지 이어지는 중앙유라시아의 초원, 그리고 티베트 고원지대에서 야크를 키우는 사람들 등 여러 환경에서 발전했다. 아프리카, 미주 대륙의 남북, 인도, 중동에도 유목민이 존재한다.[64] 동물과의 결합, 사람들의 이동, 국가와의 관계는 지역마다 그 양상이 매우 다르다. 래티모어는 주로 중앙유라시아의 투르크-몽골 유목민에 주목했지만 다른 지역의 유목 특징에 대해서도 잘 알고 있었다.

『중국의 내륙아시아 변경』에서 래티모어는 수천 년간 이어져온 유목

---

63 Owen Lattimore, *Inner Asian Frontiers of China*, Oxford University Press, 1940; *Studies in Frontier History: Collected Papers, 1928~1958*, Oxford University Press, 1962.
64 Thomas J. Barfield, *The Nomadic Alternative*, Prentice Hall, 1993.

생활과 정주생활의 상호작용을 검토하고, 한인들의 정권이 경쟁자인 초원 유목민의 침입과 저항에 대항하여 영토를 보호하고 확장해온 과정을 분석한다. 오랫동안 이 두 생활 방식은 한쪽이 다른 한쪽을 완전히 제거하지 못한 채 긴장된 공생관계를 유지해오다가 20세기에 이르러 중국은 몽골의 유목민들을 완전히 패배시켰다. 그러나 래티모어의 관심은 몽골 유목민과 중국 서북부 정주 농민 간의 관계에만 국한되지 않았다. 『중국의 내륙아시아 변경』의 제1장은 만주의 삼림, 몽골의 초원, 티베트의 고원, 그리고 신강의 오아시스 지역을 모두 포괄하여 중앙유라시아 전역의 지리, 환경, 인구, 정치를 개괄한다. 래티모어 연구의 기본 원칙은 농경세계와 초원세계를 구분하고 인구가 조밀하여 이동이 불가능한 지역과 인구가 분산되어 이동하는 지역으로 나누는 것이다. 농경세계는 중국의 넓은 지역과 남만주, 그리고 사막 가운데 있는 오아시스 지역을 포함한다. 이동하는 사람들은 초원의 유목민, 삼림 거주민, 야크 목축인, 그리고 대상단(隊商團)의 상인을 가리킨다. 근대에 이르러 중국과 러시아의 정주민들은 철도와 자본가, 그리고 국가권력의 지원으로 멀리 인구가 희박한 지역으로 진출하여 지정학적 경쟁과 환경 파괴를 가져왔고 수천 년간 지속해온 생활 방식을 거의 파괴해버렸다.

　　래티모어는 이들의 관계를 극명하게 상반된 것으로 그려낸다. 교역과 문화 교류의 역할을 인정하면서도 그는 중국의 만리장성이 초원과 농경세계를 구분하는 "완벽한 변경"을 만들었다고 주장한다. 그에게 "순수한(pure) 유목민은 가난한(poor) 유목민"으로, 이들은 도시 생활이나 정주 농경에 물들지 않고 자신의 가축 떼와 함께 끊임없이 이동하면서 항구적인 거점 없이 살아가고자 했다. 그러나 극소수의 유목민만이 이처럼 순수한 형태의 유목생활을 유지했다. 부락 규모가 작은 유목민들은 이동성과 자율성을 유지할 수 있었다. 그러나 야심이 있는 지도자들은 여러 부락을 대규모로 연합하여 초부락적 연맹체를 건설하고자 했다. 이런 부락 연맹을 건설하려고 대부분의 유목 지도자는 정주 국가와 교역하거나 그들과 군사 연맹을 체결하거나 심지어 스스로 정주 사회를 건설하는 것이 자신에게 도움이 된다는 것을 깨닫게 되었다. 유목 지도자의 입장에서 보면 건조한 초원지대의 분산된 자원을 바탕으로 국가를 건설하는 것보다 이웃한 정주 국가의 자원을 약탈하는 것이 훨씬 유리했던 것이다.[65]

많은 학자가 오늘날 우크라이나에 해당하는 흑해 인근 유라시아 초원의 서쪽 끝자락에서 유목이 시작되었다고 생각한다. 기원전 4000년경 농부들은 비옥한 흑토 지대에서 벗어나 척박한 땅으로 이주하여 수레와 마차를 이용하다가 마침내 말 타는 법을 배우게 되었다. 고고학자 데이비드 안토니(David Anthony)는 래티모어와 마찬가지로 말의 가축화가 중요했음을 강조한다.[66] 이들은 일단 말 타는 법을 배우자 곧 가공할 힘과 이동력을 갖추게 되었다. 그들은 사방으로 급속히 뻗어나가 동쪽으로는 중앙아시아를 거쳐 몽골과 만주에 닿았고, 남쪽으로는 이란과 아프가니스탄을 거쳐 인도로 나아갔으며 서쪽으로는 중동과 아프리카에 이르렀다. 비슷한

---

65 Anatoly M. Khazanov, *Nomads and the Outside World*, Cambridge University Press, 1984 (first edition); translated by Julia Crookenden, with a foreword by Ernest Gellner, *Nomads and the outside world*, University of Wisconsin Press, 1994 (second edition) (하자노프 지음, 金浩東 옮김, 『遊牧社會의 構造: 역사인류학적 접근』, 지식산업사, 1990); Thomas J. Barfield, *The Perilous Frontier: Nomadic Empires and China*, Basil Blackwell, 1989 (토마스 바필드 지음, 윤영인 옮김, 『위태로운 변경』, 동북아역사재단, 2009); David Christian, *A History of Russia, Central Asia, and Mongolia*, Blackwell Publishers, 1998.

66 David W. Anthony, *The horse, the wheel, and language: How Bronze-Age riders from the Eurasian steppes shaped the modern world*, Princeton University, 2008 (데이비드 W. 앤서니 지음, 공원국 옮김, 『말, 바퀴, 언어: 유라시아 초원의 청동기 기마인은 어떻게 근대 세계를 형성했나』, 에코리브르, 2015).

시기에 중국 최초의 정주 국가가 기원전 2000년경에 건설되었다. 그들의 최초 근거지는 오늘날 서안 인근의 황하 만곡부에 세워졌다가 이후 북쪽, 서북쪽, 동북쪽으로 팽창해갔다.

정주 국가와 유목 연맹체가 만나면 군사 충돌, 문화 교류, 기술 진보가 이루어졌다. 유목민들은 기마술, 마차, 병참망 등 이동도구와 전쟁물자를 가져왔는데, 그들은 기마병을 이용하여 정주 국가를 격파했다. 이들에게 대항하려면 정주 국가도 기마술을 배우고 마차를 획득해서 기병과 보병을 결합하는 방법을 배워야 했다. 바로 이 시기에 정주 국가는 유목민들에게 "이(夷)"라는 개념을 적용했다. 이것은 유목민을 두루 가리키는 말로 사용되었고 민족 개념이 아니었으며 특별히 경멸적인 의미가 담긴 것도 아니었다. 그러나 기원전 1000년대 중반에 이르러 정주와 유목은 서로 완전히 구분되는 생활 방식으로 변모했다.[67]

중국의 정주 국가들은 그들의 자원 기반을 공고히 하려고 초원의 기마병과 연합하여 경쟁국과 전쟁을 벌였고, 특수 군단을 위한 기마술을 도입했으며 초원세계에서 도입한 새로운 야금술을 이용하여 무기를 개량했다.

래티모어는 유목민과 정주민이 정치 문화적으로 서로 대립된다고 여겼지만, 두 문화가 상호작용한다는 사실은 인정했다. 후대의 역사가와 인류학자들은 유목 연맹체와 정주 제국 간의 군사 충돌보다 상호작용의 중요성을 래티모어보다 더 강조한다. 래티모어 자신도 "그림자 이론(shadow principle)"이라는 말로 유목 국가의 건설자들이 새로운 자원 확보를 위해 이웃한 중화제국에 의지했다고 설명했다. 약탈과 교역을 통해 유목세계의

---

67 니콜라 디 코스모 지음, 이재정 옮김, 『오랑캐의 탄생: 중국이 만들어낸 변방의 역사』, 황금가지, 2005.

지도자들은 농산품, 의복, 자금을 공급받고 이를 추종자들에게 상으로 나누어주었다. 이런 방식으로 유목 연맹체는 정주 중화제국의 그림자 속에 자신들의 국가를 세웠다.

아나톨리 하자노프(Anatoly Khazanov)와 토마스 바필드(Thomas Barfield)는 래티모어의 통찰력을 발전시켜 유목 국가 형성에 관한 일반론을 제시했다.[68] 그들의 이론은 기원전 3세기부터 서기 3세기까지 흉노 연맹과 한나라가 성쇠를 함께했고 7세기부터 9세기까지 돌궐 제국과 당나라가 흥망을 같이했고, 9세기부터 13세기까지 요·금·서하·송이 중국 영토를 차지하려고 경쟁한 사실을 이해하는 데 유용하다. 1279년부터 1368년까지 몽골의 원이 한인의 중국 영토를 모두 지배했지만, 그들 역시 조정과 유목민을 위해 정주 지역 밖에 별도의 영역을 남겨두고 유지했다.

---

68 하자노프 지음, 金浩東 옮김, 『遊牧社會의 構造: 역사인류학적 접근』, 지식산업사, 1990; 토마스 바필드 지음, 윤영인 옮김, 『위태로운 변경』, 동북아역사재단, 2009.

재정제도와 변경의 혁신

후대의 연구자들은 래티모어의 학설을 더욱 정교하게 반박했다. 래티모어는 재정제도를 자세히 분석하지 않았지만, 이 주제는 유목 제국과 정주 제국의 발전을 이해하는 데 매우 중요하다.[69] 모든 제국은 군대와 관료를 지탱할 재정 자원이 필요했다. 그러나 초원과 정주 세계는 생산조건이 근본적으로 달랐기 때문에 세금 징수의 방식도 매우 달랐다. 초원과 정주 세계의 차이는 왕조마다 그 정도가 달랐다. 유목 국가들은 자신들이 지배하는 정주 지역을 안정적으로 통치하려면 중국식 제도를 채택해야 했다. 정주민을 다스리려면 유목민들은 관료기구와 조세 수입이 필요했다. 유목민들은 이동성이 강해서 추종자들에게 고율의 세금을 부과할 수 없었다. 그들은 통치자에게 불만이 생기면 금방 떠나버렸던 것이다. 그들은 약탈로 재물을 얻을 수 있다는 약속으로 용맹한 전사들을 끌어들였다. 정주 지역을 통치하면서 유목 지배자들은 이동하지 않는 정주민들을 희생양으로 삼을 수 있었다. 그러나 이를 위해서는 글을 읽을 수 있는 관리, 인구조사, 그리고 조세를 징수하는 관료기구가 필요했다.

유목 정권은 중국에 대한 지배를 확대하면서 점차 더욱 정교한 재정

---

69 Nicola Di Cosmo, "State formation and periodization in Inner Asian History," *Journal of World History* 10:1 (1999).

기구를 만들어냈다. 비트포겔과 풍가승이 연구한 요(遼)는 만주 일대에서 유목민과 정주민에게 각각 다른 행정기구를 사용했다. 금(金)은 요보다 더욱 남쪽까지 지배했는데, 한인 문관을 더 많이 고용함으로써 관료기구를 확대했다. 13세기에 한인 지역을 모두 지배하게 된 원(元)은 이전 송(宋)의 기술과 자신들의 군사기구를 결합하여 매우 정교한 재정제도를 발전시켰다. 중국의 사서(史書)에 따르면 원의 재정 혁신은 거란인 야율초재(耶律楚材)가 이룬 것이다. 그는 대칸을 설득하여 정주민에게 세금을 징수하는 것이 그들을 죽이고 목장을 만드는 것보다 훨씬 낫다고 설명했다. 이것이 사실인지 아닌지는 알 수 없지만, 이 말이 계속 전해졌다는 것은 유목 국가와 정주 국가가 토지와 인구에 관해 다르게 생각했음을 보여준다.

　유목민의 정복에 저항하는 정주 국가 역시 제도를 조절해가며 대응했다. 당(唐)의 지배층은 부분적으로 돌궐 혈통이었는데, 이들은 한인 관료기구를 강화하는 한편 군사 수요에 따라 새로운 재정기구를 세웠다. 세금의 대부분은 곡물이나 포, 혹은 노역과 같은 현물로 징수했고 자영농의 대부분은 군역에 종사해야 했다. 당은 또한 군둔(軍屯)을 이용했다. 병사들은 변경을 지키면서 동시에 농경에 종사했는데, 이것은 한대에 변경에서 처음 시행된 제도를 더욱 확대한 것이었다.

　요와 금의 침입으로 남쪽으로 밀려난 송은 주로 상업세를 징수하여 군대를 부양하고 동시에 금과의 화친에 따른 막대한 배상금을 지불했다. 상업세에 크게 의존하게 된 것은 중국 재정제도에서 거대한 개혁이었으며 한·당과 비교하여 송대에 나타난 큰 변화였다. 한·당도 소금이나 철과 같은 주요 물품을 국가 독점으로 장악했지만 상업에 대해 정기적인 세금을 부과하지는 않았다. 송도 국가 독점을 확대하기는 했지만, 세수의 상당 부분은 상업세에서 징수되었다. 만약 송이 핵심적인 농경지대가 위치한 북방을 계속 지배했다면 재정제도를 그처럼 급격하게 개혁할 필요가 없었을 것이다. 이러한 측면에서 송의 사례는 변경에서의 경험이 제도의 개혁을 촉진한다는 래티모어의 주장을 증명한다고 할 수 있다.

한편 명(明)은 유목 세력의 영향에 대항하는 과정에서 중국 역사상 가장 오랫동안 한인의 중국을 변경으로부터 고립시켰다. 명을 건국한 주원장은 중국 남부 출신으로 농민군을 일으켜 몽골 통치자를 북쪽으로 몰아내고 남부에 위치한 남경에 수도를 세웠다. 명의 3대 황제인 주원장의 아들 영락제는 몽골의 침입으로부터 중국 북부를 보호하려고 북경에 수도를 세웠다. 북경의 위치와 구조는 변경 방어가 명청 제국의 구조에 어떤 영향을 끼쳤는지를 잘 보여준다. 수도를 결정하고 건설하는 일은 지정학적 판단과 풍수지리적 고려가 결합되어 이루어졌다. 한인의 관점에서 볼 때 북경은 북방 변경의 최북단에 위치한 곳으로 몽골 초원 지대와 만주 삼림 지역의 경계에 있었다. 영락제는 대몽골 군사작전을 지원하려고 초원 가까이에 북방 수도를 건설했다. 황제는 북경의 북쪽은 산이 보호하고 자금성은 태양을 향하여 남면(南面)하도록 설계했다.

명을 건국한 태조 주원장은 국가의 재정제도와 경제를 농업 중심으로 회귀하고자 했다. 그는 상업세를 철폐했고 전국적으로 다시 지폐를 통용시키려 했지만 실패함으로써 통화 유통을 무너뜨렸다. 그러나 변경으로부터의 유혹은 여전했다. 명의 정통제는 1449년에 오이라트를 공격하려다가 오히려 불운하게도 에센에게 포로로 잡혔다. 그 후 북경 정부는 정통제의 이복동생이 통치했고 그가 귀환할 때까지 일상생활은 계속되었다. 15세기 중엽부터 17세기 중엽까지 명의 관리들은 초원세계와 가능한 한 거리를 두었으며 수천 마일이 넘는 지역에 오늘날 우리가 장성이라고 부르는 시설을 건설하여 유목민의 침입을 방어하고자 했다. 그러나 이 시기에도 명과 몽골의 교역은 활발하게 유지되었으며 명대 이전에 그랬던 것처럼 몽골의 말을 사고 차와 비단을 팔았다.

청의 통치자인 만주족은 중앙유라시아와 관계가 밀접했다. 그들은 몽골과 마찬가지로 초원 세계와 정주 세계를 하나의 통치권 아래 묶어내는 데 성공했다. 그러나 청은 이전 정복 왕조와 달리 300여 년간 유지되었다. 청의 군대는 유목 세계의 강력한 경쟁자와 대적해야 했는데, 그들은 바로 17세기 중엽부터 18세기 중엽까지 몽골 서부, 신강, 티베트에서 번성했던 준가르였다.[70] 준가르와 전쟁을 치르면서 청의 통치자들이 제국의 재정, 통신, 행정기구를 개편했다는 점에서 청과 준가르의 전쟁은 변경의 도전이 창조적인 영향을 끼친다는 것을 보여준다. 중앙유라시아의 사절을 맞이하려고 만든 별도의 정부 조직인 이번원, 군사와 경제 관련 정보를 신속하게 전달하려고 설립한 연락 체계인 군기처, 조세 징수와 인구 등록의 개혁, 카슈가르에서 처음 만들어지고 나중에 광동의 영국인들에게까지 적용된 새로운 대외무역 처리 방식은 모두 청이 멀리 변경으로 팽창한 결과 만들어진 것이었다. 18세기 중엽 청이 팽창을 멈추었을 때 제국은 역동성을 상실했고 그 결과 19세기 서양 세력의 공격에 대비하지 못하게 되었다.

이상 왕조의 팽창과 변화에 대한 간단한 개괄은 변경에서의 충돌이 중화제국 시기 중국의 혁신에 어떤 영향을 끼쳤는지에 대한 래티모어의 탁월한 통찰력으로부터 영감을 받은 것이다. 최근 학자들은 중국의 국가 발전에 내륙아시아 변경이 끼친 영향을 분석한 래티모어의 연구를 더욱 확장하여 주요 왕조 시기에 제도 개혁, 문화적 경향성, 군사 전략에 어떤 결과가 나타났는지를 살펴보고 있다.

---

70 피터 C. 퍼듀 지음, 공원국 옮김, 『중국의 서진: 청의 중앙유라시아 정복사』.

1934년부터 1941년까지 『태평양문제(Pacific Affairs)』의 편집자로 일하는 동안 래티모어는 1931년 일본의 침략 이후 만주와 몽골의 상황에 대해 일련의 논문을 발표했다. 이 논문에서 그는 중화제국, 만주의 사람들, 몽골인 간의 오랜 관계에 대한 지식을 바탕으로 20세기 몽골인의 새로운 위상을 설명했다. 몽골 지역은 중국과의 경계인 내몽골과 고비사막 북쪽의 시베리아와 경계를 이루는 외몽골로 오래전부터 나뉘어 있었다. 상당수의 몽골인들은 만주에서 일본의 지배하에 있었으며 다른 이들은 투르키스탄이나 러시아에 살았다. 이처럼 다섯 지역으로 쪼개진 몽골인들은 통일된 민족주의 운동을 수립하고자 했지만, 유목사회 내의 계급 분화로 인해 어려움을 겪었다. 몽골 왕공들은 한인 상인들과의 교역에서 이익을 얻었지만, 일반 유목민들은 가난에 시달리고 한인의 이주로 생활 터전을 빼앗겼다. 래티모어는 몽골이 유라시아 대륙의 중심에 위치하고 있다는 점에서 핵심적인 지정학적 중요성을 갖고 있다고 지적했다.

래티모어의 해석은 부분적으로만 옳았다. 1930년대 일본은 만주와 북중국에 대한 지배권을 강화하려고 몽골에 진출했다. 중앙유라시아의 지배권을 둘러싸고 일본군과 소련군은 1939년 몽골과 만주의 경계에 있는 할힌 골(Khalkhin Gol: 노몬한)에서 전투를 벌였다. 이 결정적인 전투에서 일본군이 패배함에 따라 중앙유라시아 북부의 운명이 소련군에게 맡겨졌고, 소련군은 같은 해 폴란드에 대한 침공을 개시할 수 있었다. 한편 이 사건 이후 주요 격전지는 중국 남부로 옮겨졌고, 몽골인들은 단일한 민족주의 운동으로 통합되지 못했다. 중앙유라시아는 전쟁의 나머지 기간에 별다른 역할을 하지 못했고, 공산당과 국민당은 1945~49년 내전 기간에 만주의 지배권을 둘러싸고 경쟁했다.

래티모어의 정치 분석은 환경결정론에 근거한 것이 아니었다. 대신 그는 몽골의 과거와 현재의 발전 과정을 몽골 왕공, 속민, 만주 관리와 장군, 그리고 한인 이주민 간의 관계를 통해 설명했다. 여기에서는 장기적인 과정보다는 사회 정치적 갈등에 대한 분석이 우선순위에 놓였다. 그러나 래티모어가 『태평양문제』에 썼던 논문과 비교해서 그의 저서 『중국의 내륙아시아 변경』은 더 넓은 시간적 범위를 다루었고, 기후·지리·구조의 중요성이 더욱 강조되었다. 그의 저작을 따라가다 보면 그가 모든 세계사 연구자가 직면했던 문제에 천착했음을 깨닫게 된다. 장기적인 변화와 우연적인 사건을 어떻게 조화할 것인가? 환경과 비교하여 사회 정치적 관계를 얼마나 강조해야 하는가? 객관적인 역사 분석과 대비되는 예상과 추론을 어느 정도 허용할 것인가? 그가 옳았는지 아닌지와 무관하게 이런 문제에 관한 래티모어의 시각은 탁월한 사회사 연구자의 접근을 보여준다.

래티모어는 중국 민족주의자들의 입장을 지지했지만 많은 미국인과 달리 그의 판단은 지정학적 측면을 고려한 것이었다. 그는 위대한 제국의 역사가 중국에 잠재력을 부여하였으며 이 힘을 활용하면 아시아와 세계를 긍정적으로 변화시킬 수 있음을 알고 있었다. 중국은 제국주의의 희생양이 되었지만, 일단 독립하는 방법을 알게 되면 어떻게 저항하는지를 세계의 다른 피식민지 사람들에게 보여주게 될 것이었다. 그러나 동시에 그는 중국의 어두운 측면도 알고 있었다. 중국의 통치자들과 한인들에 의한 "이차 제국주의(secondary imperialism)"가 변경의 비한인들에게 가해지고 있었다. 서구와 직면하여 중국은 외세의 침입, 시장 개방, 문화적 혼란으로 고통을 겪었지만, 동시에 자국의 변경 거주민들에게 똑같이 해로운 영향을 끼치고 있었다. 제국주의의 피해자이면서 동시에 스스로 제국주의자인 중국의 이중적인 위치는 여전히 세계 속에서 중국이 차지하고 있는 모습이기도 하다.

그러나 변경 지역의 영향은 모든 면에 남아 있었다. 만주는 일본을 위한 산업 물자의 주요 공급처가 되었고, 만주를 둘러싼 국민당과 공산당의 격전은 이후 내전의 흐름을 결정지었다. 만주에 대한 래티모어의 저작은 1931년 일본이 만주를 공격한 지 몇 달 후에 출판되었는데, 이 변경 지역을 둘러싼 한인과 중앙유라시아의 오랜 문화적 접촉을 개괄한다. 유목민 부락연맹이 만주 남쪽의 한인 영역으로 계속 침투해왔다는 점에서 래티모어는 만주를 "저수지(reservoir)"라고 불렀다. 만주는 또한 유목 세력의 이러한 침략에 대항하려고 한인 식민주의자들이 침투한 곳이라는 점에서 변경으로서의 성격을 지니고 있었다. 이 책에서 그는 한인의 초원지대 이주는 공격이 아니라 방어적인 성격을 띠었으며 심지어 만리장성도 주로 방어물로 쓰였다고 주장했다. 그는 한인의 안보 정책을 미국인과 러시아인의 공격적인 탐험 정신과 대비했다.

래티모어는 장기간에 걸쳐 나타난 대규모 집단의 심리적 특징을 민족적 특징으로 일반화하려 했다. 사실 만주 이민자 간의 차이, 특히 산동 출신과 서부 지역 출신의 차이에 관해 래티모어가 언급한 내용은 후대의 학자들에 의해 대부분 사실로 확인되었다. 그러나 한인 집단 전체에 대한 래티모어의 문화적 일반화는 인종적인 분류의 느낌이 너무 강해서 설득력이 떨어진다. 중국의 다른 지역에서 변경으로 이주한 사람들은 미국인이나 러시아 이주민들과 비슷한 양상을 보였다. 그들은 적극적으로 토지를 개간하고 이익을 추구했으며 고향과의 유대를 확대해갔다. 이러한 특징은 중국의 국외 화교에게도 똑같이 나타난다.

래티모어는 한때 군사와 자원의 측면에서 중앙유라시아가 지닌 중요성을 과장하기는 했지만, 발달한 연해 지역에서 멀리 떨어진 중국의 변경 지역에 대한 그의 관심은 거시적인 관점에서 보았을 때 20세기와 21세기의 중국을 이해하는 데 큰 도움을 준다. 오늘날 중국은 과거 청의 영토를 주장하는 것을 넘어서 중앙유라시아 대륙과 남중국해의 해상 깊숙이 경제적·군사적 진출을 도모하고 있다. 중국은 성장을 위한 자연 자원의 수요를 충족하려고 중앙유라시아뿐만 아니라 아프리카, 동남아시아, 라틴 아메리카 지역에까지 교역을 확대하고 있다. 세계 속 중국의 미래에 대한 논의에서 변경 문제와 지정학적 고려는 여전히 가장 중요한 문제이다.

항일 전쟁과 국공내전의 주요 전투는 대부분 중국 내지에서 벌어졌지만, 래티모어는 20세기 청의 변경 지역에서 제국 통치의 꿈이 여전히 유지되고 있었음을 지적한 바 있다. 이 지역은 결국 중국공산당이 통치하는 북경의 중앙정부로 귀속되었다. 시진핑 주석의 일대일로 정책의 시대에 이르기까지 중국의 내륙아시아 변경은 자원을 개발하고 기반시설을 건설하는 곳이자 갈등의 유산이 지속되는 공간으로 남아 있다.

래티모어의 환경결정론과 역사 방법론

앞선 청대의 여행가들처럼 래티모어 역시 그가 방문한 지역의 자연, 경제 상황, 날씨에 대해 큰 관심을 기울였다. 그는 지역민의 문화가 환경에 크게 의존하고 있음을 잘 알았다. 중앙유라시아의 광대한 사막, 오아시스, 초원은 세계 어느 지역보다도 인간의 생존이 어려운 곳이었다는 점에서 많은 여행가에게 놀라움을 안겨주었다. 여행가와 지리학자들은 그들의 경험으로부터 거대한 환경결정론을 이끌어냈는데, 그중 가장 유명한 사람은 1907년부터 1915년까지 예일대학에서 지리학과 교수로 있었던 엘스워드 헌팅턴(Ellsworth Huntington)이다. 헌팅턴에 따르면 유목민의 대규모 침략은 초원이 건조해진 후 절박해진 유목민들이 목초지와 식량을 찾아 사방으로 이동하면서 발생하게 된 것이다. 칼 비트포겔 역시 러시아와 중국에서 공산당 독재가 등장하게 된 원인을 중화제국 시기의 통치자들이 건조 지역에서 수리 공급을 통제했던 역사에서 찾는다.

　이들의 저작은 래티모어의 사고에 큰 영향을 끼쳤다. 래티모어와 마찬가지로 헌팅턴과 비트포겔도 비교사를 통한 일반화를 시도하고 큰 역사적 흐름을 지리나 기후와 연결했다. 그들은 또한 비서구인들에 대한 인종주의적 시각을 노골적으로 드러내면서 문명의 "흥기"와 "쇠락"과 같은 생물학적 비유법을 사용했다. 윌리엄 로우(William Rowe)가 지적하듯이, 래티모어도 이와 같은 "해로운" 영향에서 벗어나지는 못했지만, 그는 이러한 용어를 다른 목적을 위해 사용했다.[71] 1930년대까지 래티모어는 정치 변화를 초월한 장기 경향과 구조 분석에 대해 자주 글을 썼다. 그러나 앞서 언급했듯이 『태평양문제』의 편집자로 있는 동안 그는 정치 문제에 적극적으로 개입했고 자신의 인종주의적이고 문화적인 관점을 현안에 대한 분석과 연결하기 시작했다. 그는 만주에 정착한 사람들의 활력을 일본의 팽창에 저항할 힘으로 긍정적으로 활용할 수 있다고 주장했으며, 몽골인들이 통일을 이루어 국민당 정부의 이차 제국주의나 일본과 소련의 영향에 저항할 가능성을 모색하기도 했다.

래티모어는 지나친 환경결정론을 배격했다. 1954년 그는 비트포겔이 실증 연구보다 이론을 선호한다고 언급하고 이렇게 말했다. "비트포겔은 이론적 구조를 세우고 거기에 적합한 용어를 만들고 그 구조에 사실을 맞추려는 경향이 있다."[72] 래티모어는 거대 이론을 만들어내려고 인류를 환경의 힘에 눌린 피해자로 그리는 것이 아니라, 변경이 인간을 만든 것만큼이나 "인간이 변경을 만든다"라는 격언을 충실히 따랐다.

래티모어가 "원시적" 혹은 "선진적" 문명이라는 일반적인 용어를 사용한 것은 비인종적인 대상을 가리키기 위해서였다. 그는 유목생활이 농경과 비교하여 "원시적" 형태의 생산 방식이 아니며, 오히려 유목은 농경에서 비롯된 것으로 국가권력의 압제에서 벗어나려는 용감한 개척자들이 초원의 척박한 환경에 적응함으로써 만들어진 것이라고 역설했다. 이런 측면에서 초원에 대한 래티모어의 시각은 제임스 스콧(James Scott)이 말한 조미아(Zomia), 즉 정주 국가권력에서 벗어난 사람들의 도피처와 유사

---

71 William T. Rowe, "Owen Lattimore and the Rise of Comparative History," *Journal of Asian Studies* 66:3 (2007).

72 Lattimore, *Studies in Frontier History*, p. 531.

중국 환경사의 등장 143

하다고 할 수 있다.[73]

최근 초원 지역의 장기적인 변화에 대해 새로운 자료를 수집하는 기후과학자 가운데 환경이 유목민의 침입에 끼친 영향과 관련하여 환경결정론을 옹호하는 사람들도 있다. 이들의 분석은 대부분 너무 단순해서 믿을 만하지 않다. 기상학자, 역사가, 고고학자들의 협업으로 진행된 좀 더 세밀한 연구는 칭기즈칸 치세의 몽골의 흥기를 기후와 연결하기도 한다. 그러나 이것은 헌팅턴이나 다른 사람들이 주장한 건조 이론과는 완전히 다르다.[74] 13세기 초 어느 짧은 시기에 평소보다 많은 강수량으로 초원에서 풀의 생장이 빨라지면서 더 많은 가축 떼에게 사료를 공급할 수 있게 되었고, 동물 개체수가 증가함에 따라 유목 지도자는 자신의 의지대로 군사작전을 수행할 수 있었을 것이다. 그러나 이러한 기후 조건은 원료만을 제공했을 뿐이다. 유목민을 자극하고 동원하려면 칭기즈칸과 같은 카리스마 있는 개인의 등장이 필요했다.

비트포겔이나 헌팅턴 같은 환경결정론자들의 설명은 자연 현상과 인류 역사의 관계에 대해 중요한 질문을 제기한다는 점에서 여전히 주목받고 있다. 그러나 기후변화, 지리, 역사 사이의 관계에 대한 래티모어의 통찰력은 우리에게 더 섬세한 해석을 제시해준다.

중국 근대사에서 가장 역동적인 시기에 세계적인 여행가, 지리학자, 역사가, 정부 관리, 학자로 활동하면서 오언 래티모어는 우리가 상상 속에

---

73 James C. Scott, *The Art of Not Being Governed: An Anarchist History of Upland Southeast Asia*, Yale University Press, 2009 (제임스 C. 스콧 지음, 이상국 옮김, 『조미아, 지배받지 않는 사람들: 동남아시아 산악지대 아나키즘의 역사』, 삼천리, 2015).

74 Nicola di Cosmo, "Climate Change and the rise of an Empire," *Institute for Advanced Study The Institute Newsletter*, 2014.

서나 할 수 있는 많은 역할을 수행했다. 그가 중국과 몽골의 사람들과 맺은 뜨거운 관계는 그의 역사적 상상력, 그리고 명확한 글쓰기와 결합하여 미국인들의 유라시아 동부 지역에 대한 이해에 엄청난 영향을 끼쳤다. 또한 그는 환경사학자들이 추구해야 할 많은 생산적인 통찰을 남겨주었다.

20세기의 공정, 팽창, 그리고 전쟁

20세기에 이르러 전쟁의 영향이 커지면서 "자연과의 전쟁"이라는 사고방식이 점차 지배적인 것으로 발전해갔다. 이러한 사고방식에서 자연은 인간의 목적을 위해 싸워야 할 외부의 적으로 여겨졌다. 국민당과 공산당 모두 자연은 자원을 공급하는 수동적인 존재이자 인간의 필요에 저항하는 힘이라고 여겼다. 양측 모두 자연의 변화는 인간의 개입 없이는 일어나지 않는다고 생각했다. 그들은 과학과 건설, 그리고 자연을 개조하는 인간의 힘에 대한 확신이 있었다. 1949년 내전에서 승리한 후 중국공산당은 환경 개조를 위한 거대한 사업을 수행할 수 있는 좀 더 강력한 국가를 건설했다. 소련의 영향 아래 중국공산당은 5개년 계획을 수립하여 신속한 산업화와 농업 개발을 동시에 추진했다. 모택동과 공산당 지도부는 당의 지도하에 인력을 동원함으로써 토지, 하천, 기후로 인한 과거의 속박을 벗어버리고 부강한 국가를 건설할 수 있다고 믿었다. 인력을 동원하는 것은 국민당의 목표이기도 했지만 이제 공산당은 이를 통해 더 큰 결실을 기대했다. 신중국은 과거의 속박을 벗어버렸으므로 과거의 자연사를 연구하는 것은 쓸모없는 일로 여겼다. 인간의 힘이 자연 앞에서 한계가 있다거나 혹은 발전에는 사회경제적 한계가 있다는 식의 생각은 위험한 것으로 간주되었다.[75]

---

75 Judith Shapiro, *Mao's war against nature: Politics and the environment in Revolutionary China,*

　　예일대학과 컬럼비아대학에서 철학과 경제학을 공부한 마인초(馬寅初, 1882~1982)는 맬서스이론에 근거하여 많은 인구는 자연 자원에 지나친 압박을 가하므로 위험하다고 경고했다. 1957년『신인구론(新人口論)』을 발표한 후 그는 우파로 간주되어 공격을 받고 북경대 총장에서 면직되었다. 그는 1979년에야 복권되어 업적을 인정받았다.

　　대약진운동의 실패에 뒤이은 재앙적인 기근은 조심해야 한다는 목소리가 옳았음을 보여주었다. 농업과 산업을 동시에 발전시키겠다는 모택동의 유토피아적인 관점은 자연의 통제를 거스르는 것이었다. 그의 거대한 당과 국가도 생태를 거스를 수는 없었다.

　　이 장에서 중화제국 시기와 근대 시기 중국의 환경 의식에 관한 몇 가지 자료를 간단히 살펴보았다. 전통 시기에 많은 학자가 윤리 교육과 과학적 조사를 위해 자연의 변화에 주목했다. 그들은 인간과 자연 간에는 근원적인 조화가 있으며 철저한 연구를 통해 상호관계를 밝힐 수 있다고 믿었다. 현실에서는 관리와 농부들이 인간의 목표에 맞추려고 끊임없이 환경을 개조했으며 유기적인 조화의 원칙을 자주 위반했다. 그러나 도(道)라고 여겨지는 인간과 자연의 유기적인 상호관계에 관한 인식은 오늘날까지도 지속한다. 동시에 제국은 변경의 거주민들을 상대하면서 이들에 관한 지식을 축적하고 지배를 강화할 사업을 추진했다. 19세기와 20세기에 이르러 주요 학자와 관리들은 군사적·산업적 목표를 위해 자연 자원을 개발하는 일에 훨씬 더 큰 관심을 두었다. 그들은 인간과 자연의 상호관계를 의식하지 않고 자연을 물, 토지, 광물, 목재와 같이 개별적인 조각들로 나누어 생각했다. 20세기의 세계 강국들은 정복이라는 군사적인 은유법을

Cambridge University Press, 2001.

이용하여 신속한 산업화를 추구함으로써 환경에 거대한 해악을 끼쳤다. 사람들이 자연과의 협력이 중요하다는 것을 이해하면서 1990년대에 비로소 정통적인 생태 관념이 부활하기 시작했다.

3장

환경사의 범위

인간과 자연은 매우 작은 것에서부터 큰 것까지 다양한 범위에서 상호작용을 해왔다. 농부는 토지를 경작하여 식물을 변화시키지만, 그가 내뿜는 이산화탄소와 그의 동물이 생산해내는 메탄은 세계의 기후에 영향을 미친다. 대부분의 역사가는 지역이나 국가 단위를 연구하지만, 최근 일부 환경사학자들은 인간의 행동이 전 지구를 포함한 모든 영역에 끼치는 영향을 다루기 시작했다. 이러한 상호작용은 한 가지 영역에서만 작동하는 것이 아니라 여러 단위에서 서로 뒤섞여 나타난다.

우리는 현(縣), 성(省), 국가 혹은 제국으로 시야를 한정하고 이것을 인간과 자연 변화의 당연한 단위로 여겨서는 안 된다. 이 장은 인간과 자연의 작용을 여러 단위에서 탐색한 최근 연구 성과를 소개할 것이다. 특정 호수를 중심으로 중국의 국가적 운명을 설명한 연구, 전 지구적으로 변경이 확장하는 과정에 대한 거대 규모의 역사, 고지대와 저지대의 차이에 기반한 새로운 지리 지역의 개념, 모피·차·어류가 중국의 국가와 민족의 경계를 넘어 상품화하는 과정에 관한 연구가 소개될 것이다. 또한 황하에 관한 최근의 연구 성과들은 환경사학자들이 지역의 역사를 중국의 국경을 넘어 세계와 연결시키고 있음을 보여줄 것이다.

공간과 사회과학

인문학과 사회과학의 모든 분야에서 분석의 공간적 범위는 매우 중요하다. 각각의 연구 영역에서 학자들은 여러 단위에서 현상을 연구할 수 있으며, 범위의 크고 작음에 따라 설명이 매우 달라질 수 있음을 안다. 경제학 분야에서 개별 시장을 분석하는 미시경제학은 서로 다른 자료와 설명 방식을 사용하여 일국의 경제를 연구하는 거시경제학과는 별개의 주제로 가르친다. 사회학자들도 "거시와 미시"의 문제, 혹은 소규모 공동체에 관한 자료와 분석을 어떻게 거대한 사회 변화와 연결할 것인가를 계속 토론하고 있다. 인류학자들도 현지 조사는 특정 지역에서 수행하지만 하나의 공동체에서 얻은 연구 결과를 큰 흐름과 연결시키고자 한다. 이들은 근대 세계화 시대에 가장 중요한 전 지구적 추세는 지역 단위에서 매우 다양하게 나타난다는 점을 강조한다. 반대로 어떤 지역도 그곳을 둘러싼 더 넓은 세계로부터 고립된 곳은 없다. 이론가들은 이를 설명하려고 "글로컬화(glocalization)"와 같은 새로운 용어를 개발하여 큰 범위와 작은 범위를 서로 연결하려고 한다.

서로 다른 범위에서 나타나는 문제들을 가장 체계적인 방법으로 분석해온 것은 지리학자들이다. 학문 영역으로서 지리학은 자연지리학과 인문지리학으로 나뉜다. 자연지리학자들은 지구의 표면을 형성하는 자연의 특징을 설명하는 반면, 인문지리학자들은 인간 주체자들이 특정한 지역

안에서 수행하는 행동과 그 의미를 설명한다. 지리학자들은 "공간(space)"
과 "장소(place)"를 구분하는데, 공간은 측량할 수 있는 특징을 가진 지역
에 대한 외형적인 묘사를 뜻하고, 장소는 인간 거주자들이 그 지역에 부여
한 의미를 가리킨다. 공간적 위계의 각 단계에서 인간은 공간의 외형적 특
징을 인식함과 동시에 개별적이고 집단적인 용어로 공간 내에서 자신들의
경험을 해석한다. 이러한 의미 부여는 작은 촌락에서 성, 국가, 그리고 전
지구적 단위에까지 이른다.

　　역사학자들이 공간 범위를 항상 의식적으로 사용하는 것은 아니다.
예를 들어 그들이 어떤 지역을 분석하는 것은 관련 사료를 입수해서이기
도 하고, 어떤 특정한 정치적 사건의 원인을 규명하거나 혹은 국민국가의
등장을 연구하기 위해서이기도 하다. 역사가들은 자신들의 공간 선택을
합리화하는데 이론적인 개념이 필요하다고 생각하지 않는다. 이것은 여러
가지 문제에 합리적이고 현실적으로 접근하는 방법이다. 하지만 여기에는
한계가 있다. 만약 우리가 자료에서 설명하는 범위만 따라간다면 우리의
해석은 그 자료를 기록한 관리들의 관점으로 제한될 것이다. 예를 들어 우
리의 역사 분석이 지역의 한인 관료들이 작성한 한문 자료에만 의존한다
면 우리는 영어나 만주어와 같은 다른 언어로 쓰여진 중요한 정보를 놓치
고 관리들의 시각으로만 사건을 바라보게 될 것이다. 또한 지역 단위의 자
료에는 드러나지 않는 국가 단위에서 수집된 자료도 많다. 여러 가지 분석
범위에서 여러 가지 목적으로 작성된 다양한 자료를 활용함으로써 우리의
설명은 더욱 풍부해질 수 있다.

　　이 장에서는 역사가들이 여러 종류의 자료를 이용하여 여러 가지 분
석 범위를 결합함으로써 다양한 관점에서 주요 사건에 대한 복합적인 시각
을 제시한 사례를 소개할 것이다. 또한 여러 가지 범위에서 역사 서술의 가

능성을 모색하고자 나와 동료들이 시작한 연구에 관해서도 설명할 것이다.

연구의 범위를 결정하는 데에는 두 가지 중요한 문제가 있다. 1) 우리가 연구하는 지역의 범위를 어떻게 결정하고 인접한 지역과 어떻게 구분할 것인가? 2) 특정 범위의 지역에서 발생한 사건을 그보다 더 크거나 작은 범위의 다른 지역에서 발생한 사건들과 어떻게 연결할 것인가?

여러 종류의 공간적 위계에서 경계와 관계의 문제는 서로 다른 방식으로 해결된다. 행정·경제·문화적 위계는 서로 다른 방식으로 제국과 국가의 공간을 구분한다.

행정적 위계

대부분의 역사가는 체계적인 설명을 위해 관료제의 행정 위계에 의존해야 한다. 국가 관료체계는 그들이 통치하는 공간을 국(國)이나 성(省)으로 나누고 성을 다시 군현(郡縣), 시진(市鎭), 혹은 촌락 등 지역 단위로 구분한다. 중국의 관료체계에서 우리는 대개 주현(州縣)·부(府)·성의 단위를 따라 제국의 수도에까지 이른다. 따라서 중화제국의 관료체계에는 네 개의 기본 단위가 발견된다.

중화제국 시기의 방대한 자료는 이러한 단위로 구분된다. 대부분의 지방지에는 서로 다른 시기에 제작된 현지(縣志), 부지(府志), 성지(省志), 통지(通志)가 포함되어 있다. 청대 순무와 총독은 한 개의 성 혹은 여러 성 단위에서 발생한 사건을 기록했다. 1820년에 청조가 편찬한 『대청일통지(大淸一統志)』는 제국 전역의 행정구조를 종합적으로 보여준다.

이러한 민정 단위 외에도 별도의 군정 단위가 있었는데, 여러 단위의 군사 지휘관들은 관할지역 내의 상급자에게 보고해야 했다. 명청 시대 둔전제도는 이러한 군정 단위에 기반하였으며 청대의 팔기제도 역시 그러했다. 민정 기구인 주현제도와 군사 기구 외에도 청조는 몽골의 맹기(盟旗)제도, 신강의 벡(beg) 제도, 서남부의 토사(土司)제도 등 다양한 행정제도를 설치했다.

학자들은 이러한 행정구조에 기반하여 연구를 진행해왔다. 행정구조

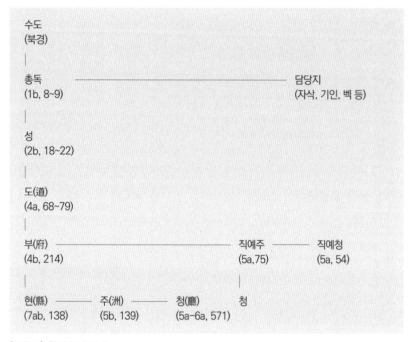

[삽화 2] 청의 행정 위계
출전: 피터 C. 퍼듀 지음, 공원국 옮김, 『중국의 서진: 청의 중앙유라시아 정복사』, p. 402

의 가장 중요한 장점은 각각의 관할영역이 명확하게 구분되어 있다는 점이다. 관리들은 사람들이 어느 행정기구에 속해 있는지를 명확하게 하는데 매우 큰 관심을 기울였다. 그들은 세금을 정확하게 징수하고 분란을 방지하고자 했다. 경계가 불명확하면 사람들은 지역 단위에서 자원을 둘러싸고 경쟁을 벌였기 때문에 성과 성 사이의 경계를 구획하는 문제를 둘러싸고 벌어지는 분쟁은 지역 환경과 경제 활동의 중요한 특징을 보여준다.

관리들은 또한 관할지역 내에서 통계자료를 체계적으로 수집했는데, 시간이 지나면서 이것들은 경제와 환경에 관한 중요한 자료가 되었다. 예

를 들어 역사가들은 청대 곡물 가격에 관한 방대한 자료를 수집하여 활용
해왔다. 이 수치들은 처음에 현에서 수집되어 부로 보고되었고 다시 북경
의 황제에게 전달되었다. 관리들은 또한 상평창에 저장된 곡물의 저장량을
기록했는데, 이것은 곡물을 매매함으로써 가격을 유지하려는 것이었다. 가
격과 곡물 저장량에 대한 이러한 체계적인 보고는 18세기와 19세기의 곡
물 생산, 배분, 소비 방식에 대해 매우 상세한 자료를 제공해준다.[01]

그러나 이러한 보고서에는 한계가 있다. 정부 보고서에는 세금, 인구,
곡식, 토지 등 관리들의 관심사에 대한 정보만 있고 다른 종류의 정보는
매우 부족하다. 여기에는 곡물 이외의 생산물에 대한 정보는 매우 적고, 곡
물 수확과 관련된 지역의 주요 사건에 관해서만 파편적인 정보가 담겨 있
다. 예를 들어 지방지에는 기우제를 올린 관리들의 이야기가 많이 등장하
지만 이러한 활동은 정부 보고서에는 보이지 않는다.[02] 한편 지방지는 분
명하게 구획된 영역 안에서 발생한 일에 관해서만 정보를 기재한다. 관리
들은 자신들의 관할 영역 밖에서 발생한 사건에는 관심을 기울이지 않았
다. 관할 영역을 벗어난 일은 지방지에서 보이지 않는다. 따라서 지방지에
만 의존하면 사람이건 물건이건 문화 활동이건, 이동하는 것들은 추적하
기가 어려워진다.

예를 들어 18세기 강서에서 호남으로의 인구 이동은 정부 기록에서
나타나지 않는다. 이런 움직임에 관한 가장 중요한 정보는 족보와 지방지,
그리고 강서 사람들이 좋아하는 사찰인 만수궁(萬壽宮)의 위치가 실린 지

---

01 Pierre-Etienne Will & R. Bin Wong et. al., *Nourish the People: The State Civilian Granary System in China, 1650~1850*, University of Michigan Press, 1991.

02 Jeffrey Snyder-Reinke, *Dry Spells: State Rainmaking and Local Governance in Late Imperial China*, Harvard University Asia Center, 2009.

도에서 확인된다.[03] 경제 흐름과 문화 교류는 국가 행정의 공간적 위계를 넘어 이동했기 때문에 우리는 다른 공간적 위계도 고려해야 한다.

03　Peter Perdue, *Exhausting the Earth: State and Peasant in Hunan, 1500~1850*, Harvard University Press, 1987.

경제적 위계

두 번째 공간 체계는 경제적 위계이다. 이것은 물건이 지방의 생산지에서 시진(市鎭)으로 들어가서 다시 중심부의 도시로 올라갔다가 그다음 도시에서 시진을 거쳐 향촌의 소비자에게 돌아오는 과정을 말한다. 이 과정은 정치가 아니라 경제, 즉 운반 비용에 따라 결정된다. 여기에는 간단한 원칙이 따른다. 철도가 건설되기 이전 전근대 사회에서는 수상 운송이 육상 운송보다 저렴했다. 이는 값싼 일상용품의 대부분이 주요 하천과 연해 수송로로 운반되었음을 의미한다. 중국이나 다른 여러 지역에서 경제구역은 주요 하천의 경계와 바다를 중심으로 결정된다. 유럽에서는 프랑스와 독일의 라인강, 동유럽과 러시아의 돈강, 다뉴브강, 볼가강, 그리고 지중해와 발트해가 이러한 경계가 된다. 중국에서는 기조정(冀朝鼎)이 주요 하천 체계를 바탕으로 중국의 경제지리를 분석한 선구자이다. 윌리엄 스키너는 기조정의 분석에 기초하여 중화제국의 자연지리적 대구역(physiographic macroregions) 모델을 제시했다.[04]

스키너의 모델은 여러 세대의 역사가와 인류학자들에게 큰 영향을

04　Chi Ch'ao-ting, *Key Economic Areas in Chinese History as Revealed in the Development of Public Works for Water-Control*, Routledge, 2019 (1936); G. W. Skinner ed., The City in Late Imperial China, Stanford University Press, 1977; G. W. Skinner, "Presidential Address: The Structure of Chinese History," *Journal of Asian Studies* 44:2 (1985), pp. 271~292.

끼쳤다. 중국 전문가 가운데 스키너처럼 유럽을 포함하여 세계의 다른 지역을 연구하는 사회과학자들에게 영향을 끼친 학자는 많지 않다. 스키너는 1964년부터 1985년에 걸쳐 중국에 관한 주요 저작을 출판했는데, 그가 사망한 2008년 후에도 중국 경제사의 구조에 대한 그의 통합적인 시각은 여전히 영향력을 행사하고 있다.

스키너는 처음에 중화제국의 내지를 화북, 서북, 양자강 상류, 양자강 중류, 양자강 하류, 동남 연해, 영남(嶺南), 서남의 운귀(雲貴)고원 등 8개의 대구역으로 구분했다. 스키너의 8개 대구역 가운데 7개는 수로를 바탕으로 경계가 구획되었다. 이 가운데 2개는 북부의 황하를 따르고, 3개는 양자강의 상류·중류·하류와 일치하며, 1개는 주강(珠江)의 경계를 따르고, 복건 대구역은 동남 연해를 따라 위치한다. 운귀고원은 예외적인 것으로, 스키너가 지적하듯이 중심부에 주요 하천 분지가 없다. 스키너 모델에서 중심부와 주변부는 수로에 따라 결정된다. 인구가 밀집된 중심부는 물품이 집중되고 여러 하천이 모여드는 곳이거나, 운하로 삼각주가 형성되었거나, 해양 운송이 여러 항구를 연결하는 곳이었다. 주변부는 산악지대나 삼림지대 혹은 접근이 어려운 지역에 위치한다.

스키너 모델에서 도시의 위계 역시 지역의 중심부과 주변부의 위치에 따라 결정된다. 그의 지리결정론은 대구역 단위에서뿐만 아니라 지역 단위에서도 작동된다. 지방 도시와 시진은 하천이 집결되는 곳이나 운송 비용이 산악지대보다 저렴한 평지에 집중되어 있다.

스키너 모델은 중국의 지역 공간 분석에 큰 영향을 끼쳤다. 그의 이론은 원래 사천분지에 대한 현지 조사에서 비롯되었는데, 사천의 시진 분포와 개시(開市) 시기는 운송비가 어떻게 지역 공간을 만들어가는지를 매우 분명하게 보여준다.

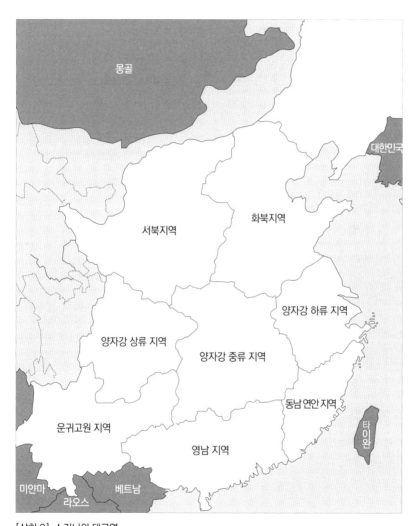

[삽화 3] 스키너의 대구역

스키너 모델은 행정 위계를 대신할 수 있는 공간 위계의 한 사례이지만 이 두 층위는 서로 중복되기도 한다. 스키너의 대구역은 여러 성의 경계를 넘어 만들어진다. 그는 경제 공간을 형성하는 원칙은 행정 공간의 원칙과는 다르다고 지적했다. 중국의 시장 구조는 지방의 정기 시진에서 가장 큰 대도시까지 연결되었기 때문에 관리들은 시장 구조가 가진 강력한 경제적 힘에 대응하지 않을 수 없었다. 스키너와 모든 사회사 연구자가 인정하듯이, 중국의 역사는 강력한 황제나 관리, 전쟁 혹은 정치의 역사만이 아니라 소상인, 행상, 상인조합, 그리고 해양무역의 역사이기도 했다. 이러한 이야기 구조는 왕조의 흥망이라는 단순한 서사와는 근본적으로 달랐다. 지역의 경제체제는 각자 독특한 동력이 있으므로 이들의 순환주기는 왕조의 흥망과 무관하게 움직였다.

내가 첫 번째 책에서 다룬 호남성은 스키너의 양자강 중류 대구역에 속하는 세 성 가운데 하나였다. 나는 호남성이 호북성이나 강서성과 공통점이 있음을 발견했다. 상층의 대구역 단위에서나 하층 지방 단위에서나 이 세 성의 경제적·환경적 변화에는 한 가지 분명한 사실이 있었다. 대구역 단위에서 보면 호남, 호북, 강서의 물 공급은 공통적으로 양자강 중류와 지류에 의해 결정되었다. 세 성에는 산악지대의 주변부가 있고 양자강으로 합류하는 무수한 하천이 있었는데, 이러한 지형 조건은 도작(稻作) 농경과 인구 밀집을 불렀다. 지방 단위에서 보면 호남에서 가장 부유한 지역은 동정호 일대였다. 명청 시대에 농민들은 동정호 주변의 토지를 개간하여 농업 생산과 인구 밀도를 증대시켰다. 중화제국의 단위에서 보았을 때 호남은 여분의 미곡을 양자강 하류의 강남 지역으로 수출했기 때문에 두 지역 간에는 경제적 보완 관계가 형성되었다. 따라서 호남에 대한 내 분석은 단순히 한 성에만 집중하는 것이 아니라 이 공간의 낮은 단위와 높은

단위를 모두 분석한 것이었다. 키스 쇼파(Keith Schoppa) 같은 학자 역시
스키너 모델에 기반하여 지역을 분석했다.[05]

그러나 스키너의 모델은 한계가 있다. 그는 운송 비용을 바탕으로 경
제 위계를 결정하고 다른 사회문화적 활동은 대부분 같은 공간 구조를 따
른다고 주장했다. 환경사학자의 관점에서 보면 스키너는 자연을 지나치게
정적인 존재로 보고 있다. 아날학파와 마찬가지로 스키너는 산과 강을 단
순히 인간 활동의 배경으로 간주했다. 자연은 스스로 자연지리와 수리의
형태를 변화시킬 수 있는 물질적 실체가 아니라 운송 비용을 결정하는 추
상적 존재에 불과했다. 이와 달리 환경사학자들은 인간의 활동은 역동적
인 것으로, 자연은 생명이 없고 정적인 존재로 규정하는 시각에 반대한다.
그들의 주장에 따르면, 자연은 끊임없이 유동하고 우연에 의해 변화하는
것이며 산의 풍화나 하천의 변화는 인간과 그들이 의존하는 물질 간의 관
계에서 핵심적인 부분이다.[06]

스키너는 또한 경제 비용에 기초한 결정론적 주장에 지나치게 의존
했다. 예를 들어 그의 주장에 따르면, 사람들은 일반적으로 같은 지역의 시
장체제 안에 사는 사람과 결혼했는데, 배우자를 찾으려고 자기 고향 마을
에서 단지 어느 정도만 떨어진 곳에 갔기 때문이다. 종족을 포함한 인척
관계 역시 시장체제와 일치했으며 종교적·민족적 구분 역시 대부분 시장
체제를 따랐다. 이 주장을 확인해본 학자들은 이것이 맞을 때도 있지만 맞
지 않을 때도 있다는 것을 발견했다. 경제적 위계에서조차 어떤 시장 구조

---

05 Keith Schoppa, *Chinese elites and political change: Zhejiang province in the early twentieth century*, Harvard University Press, 1982.

06 Ling Zhang, *The River, The Plain, and the State: An Environmental Drama in Northern Song China, 1048~1128* (Cambridge University Press, 2016), p. 17.

는 스키너의 단순한 육면체 모델과 맞지 않으며 사회문화적 형태의 경우는 스키너의 모델과 더욱 무관하다. 학자들은 세 번째 형태의 공간 위계인 문화적 위계에 주목해야 한다고 주장하는데, 이것은 행정적 경제적 구조로부터 어느 정도 독립적으로 존재하는 것이었다.

프라센짓 두아라(Prasenjit Duara)는 여러 형태의 공간 범위에서 형성된 촌락 거주민과 지역 유지 간의 관계를 통해 북중국의 "권력 문화 네트워크"를 설명했다.[07] 하천 관리와 작물 보호를 위해 결성된 조직은 특별한 의식을 통해 구성원을 모집하고 관리했다. 이러한 조직은 또한 여러 개의 촌락과 현에 걸쳐 있는 종족과 그 지파들을 포함하였다. 마찬가지로 사찰의 주지와 신도의 위계 관계가 멀리까지 확장되기도 했다. 성지 순례자들은 지역의 시장체제가 아니라 오랫동안 형성된 이주의 경로를 따르기도 했다. 예를 들어 성산(聖山)인 태산은 순례자들의 움직임을 바탕으로 자체적인 시장체제를 만들어냈다. 순례자는 상인이 필요했고 상인은 순례자의 여행 경로를 따랐기 때문에 종교와 경제 활동은 서로 분명하게 상호작용을 하고 있었다. 그러나 종교와 경제지리에 따른 공간 조직 방식이 반드시 서로 일치하는 것은 아니었다.

심지어 경제 영역에서도 상인들은 지역과 지방 체제의 경계를 넘나들었다. 많은 상인이 인척 관계를 통해 멀리 떨어진 곳에 점포를 개설했다. 휘주 상인은 산악지대인 안휘성 출신이지만 여러 지역에 걸쳐 중화제국 전역에 상업망을 건설했다. 산서 표호(票號) 역시 그들의 북방 근거지에서 확대되어 제국 전역에 표호를 설립했다.[08]

---

07 Prasenjit Duara, *Culture, Power, and the State: Rural North China, 1900~1942*, Stanford University Press, 1988.

08 Harriet T. Zurndorfer, *Change and Continuity in Chinese Local History: The Development of*

　군사 조직 역시 경제 위계 외에 다른 공간 자원에 의존했다. 19세기에 진행된 군사화로 인해 이전에는 과거제를 통해 연결되어 있던 지역 유지들이 호남성 전역에서 민병 조직을 형성했다. 그러나 이러한 민병 조직의 병사들은 경제 위계의 중심부 출신이 아니었다. 호남 서부 출신의 묘족과 주변부 지역 출신의 병사들이 중심부 출신자보다 많았다.[09]

　요약하자면 스키너의 순수한 경제결정론적 모델은 많은 경우에 중국의 사회 현실과 정확하게 일치하지 않는다. 이것은 매우 유용한 안내자이기는 하지만, 중국의 공간 조직에서 결정적인 이론은 아니다.

Hui-chou Prefecture 800 to 1800, E. J. Brill, 1989.

09　Philip Kuhn, *Rebellion and its Enemies in Late Imperial China: Militarization and Social Structure*, Harvard University Press, 1980.

스키너와 중국 내지를 넘어

스키너 자신은 중국 내지 외에 다른 지역의 구조에 대해서는 거의 언급하지 않았다. 사실 그의 모델은 기본적으로 19세기 청대 자료에 근거하지만 그 분석 대상은 명대의 영역, 즉 중국의 내지에 국한되어 있다. 그는 청대에 대만은 남동 해안 지역에 포함되고, 만주는 별도의 대구역을 형성한다고 생각했다. 반면 신청사 연구자들은 만주족 통치자들이 중앙유라시아 출신이기 때문에 제국의 한인 중심부 바깥 지역의 역사가 청대의 사회구조에 결정적인 영향을 끼쳤다고 주장한다. 만주족은 변경 지역을 단순한 주변부 이상으로 여겼다. 변경은 중심부에 의존하는 빈곤하고 궁벽한 지역이 아니라 독자적인 문화·지리·환경적 통합성을 지닌 곳이었다.

　세계 다른 지역의 환경사학자들은 각자의 개념을 발전시켜 유사한 변경 지역을 분석해왔다. 리처드 화이트는 18세기와 19세기 북미에서 단일 국가의 완벽한 통제에서 벗어나 있는 "중간지대(middle ground)"의 특징을 자세히 설명했다. 이곳은 대체로 오늘날 미국 중서부에 해당하는데, 여기에서 프랑스와 영국 제국, 상인, 그리고 아메리카 원주민들은 외교·문화·경제 관계에서 서로 유연하게 협상했다.[10] 삼림, 거대한 하천, 모피 동

10　Richard White, *The Middle Ground: Indians, Empires, and Republics in the Great Lakes Region, 1650~1815*, Cambridge University Press, 1991.

물 등 특수한 환경조건이 유럽산 물품의 유입과 만나 100여 년 이상 문화적 상호관계를 만들어냈다.

청대 서남부 변경 지역에서도 유사한 상호작용이 일어났다. 팻 기어쉬(Pat Giersch)는 "중간지대"의 개념을 이용하여 18세기 운남에서 한인 이주민 간의 관계, 청과 버마의 관계, 그리고 고산지대 현지인과 상인의 관계를 살펴보았다.[11] 스키너가 곤명을 중심으로 하는 중심부와 서남 주변부의 관계에 주목했던 것과 달리, 기어쉬와 다른 학자들은 운남의 경계를 넘어 버마와 베트남에서의 상황을 살펴본다. 다른 연구자들 역시 중국의 경계를 넘어 베트남과의 관계를 분석하고 있다.[12] 청대 다른 변경 지역에서도 만주인, 회민, 몽골인, 티베트인, 투르크인들은 유사한 형태로 협상해왔다.

"중간지대"라는 개념이 협상, 교류, 대등한 관계를 강조한다면 또 다른 시각은 변경에서의 군사 대결과 정복에 주목한다. 제국과 국가는 다른 지역으로 지배를 확장하면서 지역의 저항을 진압하고 이곳을 직접적인 군사 통치하에 두고자 했다. 예를 들어 북미에서 18세기 미국과 멕시코 사이의 유연한 "변경지대(borderland)"는 1848년 멕시코전쟁 이후에 좀 더 명확하게 구획된 국경선으로 변모했다.[13] 변경 지역에서 토사(土司)를 철폐하고 군현제도를 실시하고자 했던 옹정제의 정책 역시 이러한 종류의 군사적 대결을 보여주는 비슷한 사례이다. 이 경우에도 운송 비용에 대한 순

11 C. Patterson Giersch, *Asian Borderlands: The Transformation of Qing China's Yunnan Frontier*, Harvard University Press, 2006.

12 Charles J. Wheeler, "1683: An Offshore Perspective on Vietnamese Zen," in Eric Tagliacozzo, Helen Siu and Peter Perde eds., *Asia Inside Out: Changing times*, Harvard University Press, 2015; Kathlene Baldanza, *Loyalty, Culture, and Negotiation in Sino-Viet Relations, 1285~1697*, Columbia University Press, 2016.

13 John Mack Faragher, "The frontier trail: Rethinking Turner and Reimagining the American West," *American Historical Review* 98:1 (1993), pp. 106~117.

수한 경제적 고려가 사회경제적 변화를 초래하는 결정적인 요소는 아니었다. 군사적인 안보와 행정적인 통합이 운송의 제약이나 지역 생태보다 더 우선시되었던 것이다.

전 지구적 영향

스키너 모델은 지역 사회에 주목했기 때문에 전 지구적 흐름이 청 제국에 끼친 영향을 과소평가한 경향이 있다. 그의 관점에서 볼 때 광동무역, 아편전쟁, 태평천국운동, 의화단운동은 대구역 한 곳에는 큰 영향을 끼쳤지만 제국 전역을 흔들지는 않았다. 외부의 제국주의는 해안의 조약항에는 침투했지만 내지에 끼친 영향은 훨씬 적었다. 스키너가 편집한 중국 도시체제에 관한 책은 19세기부터 20세기 초까지 농촌과 도시 사회가 강한 연속성을 지니고 있었음을 보여준다. 이러한 점에서 스키너의 지역사회에 대한 관심은 중앙정부의 정치에 영향을 받지 않는 점진적이고 장기적인 변화를 강조하는 아날학파와 비슷하다. 그가 인정했듯이 모든 대구역 가운데 북경을 중심으로 하는 북중국은 중앙정부의 정책을 가장 직접적으로 따르는 곳이었다. 그러나 다른 지역들은 자체적인 역동성을 지니고 있었으며 사회경제적 변화의 주기가 서로 달랐다.

　　스키너 모델에 대한 비판론자와 지지자들은 외부 영향, 그리고 지역 역동성의 상대적 중요성을 둘러싸고 계속 논쟁해왔다. 청대 해외 무역은 전체 생산에서 2% 이하의 아주 적은 비중을 차지했기에 전체 경제 규모에서 상대적으로 덜 중요했다. 오늘날 해외무역은 중국의 국내총생산에서 50% 이상을 차지한다. 반면 강남 지역과 같은 특정 지역에서는 해외무역이 19세기 이래 주된 성장 동력이었기 때문에 적은 비중일지라도 주요 생산지에 결정적인 영향을 끼칠 수 있었다. 오늘날 전 지구적 규모의 교역, 이주, 문화 교류는 지역사회로 깊숙이 침투하여 직간접적으로 사회를 변화시키고 있다. 아시아 지역사회에 관한 최근 연구들은 16세기 이래 지역과 전 지구적 과정 사이에 광범위한 연결망이 형성되어 있었음을 보여준다.[14] 내몽골, 광동, 한국, 남아시아 혹은 이란 등 어느 지역에서도 우리는 지역체제를 초월한 복수의 연결망을 발견하게 된다.

요약하면 역사가들은 자신들의 분석을 위해 다양한 방식으로 공간 개념을 사용해왔다. 국가 관리들은 국경을 명확하게 설정하고 국가가 파악할 수 있도록 "판도에 넣기 위해서" 비어 있는 공간이나 불분명한 지역을 제거하고자 했다.[15] 그러나 많은 사람이 국가의 이러한 통제 기구에 저항하면서 자신들의 개인적 이해를 추구하려고 유연하게 변화하고 전략적으로 이동하면서 모호한 경계를 선호했다. 관찬 기록에 의존하는 역사가들은 행정 경계의 중요성을 언제나 인식해야 하지만, 동시에 인간의 활동과 자연세계에 대한 인식에 영향을 끼친 다른 형태의 눈에 덜 띄는 공간에 대해서도 고려해야 한다.

---

14 Eric Tagliacozzo, et al. eds., *Asia Inside Out: Changing Times*, Harvard University Press, 2015; Eric Tagliacozzo, et al. eds., *Asia Inside Out: Connected Places*, Harvard University Press, 2015.

15 James C. Scott, *Seeing Like a State: How Certain Schemes to Improve the Human Condition Have Failed*, Yale University Press, 1998 (제임스 C. 스콧 지음, 전상인 옮김, 『국가처럼 보기: 왜 국가는 계획에 실패하는가』, 에코리브르, 2010).

공간 범위 분석의 세 가지 사례

이 절에서는 공간적 경계를 설정하고 서로 다른 공간 범위를 연결하려고 역사가들이 사용한 세 가지 연구 방법을 소개한다. 이 방법은 대략 미시사(microhistory), 원거리 접속(teleconnections), 그리고 전 지구적 변경 연구(the study of global frontiers)라고 정의할 수 있다. 이러한 연구 방법은 먼저 긴 시간 혹은 짧은 시간을 분석하기 위해 작은 지역을 선택하고, 지역의 분석 결과를 활용하여 더 큰 공간에 대한 결론을 이끌어낸다.

1. 미시사

미시사는 작은 공간에서의 경험이 더 큰 세계의 사건과 변화에 관해 많은 정보를 담고 있다는 가정에 기반한다. 라틴어의 "multum in parvo(작지만 많은 것을 담고 있다)"라는 말이 이 원리를 요약해서 보여준다.

영어권에서 이러한 연구 방법을 수립한 고전적인 연구는 로버트 단톤(Robert Darnton)이 1984년에 발표한 "고양이 대학살"에 관한 논문이다. 단톤은 인류학자 클리포드 기어츠(Cliffod Geertz)가 그의 고전적인 논문인 "발리의 닭싸움에 대한 연구"에서 창안한 모델을 따랐다.[16]

---

16 Clifford Geertz, *The Interpretation of Cultures*, Basic Books, 1973; Robert Darnton, *The Great*

단톤과 기어츠는 프랑스의 어느 한 공장 노동자들 혹은 발리의 한 촌락의 남성들과 같이 특정한 공간에서 벌어진 인간과 동물 간의 관계에 주목했다. 단톤은 18세기 프랑스 노동자가 쓴 기록에 의존하여 그와 동료 노동자들이 왜, 그리고 어떻게 그들의 공장에 우글거리는 고양이들을 죽였는지를 설명했다. 기어츠는 발리의 한 촌락에서 닭싸움을 직접 목격하고 이를 바탕으로 닭싸움이 발리 사회에서 어떻게 남성성의 가치를 표현하는지를 보여주었다. "두꺼운 묘사(thick description)"라는 방식을 활용하여 인간의 집단적 활동을 매우 세밀하게 서술함으로써 두 저자는 프랑스 혹은 발리 사람들의 성격에 대해 더 큰 결론을 이끌어냈다.

그 후로 미시사는 특히 유럽사와 미국사 분야에서 매우 큰 영향력을 발휘했다.[17] 중국사에서는 조너선 스펜스의 『왕여인의 죽음』이나 필립 쿤의 『영혼을 훔치는 사람들』이 미시사 연구의 탁월한 사례이다. 특히 필립 쿤은 하나의 사건을 세밀하게 서술함으로써 청대 사회와 제국의 통치 문화에 관해 일반적인 결론을 이끌어냈다.[18]

Cat Massacre and other episodes in French cultural history, Basic Books, 1984 (로버트 단톤 지음, 조한욱 옮김, 『고양이 대학살: 프랑스 문화사 속의 다른 이야기들』, 문학과지성사, 1996).

17 Carlo Ginzburg, *The Cheese and the Worms: The Cosmos of a Sixteenth-Century Miller*, Johns Hopkins University Press. 1980; Natalie Zemon Davis, *The Return of Martin Guerre*, Harvard University Press, 1983 (장 클로드 카리에르 · 다니엘 비뉴 지음, 박인철 옮김, 『마틴 기어의 귀향』, 영웅, 1992); Mary Ting Yi Lui, *The Chinatown Trunk Mystery: Murder, Miscegenation, and other Dangerous Encounters in Turn-of-the-Century New York City*, Princeton University Press, 2005; Beverly Gage, *The Day Wall Street Exploded: A Story of America in Its First Age of Terror*, Oxford University Press, 2009.

18 Jonathan Spence, *The Death of Woman Wang*, Penguin Books, 1978 (조너선 D. 스펜스 지음, 이재정 옮김, 『왕여인의 죽음』, 이산, 2002); Philip A. Kuhn, *Soulstealers: The Chinese Sorcery Scare of 1768*, Harvard University Press, 1990 (필립 쿤 지음, 이영옥 옮김, 『영혼을 훔치는 사람들: 1768년 중국을 뒤흔든 공포와 광기』, 책과함께, 2004).

환경사학자들은 이러한 방법을 이용하여 큰 흐름의 한 사례로 작은 지역을 연구할 수 있다. 절강성 상호(湘湖)에 관한 장기 역사를 서술한 키스 쇼파의 책『눈물 가득한 노래(Song Full of Tears)』나 호남성 동정호(洞庭湖)를 다룬 내 책『토지의 고갈(Exhausting the Earth)』은 모두 이러한 방법을 따르고 있다.[19] 쇼파의 책은 명확하게 중국인과 자연의 관계를 논하는 미시사이다. 지방지를 바탕으로 쇼파는 900년에 걸친 절강의 이 작은 호수의 역사를 논하고, 동시에 그 의미를 확대하여 중국의 국가와 문명에 대한 하나의 축소판을 보여준다.[20]

12세기에 4명의 송나라 관리는 지역민들에게 관개용수를 제공하려고 지역 신사들에게 토지를 포기하라고 설득하고 이 호수를 건설했다. 처음에 토지 3만 7,000무(畝)의 저장소였던 이 호수는 공공의 이익을 위한 노력의 대표적인 사례였다. 그러나 호수는 군사적 침입, 상업적 이익, 그리고 지역 신사의 이기심과 같은 많은 적과 싸워야 했다. 지역 신사들은 호수 바닥의 진흙을 이용하여 기와를 굽고, 자신의 토지에 쉽게 접근하려고 호수 위에 놓인 다리를 자르고, 호수를 개간하여 농지를 만들었다. 호수를 보호하고자 했던 사람들은 그 경치를 찬양한 이백(李白)이나 문천상(文天祥) 같은 시인, 지역민의 복지를 지키려는 지방관, 그리고 호수의 문화적 가치를 보존하고자 이곳의 뛰어난 역사를 세밀하게 기록한 지역의 역사가들이었다. 복명파(復明派)이자 불교도이며 초기 환경보호주의자(proto-

---

19 Keith Schoppa, *Song Full of Tears: Nine Centuries of Chinese Life around Xiang Lake*, Westview Press, 2002; Peter Perdue, *Exhausting the Earth: State and Peasant in Hunan, 1500~1850*, Harvard University Press, 1987.

20 Peter C. Perdue, "Lakes of Empire: Man and Water in Chinese History," *Modern China* 16:1 (1990), pp. 119~129.

environmentalist)였던 모기령(毛奇齡)은 호수에 관한 최초의 객관적인 역사를 기록하여 지역의 종족집단이 사적 이익을 위해 호수를 절반으로 나누려는 것을 막아냈다. 그러나 때로 지역 신사들은 공동체를 보호하려고 협력했으며, 수리시설 건설을 위해 개인의 자금을 이용하는 "사회(社會)"를 결성하기도 했다. 반란, 왕조 교체, 그리고 호수의 토지를 차지하려는 끊임없는 시도에도 불구하고 호수는 송대부터 청대까지 600년을 살아남았다.

20세기의 전란과 파괴로 상호(湘湖)의 영광스러운 역사는 종말을 맞이했다. 국민당 정부는 호수 주변의 토지 개간을 거의 완전히 허용했으며, 1955년 지방정부가 호수의 점토를 모두 파내면서 그곳에 있던 야생오리, 수생식물, 정자, 물고기, 사당은 오염 산업으로 대체되었다. 1989년에 쓰인 쇼파의 책에서 상호는 중국 문명을 상징하는 은유이자, 조화의 가치와 공익 보전을 위한 노력이 사라져버린 것에 대한 비가(悲歌)이다. 상호를 지키려는 최선의 노력에도 불구하고 호수는 사라졌다. 군대, 국가, 그리고 사익(私益)의 강력한 힘이 공공의 복지와 아름다운 풍광을 지키려는 사람들을 패배시킨 것이었다.

그러나 20여 년이 지난 오늘날 우리는 상호에서 역사의 수레바퀴가 새로운 방향으로 굴러가고 있음을 목격한다. 호수는 다시 복원되었고 항주 정부는 상호를 유명한 서호(西湖)의 "자매호(姉妹湖)"로 선전하고 있다. 서호는 유명한 관광지이자 중국의 고대와 현대의 아름다움을 체현하는 명승지이다. 국가의 공식 기록은 편리하게도 오랜 파괴의 역사는 언급하지 않고 오늘날의 상호를 당송대 시인들이 찬양했던 영광스러운 풍경과 연결하고 있다.

작은 호수 하나를 중국 문명의 운명과 연결함으로써 쇼파의 방법론은 작은 이야기를 이용하여 큰 문제를 부각시키는 데 탁월한 성공을 이루었다. 상호의 영웅들은 자연 자원, 아름다운 풍광, 그리고 미래세대의 복지를 지켜야 한다는 의무감이 있었다. 우리와 마찬가지로 그들에게도 환경사는 도덕과 과학의 목표가 결합된 것이었다. 모기령을 비롯한 여러 사람이 호수를 보호해야 한다고 주장했다. 그러나 그들의 열정적인 주장은 역사 연구와 현지 조사로부터 도출된 객관적인 지식에 기반한 것이었다. 쇼파 역시 이제는 사라진 호수에 대한 비가를 통해 그의 가치관을 드러낸다. 이전 사람들과 마찬가지로 그는 오래전에 세상을 떠난 멀리 떨어진 지역의 지식인들이 벌인 투쟁을 다시 되살려냈다. "멀리 첩첩 산봉우리가 상호의 큰 기운을 비추네(疊嶂遲嵐, 映湘湖之豪氣)"라는 송대 학자 채반룡(蔡攀龍)의 말을 통해 쇼파는 그들의 관심과 우리의 관심을 하나로 연결한다.[21]

내 책 역시 호남성 동정호에서 수백 년에 걸쳐 비슷한 변화가 일어난 과정을 추적한 것이다.[22] 동정호는 상호보다 훨씬 크고 양자강 중류의 수리체계에서 핵심적인 부분이었다. 평소에 호남성의 주요 하천은 동정호에 모여 거대한 저수지를 형성했다가 천천히 양자강으로 흘러들어간다. 양자강이 범람하면 동정호는 물을 일부 흡수하여 홍수가 하류역에 끼치는 영향을 줄여주는 역할을 했다. 명대부터 청대까지 농민들은 호수 가장자리의 토지를 개간하고 쌀을 재배하여 강남 지역에 수출했다. 그러나 호수 주변의 토지 개간으로 호수의 표면 면적이 감소하면서 홍수를 예방하는 동정호의 기능도 약화되었다. 지방관들은 지나친 토지 개간의 위험성을 인식하기는 했지만 이에 대한 금지령은 큰 효과가 없었다. 더욱이 호남 산악지대에 정착한 사람들은 나무를 벌목하여 토양의 유실을 가중시켰다. 유

---

21 Keith Schoppa, *Song Full of Tears: Nine Centuries of Chinese Life around Xiang Lake*, p. 10.

22 Peter Perdue, *Exhausting the Earth: State and peasant in Hunan, 1500~1850*, Harvard University Press, 1987.

실된 토양이 하천을 따라 호수로 흘러들어옴에 따라 물을 보관하는 저수
지의 기능은 더욱 약화되었다. 동정호는 사라지지는 않았지만 크기가 급
격히 감소했으며 양자강 연안의 홍수는 더욱 빈번해졌다. 이러한 과정이
정점에 이른 것은 1931년 장강 대홍수로, 이때 5개 성에서 수백만 명이 목
숨을 잃었다.[23]

　　절강 상호 연구와 호남 동정호 연구를 어떻게 비교할 수 있을까? 동
정호가 위치한 호광 지역은 문화적으로 덜 선진적이었고 상호와 비교할만
한 아름다운 풍광도 없었다. 그러나 동정호의 북동쪽 구석에 있는 악양루
(岳陽樓)는 송대 범중엄(范仲淹)이 「악양루기(岳陽樓記)」를 쓰면서 유명해
졌고, 오늘날에는 'AAAAA급' 유명 관광지로 지정되어 있다. 그러나 동정호
역시 살아남기 위해 비슷한 고난을 겪어야 했다. 호수를 보존하려는 관리
들의 노력에도 불구하고 호수 주변의 토지를 개간하려는 시도가 계속되었
기 때문에 표면 면적이 줄어갔다. 쇼파가 소개한 상호의 시인과 역사가들
처럼 동정호를 지키려는 관리들은 초기 환경보호주의자들이었고, 홍수의
위험을 방지하려고 노력했다. 그들은 지역의 지주나 소작농들이 토지 개
간을 위해 제방(垸)을 세우고 호수를 여러 조각으로 나누려는 움직임에 맞
서 싸워야 했다. 관리들은 호수의 간척지를 세 종류로 나누고, 국가가 지원
했거나 허가한 간척지는 관완(官垸), 개인이 자금을 내고 국가가 허가한 간
척지는 공완(公垸), 그리고 국가의 규제를 어기고 건설한 불법 간척지는 사
완(私垸)이라 불렀다. 양자강 하류역에서 호남으로 이주민이 몰려들면서
사완이 급속히 증가했고 동정호 표면의 30퍼센트가 유실되었다.

23　David Pietz, *Engineering the State: The Huai River and reconstruction in Nationalist China,*
　　1927~1937, Routledge, 2002.

상호와 동정호의 역사는 자연 자원을 보호하려는 측과 사익을 위해 자연을 개발하려는 측의 갈등을 보여준다. 이 이야기들은 현대의 환경 보존 움직임에 교훈을 준다. 동정호에서 토지 개간을 추진한 것은 절박한 농민들이었던 반면 상호에서는 부유하고 권세 있는 종족집단이 사익을 추구했다. 그러나 환경의 변화는 비슷했다. 동정호에서 "공공의 이익을 위한 제방"을 뜻하는 공완이라는 용어가 사용되었고 19세기 절강에서 "사회(社會)"와 같은 조직이 만들어졌다는 것은 중국에서 국가와 개별 가구 사이에 사회 조직이 존재했음을 보여준다. 이것은 개별 가구의 자발적인 협조를 통해 더 큰 공동체를 위해 만들어졌다는 점에서 "공공의" 것이었고 환경 보호를 목적으로 하는 것이었다. 현대의 환경사학자들은 오늘날 비정부기구(NGO)라 불리는 이런 민간 조직이 공공의 이익을 위해 자연 자원을 보존하는 데 핵심적인 역할을 하고 있음을 알고 있다.

역사가들은 이와 비슷한 조직이 중화제국에서 상당 기간 존재했음을 보여주었다. 예를 들어 주산(舟山) 열도의 어업조직인 어사(漁社)는 어류의 개체수를 보호하기 위해 어선의 크기와 어획량을 규제했고, 어부를 지키는 수호신의 사당에 규정사항을 새겨두었다.[24] 그러나 이런 조직들에 의한 환경 보호는 작은 공동체 수준에서는 가능하지만 큰 단위에서는 불가능하다는 점에서 규모의 문제에 봉착했다. 상호와 같이 규모가 작은 곳에서는 적극적인 학자와 관리들이 파괴적인 환경 개발의 속도를 한 세기 이상 지연시킬 수 있었다. 동정호는 상호보다 공동체의 규모가 훨씬 컸고 양자강 중류역 전역에서 동정호와 양자강을 이용하는 다양한 사람 사이에 광범위

---

24 Mica Muscolino, *Fishing Wars and Environmental Change in Late Imperial and Modern China*, Harvard University Press, 2009.

한 갈등이 존재했기 때문에 관리들은 이를 효과적으로 관리할 수가 없었다. 주산 열도의 어부들 역시 일본의 산업적인 어업이 도래하자 자신들의 어장을 지킬 수가 없었다.

결론적으로 중화제국에는 환경을 보호하고자 하는 적극적인 집단, 관리, 민간 조직이 존재했다. 오늘날 중국에서 환경보호주의가 등장한 것은 단순히 서구 사상이 유입되었기 때문이 아니다. 그러나 이러한 집단은 규모가 너무 작고 취약해서 군사 안보, 정치 통제, 경제 이익이라는 더 강력한 힘에 저항할 수가 없었다. 현대의 환경보호주의자들은 그들보다는 더 크고 강력한 조직이 있지만 역시 비슷한 문제에 직면하고 있다.

2. 기근 구제

기근 구제 역시 환경사학자들이 여러 분석 범위를 넘어 연구할 수 있음을 보여주는 주제이다. 자연재해는 하나의 작은 지역에서 발생하지만 그 영향은 더 넓은 지역까지 미칠 수 있다. 이재민들은 재해 지역을 벗어나 인근으로 이주하고, 국가와 구제 조직은 물자를 재해 지역으로 운송한다. 재해는 정권의 정당성에 근본적인 영향을 끼칠 수 있으며 외세의 개입을 불러오기도 한다. 청대와 20세기의 기근에 관한 연구들은 재해의 영향이 광범위했음을 잘 보여준다.

1980년부터 역사학자 릴리안 리(Lillian M. Li, 李明珠)가 이끄는 일군의 학자들은 현대 중국의 식량 공급과 기근 문제를 연구하기 시작했다. 1980년에 하버드대학에서 열린 학제 간 학회에는 역사학자, 사회학자, 인류학자, 수리학자, 경제학자 등이 모여서 이 문제에 관한 공통의 관심사를 논의했다. 이 가운데 일부는 1982년 미국의 『아시아학보(Journal of Asian

Studies)』에 수록되었다.[25] 이후 청대 당안관에서 곡가와 미곡 저장량에 관한 대량의 자료가 확인되자 이들은 중화제국의 상평창 제도에 관한 공동 연구를 진행했다. 그 결과물은 1991년『백성을 부양하는 일: 1650~1850년 중국의 민간 곡창제도(Nourish the People: The State Civilian Granary System in China, 1650~1850)』라는 제목으로 출판되었다. 프랑스 학자 피에르-에티엔 윌(Pierre-Etienne Will)의 1744년 북중국의 기근 구제에 관한 연구는 1980년에 프랑스어로 출판되었고 1990년에 영어로 번역되었다. 릴리안 리는 2007년에 청대와 20세기 북중국의 회하(淮河) 유역의 기근 구제에 관한 탁월한 연구를 발표했다. 헬렌 던스턴(Helen Dunstan)은『황조경세문편(皇朝經世文編)』의 기록과 당안 자료를 바탕으로 청대 곡물 분배를 둘러싼 논쟁을 세밀하게 검토했다.[26]

지난 20년 동안 서구학계는 기근과 구제 문제를 계속 연구해왔다. 중국에서는 1937년 등운특(鄧雲特)의 선도적인 연구부터 2000년대 이문해(李文海)와 하명방(夏明方)의 연구에서도 이와 비슷한 학문적 흐름을 찾을 수 있다.

여러 분석 범위를 연결하는 문제와 관련하여 여기에서는 기근 구제에 관한 또 다른 연구 방법을 소개하고자 한다. 캐스린 에저튼-타플리(Kathryn Edgerton-Tarpley)의 저서『철루도(鐵淚圖, Tears from Iron)』는 1876~1879년 북중국의 대기근을 정량적 접근이 아닌 문화적 접근으로 분

---

25 Lilian M. Li, "Introduction: Food, Famine and the Chinese State," *Journal of Asian Studies* 41:4 (1982), pp. 687~710.

26 Pierre-Etienne Will, *Bureaucracy and Famine in Eighteenth-Century China*, Stanford University Press, 1990; Helen Dunstan, *State or Merchant? Political Economy and Political Process in 1740s China*, Harvard University Press, 2006; Lilian Li, *Fighting Famine in North China: State, Market, and Environmental Decline, 1690s~1990s*, Stanford University Press, 2007.

석한 책이다.[27] 저자는 산서의 기근이 그렇게 심각해진 배경으로 경제적 쇠퇴를 자세히 설명하지만, 책의 초점은 강남의 지식인과 상인 및 영국과 미국의 기근 구제 활동가들, 이 두 집단의 활동에 관한 것이다. 매우 다른 두 집단의 활동을 검토함으로써 저자는 산서 대기근 구제 활동의 성과는 실제로 대규모의 전 지구적 경향에 의존하였음을 보여준다. 상해 매판자본 계급의 성장과 국제 선교사 조직의 자선사업 참여가 중국 내지로 식량을 공급하려는 외국인과 중국인의 광범위한 노력을 가능하게 만들었던 것이다.

미국의 유명한 사회 참여 지식인이자 활동가인 마이크 데이비스(Mike Davis)는 그의 책 『후기 빅토리아 시대의 대학살(Late Victorian holocausts)』에서 산서 대기근을 매우 다른 관점에서 분석한다.[28] 저자에 따르면, 산서 대기근은 19세기 말 저개발 지역에서 나타난 세계적 기근 현상의 일부였다. 기근의 주된 원인은 지구의 기후변화와 자본주의적 제국주의의 근본적인 역학관계에서 비롯된 것이었다. 두 저자 모두 산서의 사례를 더 큰 서사 속에 포함했지만 서로 다른 정치적·역사적 관점의 영향을 받아서 그들의 서술 내용은 매우 다르다.

화북 대기근은 중화제국의 오랜 기근의 역사에서 가장 심각한 사례로, 1876년부터 1879년까지 산서·섬서·하남·직예·산동의 다섯 개 성이 영향을 받았다. 한 목격자는 다음과 같이 말했다.

---

27 Kathryn Edgerton-Tarpley, *Tears from Iron: Cultural Responses to famine in nineteenth-century China*, University of California Press, 2008 (중국어 번역본: 艾志端 著, 曹曦 譯, 『鐵淚圖-19世紀中國對於饑饉的文化反應』, 江蘇人民出版社, 2011).

28 Mike Davis, *Late Victorian holocausts: El Niño famines and the making of the third world*, Verso, 2001.

들에는 푸른 풀이 없고 집에는 밥 짓는 연기가 끊어졌다. 사람들은 쥐를 잡고 참새를 잡으러 망을 펼치고 밀 껍질을 빻고 마른 풀로 떡을 만든다. 오호라, 이것이 어찌 음식이겠는가. 사람이 죽으면 다른 사람이 그들을 먹고, 사람을 먹은 사람이 또 죽는다. 사람이 죽으면 역병이 일어난다. 역병에 걸린 사람이 죽으면 사람들은 역병으로 죽은 사람을 먹고 그래서 더 많은 사람이 죽는다. 죽음이 또 다른 죽음을 부른다.[29]

기근의 중심지였던 산서에서는 인구의 삼분의 일 이상이 굶어죽거나 병으로 죽거나 다른 지역으로 떠나갔다. 총 사망자 수는 1,500만 명에 달한 것으로 추측된다. 에저튼-타플리는 주로 희생자들 본인과 기근 구제 활동가들이 기근에 대해 보인 문화적 반응에 주목한다. 저자의 분석은 산서성의 지역 연구일 뿐 아니라 산서 대기근이 화북의 다른 지역, 중화제국, 그리고 중국 너머 세계에 미친 광범위한 영향에 대한 연구이기도 하다. 호수에 떨어진 돌멩이가 파문을 일으키듯이 화북의 기근은 재해를 입은 지역으로부터 멀리 떨어진 지역까지 일련의 원거리 연결망을 통해 원을 그리며 퍼져갔다.

사가복(謝家福, 1847~1896)은 상해 출신의 부유한 자선사업가로 전자림(田子琳)이 그린 「하남기황철루도(河南奇荒鐵淚圖)」를 출판했다. 이 책자는 기근의 참혹한 결과를 서술하여 희생자에 대한 동정심을 불러일으키고, 중국인과 서양인 독자들에게 후원금을 모집하려는 목적으로 만들어졌다. 이것은 강남 지역의 중국 지식인과 상인 엘리트 사이에서 널리 유통되었다. 한문 경전을 영어로 번역해온 선교사 학자 제임스 레게(James Legge)

29 Edgerton-Tarpley, *Tears from Iron: Cultural Responses to famine in nineteenth-century China*, p. 1 (원문 출전: 『四省告災圖啓』 首卷, 『齊豫晉直賑捐征信錄』 1881년, 4:26b).

[삽화 4] 하남기황철루도(河南奇荒鐵淚圖)

는 미국과 영국의 후원자들에게 자금을 모집하려고 이 책자를 영어로 번역했고, 중국 기근구제 기금 위원회(Committee of the China Famine Relief Fund)는 이 번역본을 미국과 영국에 배포했다.[30]

에저튼-타플리는 기근과 이의 구제를 위한 국제적인 노력이 어떠했는지 설명하고 중국과 서양 문화 속에서 자연재해가 어떻게 해석되었는지 분석했다. 여기에서 기근은 하나의 거대한 미시사가 되었다. 이 사건을 통해 저자는 오랫동안 중국과 서양을 특징지어온 강력한 힘과 신앙 체계에 대한 해석을 끌어낸다.

중국 신사들의 시각에서 볼 때 기근은 도덕적 해이의 암시이자 결과였다. 부자는 인색하고 정부는 허약하고 무능했으므로 하늘이 중국 백성을 벌한 것이었다. 기근은 불가피한 운명의 움직임이자 자연의 힘과 인간의 활동이 상호작용한 인과응보였다. 천지간의 조화를 회복하는 최선의 방법은 선의를 가진 신사와 관리들이 구제 자금을 기부하여 화북의 굶주린 사람들을 돕는 자선활동을 하는 것이었다. 상해의 상인들은 자신들의 운명이 화북 사람들의 복지와 서로 연결되어 있다고 생각했다. 그들은 지금 후하게 기부하면 사후에 하늘의 심판을 받으러 갔을 때 보답을 받을 것이라고 여겼다.

서양 선교사들은 기근이 하늘의 심판과 인간의 죄에 대한 처벌이라는 관점에서는 중국 신사들과 생각이 비슷했지만 그들의 해법은 기술적 진보에 있었다. 그들이 보기에 기근은 교통 불편, 상업의 쇠락, 물질적 불안정성, 정부의 무능, 그리고 지역의 반란이 초래한 결과였다. 미국과 영국

---

30   미국 MIT 대학의 웹사이트 "MIT Visualizing Cultures"(visualizingcultures.mit.edu)는 예일 대학 신학도서관에 소장된 「河南奇荒鐵淚圖」의 영문판과 중문판의 디지털 이미지를 소개하고 있다.

의 청중으로부터 기부금을 모으려고 선교사들은 중국 신사들이 했던 방식대로 동정심을 불러일으키는 이미지와 언어를 활용했다. 그러나 서양 선교사들은 중국 내에서는 굶주린 사람들에게 어떻게 식량을 운반할 것인가에 초점을 맞추었다. 이들은 중국이 앞으로의 재해를 방지하려면 도로와 운송망에 더 많은 투자를 해야 한다고 주장했다.

두 집단 모두 서구 제국주의가 청의 기근 구제에 끼친 부정적인 영향을 강조하지 않았고 청의 무능과 부정을 직접 공격하지도 않았다. 두 집단은 양자의 문화적 차이를 넘어 작동하는 인간의 동정심에 대한 믿음을 바탕으로 움직였다.

반면에 마이크 데이비스는 19세기 말 서구 제국주의가 중국뿐 아니라 전 세계에 끼친 부정적인 영향을 강조한다. 『후기 빅토리아 시대의 대학살』은 19세기 말 인도, 브라질, 아프리카, 중국 등 전 세계에서 발생한 일련의 기근 현상을 한 과정의 일부로 설명한다. 기근을 가져온 것은 전 지구적 기후변화와 자본주의적 제국주의의 역학이라는 두 가지 물질적 조건이었다. 기근은 모두 영국이 지배하는 식민지 혹은 반식민지 지역에서 발생한 것이었다.

저자는 엘니뇨 남방 진동(El Niño Southern Oscillation)이라는 19세기 말의 기후 사건에 주목한다. 몬순 강우는 평소에는 인도와 동남아시아에 내리지만, 엘니뇨 남방 진동 기간에는 태평양 쪽으로 동진함에 따라 인도에는 심각한 가뭄이 발생하고 태평양 반대편의 페루 해안에서는 폭우가 내린다. 저자에 따르면 엘니뇨 남방 진동 현상은 중국 북부, 브라질, 아프리카 등 다른 지역의 강우량에도 영향을 미친다.

저자는 엘니뇨 남방 진동에 따른 강우량의 부족으로 전 세계 곡물 수확이 피해를 보았다고 주장하지만, 그가 기후 결정론자인 것은 아니다. 정부가 강우량 부족에 어떻게 대처하느냐에 따라 수백만의 사람이 굶주리게 될지 아닐지가 결정되었다. 영국 빅토리아시대의 자유무역 이데올로기에 따르면 정부는 곡물 시장의 움직임에 개입해서는 안 되었다. 정부는 자유로운 시장 가격이 상인들에게 동기를 부여하여 부족한 지역으로 곡물을 운송하게 내버려 두어야 했고, 가격을 정하거나 정부의 예산을 이용하거나 구제 물자를 이용하여 시장에 개입해서는 안 되었다. 데이비스는 특히 인도 총독이었던 커즌 경(Lord Curzon)을 비난했는데, 그는 이러한 경제 원칙을 지키기 위해 수백만 명의 사람을 기아로 몰고 간 인물이었다.

> 수백만의 사람이 사망한 것은 그들이 '근대세계체제'의 밖에 있었기 때문이 아니라, 바로 세계체제의 정치 경제 구조로 강제 편입되는 과정에서 발생했다.[31]

저자는 중국의 기근에 관해 논하면서 아편전쟁 기간에 청이 크게 약화되어 정부가 효과적인 기근 구제 활동을 할 수 없게 만들었다고 영국을 비난한다.

> 청의 무역 적자가 급증한 것은 애초에 영국의 마약류로 인해 인위적으로 조성된 것이었고, 이것은 가뭄과 홍수에 대해 제국이 세워둔 일차방어선인 상평창의 쇠퇴를 가속화시켰다.[32]

데이비스와 에저튼-타플리는 기근의 원인과 구제 활동의 효율성을

31　Davis, *Late Victorian holocausts*, p. 9.
32　Davis, *Late Victorian holocausts*, p. 12.

매우 다르게 해석한다. 그러나 그들 모두 새로운 방법론을 활용하여 화북의 지역적 기근을 전 지구적 조건과 연결한다. 에저튼-타플리는 기근 구제 활동을 추진한 사람들 스스로 공표했던 문화적 종교적 관점을 따르는 반면, 데이비스는 당시 행위 주체자들은 인식하지 못했지만 지구적인 기후의 힘이 작동했으며 특정 이데올로기가 전 세계 영국 관리들의 대응 방식을 만들어냈다고 주장했다.

　　이 두 방법론은 모두 가치가 있지만 여전히 한계가 있다. 에저튼-타플리의 접근법은 중국인과 서양인의 구제 활동을 궁극적으로 모두 무력화시킨 물적 요소를 간과하고 있다. 그들의 선의와 노력에도 불구하고 중국인과 서양인 후원자들은 화북의 굶주린 사람들 가운데 극히 일부만을 도왔을 뿐이다. 반면 데이비스는 기후에 대한 유물론적 관점과 제국주의가 초래한 해악에 모든 잘못을 덮어씌운다. 그러나 우리는 다른 중요한 요소, 즉 청 관리들의 전략적 사고도 고려해야 한다. 1870년대 청은 데이비스가 주장하듯이 그렇게 취약하지 않았다. 두 차례 아편전쟁에 대한 배상금은 청의 전체 예산에서 상대적으로 적은 액수였으며, 1860년대 설립된 이금세나 관세 수입은 영국뿐만 아니라 청에게도 안정적인 조세 수입원을 확보해주었다. 태평천국운동은 진압되었고 자강운동이 시작되었다.

　　1874~1877년에 화북에서 기근이 시작되기 직전에 이홍장(李鴻章, 1823~1901)과 좌종당(左宗棠, 1812~1885)은 자강운동을 위한 자금을 어떻게 배분할 것인가를 둘러싸고 유명한 논쟁을 벌이고 있었다.[33] 이홍장은 재원의 대부분을 해군 건설에 투입하여 일본에 대항하자고 주장한 반

33　Immanuel C. Y. Hsu, "The great policy debate in China 1874: Maritime defense Vs. Frontier Defense," *Harvard Journal of Asiatic Studies* 25 (1964~65), pp. 212~228.

면, 좌종당은 러시아에 대적할 군대를 건설해야 한다고 주장했다. 일본은 1874년 오키나와를 점령했다가 청이 50만 냥의 배상금을 지불한 후에야 후퇴했다. 러시아는 야쿱 벡이 신강에서 반란을 일으키는 동안 일리를 점령했다. 이홍장에게 신강은 방어할 가치가 없는 곳이었다. 그는 이 지역을 토착 수령이 지배하는 자치구역으로 만들고 소규모의 군둔만 설치하자고 제안했다. 그러면 적어도 천만 냥은 아낄 수 있을 것이므로 이것을 해안 경비 부대 건설에 사용할 수 있다는 것이었다.

좌종당과 그의 지지자들은 러시아의 위협은 "심장과 위장에 병이 든 것이니 가깝고 심각한 것"인 반면, 해상의 위협은 "팔다리가 아픈 것과 같아서 멀고 가볍다"라고 주장했다. 그는 서북 지역에서 대규모 군사활동이 필요함을 주장하기 위해 건륭제가 몽골과 신강 정복에 성공한 역사를 상기시켰다. 결국 청은 좌종당의 군사계획을 승인하고 그에게 5,100만 냥을 주어 신강을 수복하고 러시아인을 쫓아내게 했다. 이홍장의 해군에게는 1년에 겨우 400만 냥이 지급되었다. 이홍장과 좌종당은 모두 정부의 자금을 보충하려고 상해 상인들에게 돈을 빌렸다. 좌종당은 심지어 러시아인들에게 곡식 550만 킬로그램을 빌려서 서북 지역의 농민을 구제하는 데 사용했다.[34]

1894~1895년 청일전쟁에서 일본이 승리하자 청이 잘못된 결정을 내린 것처럼 여겨졌다. 그러나 이러한 판단은 시대착오적이고 1870~1880년대 청의 전략적 판단을 고려하지 않은 것이다. 좌종당은 1884년 신강에서 러시아를 몰아내는 데 성공함으로써 중앙유라시아 변경을 보호할 군사력이 필요하다는 자신의 주장을 정당화했다. 일본과 대적한 청의 해군은 사

---

34 Peter C. Perdue, "Zuo Zongtang," David Pong ed., *Encyclopedia of Modern China* (Gale Cengage Learning, 2008), pp. 367~368.

실 규모 면에서 일본을 압도했다. 청이 실패한 이유는 자금이 부족해서라 기보다 군대를 제대로 조직하지 못했기 때문이었다.

청일전쟁에서 중국의 패배를 어떻게 해석하느냐와 무관하게 우리가 기억해야 할 점은 이홍장과 좌종당의 차이가 무엇이든, 그들이 중국 변경 지역의 군사·경제 개발에 초점을 맞추고 화북의 심장부를 소홀히 했다는 사실이다. 이홍장은 정부 기금의 일부를 기근 구제에 사용했다. 산서에만 70만 냥이 직접 구제 비용으로 투입되었고 27만 냥이 토지세와 관세를 유 지하는 데 사용되었다. 다른 성들도 산서에 150만 냥을 대여했다. 그러나 민간 구호금은 1,200만 냥에 달했고 국제적인 구제기금 20만 냥이 여기에 추가되었다. 따라서 민간의 구호활동이 정부의 지출보다 훨씬 컸다. 구제 비용을 모두 합쳐도 좌종당의 군사작전에 들어간 비용이나 이홍장의 함대 에 투입된 정부 자금과 대출금보다 적었다.

화북의 기근을 심각하게 만든 두 번째 결정적인 요인은 화북의 도로 사정이었다. 구제활동에 관한 선교사의 보고서에는 기근 지역으로 곡식을 운반하기가 어렵다는 말이 자주 등장한다.

> 총독의 부하들은 천진과 기타 지역에서 곡식을 대량으로 구입했지만, 산서와 인접 성 에는 곡식을 운반할 동물이 충분하지 않았다. 상황이 이렇게 되면, 산골짜기 도로가 너 무 좁으므로 짐꾼들의 절반은 밤에 나르고 나머지 절반은 낮에 날라서 산길 한가운데 에서 대기하느라 운송이 지체되는 것을 막아야 한다고 하는 것은 대수롭지도 않다.[35]

---

35 China Famine Relief Committee, *The Great Famine*, p. 49; Peter C. Perdue, "What Price Empire? The Industrial Revolution and the Case of China," Jeff Horn, Leonard N. Rosenband & Merritt Roe Smith eds., *Reconceptualizing the Industrial Revolution* (MIT Press, 2005), pp. 309~328.

청은 왜 화북의 도로 건설에 투자하지 않았을까? 도로를 건설했다면 수백만 명을 살렸을 뿐 아니라 지역의 경제 개발도 촉진했을 것이다. 에저튼-타플리가 언급했듯이, 17~18세기 산서는 부유한 상업지역이었으나 이후 상업망이 변하고 지방정부가 쇠락하면서 낙후되었다.

사실 청의 관리들은 멀리 중앙아시아에 있는 제국의 영토를 지키려고 화북의 주변부 지역을 희생시키기로 선택한 것이었다. 산동의 주변부 지역에 대한 케네스 포머란츠(Kenneth Pomeranz)의 연구는 이와 유사한 방임 정책으로 19세기 말 산동의 농촌 지역에서 환경이 악화하는 과정을 설명한다.[36]

따라서 에저튼-타플리와 데이비스가 강조하는 기후, 물질, 문화적 요소에 더하여 국가의 정치적 결정에도 주의를 기울일 필요가 있다. 중국은 인도와 같이 인종적으로 완전히 다른 통치 엘리트가 자신들의 경제적 이익을 위해 식민지를 통치하는 식민 정권이 아니었다. 청대 엘리트는 만주인, 한인, 몽골인이 결합된 집단으로, 이들은 백성들의 복지를 지켜야 한다는 생각을 공통으로 갖고 있었다. 조약항에서 외세에 주권을 할양하고 외국의 투자에 의존했다는 점에서 중국은 비록 "반식민지"로 불리기는 했지만, 청은 여전히 강력한 중앙권력을 보유하였고 스스로 전략적 경제적 결정을 내릴 수 있었다. 기근 구제가 제대로 이루어지지 않은 중요한 이유는 청의 전략적 우선순위에 따라 화북의 기반 시설 개선보다 변경 지역 방어에 더 많은 자원을 사용했기 때문이라는 것을 이해해야 한다.

이 사례는 기근과 자연재해가 여러 범위에서 모든 정치 구조에 심각

---

36 Kenneth Pomeranz, *The Making of a Hinterland: State, Society, and Economy in Inland North China, 1853~1937*, University of California Press, 1993.

한 충격을 끼친다는 것을 보여준다. 자연이나 경제적인 힘과 마찬가지로 정치 역시 여러 범위에서 작동하며 지정학적 전략과 지역에 대한 투자를 연결시킨다. 따라서 재해가 사회에 끼치는 영향을 완전하게 이해하려면 우리는 자연, 경제, 정치적 요소를 결합한 통합적인 설명을 찾아야 한다.

3. 변경의 종말

이제 우리는 전 지구적 범위의 환경사를 살펴볼 때이다. 물론 이렇게 큰 규모의 역사를 서술하는 데는 많은 어려움이 있다. 이런 종류의 역사로 가장 널리 알려진 장르는 세계사 교과서이다. 이것은 초보 단계의 학생에게 역사를 소개하려면 반드시 필요하지만, 이러한 교과서를 집필하는 사람들은 여러 가지 난관에 직면하게 된다. 저자들은 여러 복잡한 과정을 매우 단순하고 명확하면서도 흥미롭게 서술해야 하고 동시에 전 세계 모든 인류의 역사에서 발생한 일을 일관성 있게 그려내야 한다. 이것은 어렵지만 매우 중요한 작업이다. 모든 지역의 학생들은 세계사에 대한 기본적인 배경 지식이 있어야 한다. 학생들은 세계사를 단순히 시험을 위해 암기해야 하는 사실들이 아니라 인간 공동체에 대한 통합적인 서술로 이해해야 한다.

세계사 수업은 미국의 여러 대학에서 점차 인기를 끌고 있으며 이러한 학습 시장을 위한 교과서는 수요가 계속 커지고 있다. 몇몇 학자들은 세계사 교과서 집필을 위한 협업을 시작했고, 이 가운데 일부는 환경사와 변경사를 중심 주제로 삼고 있기도 하다.[37]

---

37 Richard Bulliet, Pamela Crossley, et al, eds., *The Earth and its Peoples: A Global History* (second edition), Houghton Mifflin Company, 2001; John Coatsworth, Juan Cole, Michael Hanagan, Peter C. Perdue, Charles Tilly, Louisa A. Tilly eds., *Global Connections: Politics, Social Life, and*

여기에서 나는 16~18세기 전 지구적 변경과 상품 교역의 확대 과정을
특정 범위에서 분석한 연구들을 소개하고자 한다. 듀크 대학의 역사학자
존 리처드(John Richards)는 원래 인도 무굴 제국사를 연구하는 학자였으
나, 연구 범위를 확대하여 전 지구적 변경사에 대한 개설서인 『끝나지 않
는 변경(The Unending Frontier)』을 2003년에 출판하고 얼마 후 사망했다.[38]

리처드의 변경 분석은 프레데릭 잭슨 터너의 미국 변경 정착 이론과
비슷한 점이 있지만, 리처드는 터너의 시야를 전 지구적 수준으로 확대했
다. 리처드는 16~18세기에 걸쳐 전 세계의 변경 지역에서 이주민의 정착,
국가의 정복, 상업적인 통합 등 비슷한 현상이 발생했음을 발견했다. 『끝
나지 않는 변경』은 브라질, 멕시코, 시베리아, 대만, 만주, 일본, 영국, 북미,
아프리카, 인도 등 여러 지역을 장별로 나누어 요약 설명한다. 이 책의 서
론에는 기후변화에 관한 중요한 설명도 포함되어 있다. 이어서 저자는 정
주 농경 지역을 넘어 해상의 고래잡이 및 캐나다, 북미, 러시아의 모피 동
물 사냥으로 분석 범위를 확대한다.

18세기 말에 이르러 공격적인 초기 근대 자본주의가 지원하는 팽창
적인 제국들이 세계의 모든 변경 지역으로 침투해 들어갔다. 그들은 나무
를 베고 동물을 사냥하고 사탕수수를 추출하고 차, 커피, 그리고 다른 열
대와 산악지대의 물품을 생산하여 그들의 강력한 국가의 중심부로 가지고
가서 팽창하는 도시의 소비자들에게 분배했다. 리처드는 이것이 서유럽만

Exchange in World History, Cambridge University Press, 2015.

38   John F. Richards, *The Unending Frontier: An Environmental History of the Early Modern
World*, University of California Press, 2003; Richard M. Eaton, et al. eds., *Expanding Frontiers
in South Asian and World History: Essays in Honour of John Richards*, Cambridge University
Press, 2013.

의 현상이 아니었음을 강조한다. 명청 시대 중국이 서남 지역, 대만, 몽골로 팽창하는 과정 역시 비슷했으며 도쿠가와 일본, 러시아, 식민지 멕시코와 브라질 역시 마찬가지였다. 새로운 정착민들이 삼림, 초원, 정글을 베어냄에 따라 자연으로부터 보호받던 지역의 원주민들은 독립을 상실하게 되었다. 인간과 동물을 위한 피난처로 남아 있던 세계의 광대한 지역이 거대한 제국과 자본주의 사회의 일부로 편입되어갔다.

리처드에게는 변경의 파괴를 촉발한 두 가지 기본적인 원인은 자본주의의 팽창과 사회 조직이었다.

두 가지 발전 사이에 중요한 국면이 발생했다. 하나는 유럽의 근대 초기 자본주의 사회의 팽창적인 동력이고 또 하나는 전 세계는 아닐지라도 유라시아 전역에서 결정적인 한계점에 이른 것으로 보이는 인간 조직의 공통적인 진화 과정이다.

유라시아, 아프리카, 그리고 아마도 신대륙에서 인간 조직, 특히 국가와 유사 국가조직은 더 커지고 복잡해지고 효율적으로 변해갔다. 계속된 시행착오로부터 학습하고 적응함으로써 근대 초기 국가의 통치자와 엘리트들은 이전 시대보다 더 효과적으로 점령지의 기본적인 공공질서를 유지할 수 있었다. 그들은 새로운 화포를 효율적으로 사용할 수 있는 군대와 해군을 더 많이 동원하고 배치했다. 그들은 분산된 정치 조직을 하나의 권력 체제 아래로 통합하는 데 이전 시대의 통치자들보다 더 뛰어났다. 그들은 조공품보다는 세금을 징수하는 데 더 뛰어났으며, 더 큰 예측성과 규칙성을 가지고 공공 정책과 상대적 생산성을 파악했다. 그들은 자신의 권위를 합법화하고 신민들에게 호소할 수 있는 이념과 원칙을 표현하는 데 이전 시대의 통치자들보다 더 뛰어났다.

존 리처드의 연구는 긴 시간과 넓은 공간을 다루고 있지만, 초기 근대 세계의 두 가지 핵심적인 과정을 매우 간단명료하게 설명한다. 그의 서술은 새로운 변경으로 침투해 들어간 정착민, 상인, 병사의 관점이 어떠했는지 보여준다. 그러나 그는 변경 지역 현지인들이 어떤 활동을 했으며 그들이 자신들의 공간에 침입한 제국과 초기 자본가들에게 어떻게 대응했는지는 설명하지 않는다. 현지인들의 반응은 마찬가지로 복잡했으며 다양한 결과를 가져왔다. 아메리카 원주민들의 경우에는 질병으로 많은 수가 사망했다. 시베리아 원주민들은 러시아인들의 모피 강탈에 굴복하여 러시아 신민이 되었다.[39] 시베리아의 "작은 민족들"보다 강력했던 몽골인들은 강력한 군사동맹을 형성하여 한인과 러시아인의 침입에 오랫동안 저항했다. 대만과 서남 중국에서 고산지대의 사람들 역시 정착민들의 침입에 대항하거나 더 외진 곳으로 달아났다. 우리는 팽창하는 국가와 자본가들뿐만 아니라 현지인들의 대응에 대해서도 주의를 기울일 필요가 있다.

이들의 저항 능력은 그들이 사는 환경조건에 따라 결정되었으므로 그들의 대응 양상도 다양했다. 그럼에도 불구하고 몽골인과 같은 유목민이나 서남 지역의 고산지대 사람들은 저지대의 한인 정착민과는 다른 공통점이 있었다. 유목민과 고산지대 사람들의 생산방식은 모두 이동성이 매우 강했다. 유목민은 계절에 따라 이곳저곳으로 이동하는 목축에 의존하여 살았다. 고산지대 사람들은 화전 농업을 했는데, 이들은 땅을 불태우고 베어내어 몇 년간 곡식을 심다가 다른 고산지대로 이동하여 새로운 토지를 경작했다. 그들은 15년 정도 지나 초목이 자라면 다시 원래의 땅으로

---

39 Yuru Slezkine, *Arctic Mirrors: Russia and the Small Peoples of the North*, Cornell University Press, 1994.

돌아왔다. 유목민과 고산지대 사람들의 사회는 한인 정착민들보다 더 평등했다. 몽골 여성은 한인 여성보다 자유로웠고 경제적으로 더 중요한 지위를 누렸다. 남자들이 사냥하거나 전쟁에 나가 있는 동안 여성들은 가축을 관리했다. 몽골 여성은 물론 전족을 하지 않았으며 아내와 어머니는 중요한 정치적 영향력을 행사했다. 남중국 고산지대의 여성도 한인 여성보다 더 자유로웠다. 이들 지역에 처음 방문한 한인 여행객들은 원주민들의 성적 자유에 충격을 받곤 했다. 어떤 여행객들은 대만 원주민을 진(秦)대 "서복도(徐福島)"로 파견되었다가 정착한 사람들의 후손이라고 생각했고 대만을 원시적인 이상사회로 여겼다.[40]

이동하는 사람들은 대개 문자가 없었으나 유목민들은 주변 정주사회의 압력에 대응하여 얼마간의 문헌 자료를 만들기도 했다. 그들의 문자를 읽어보면 유목민들이 정주 제국과 대적하면서 이들의 의도를 매우 의심하고 있었음을 알 수 있다. 예를 들어 8세기 고대 튀르크어 비문에서 빌게 카간은 한인의 재물에 유혹되는 것을 다음과 같이 경계한다.

> 한인들은 우리에게 많은 양의 금은과 비단을 준다. 한인들의 말은 언제나 달콤하고 한인의 재물은 언제나 부드럽다. 달콤한 말과 부드러운 재물들로 속여서 한인들은 먼 곳의 사람들을 가까이 불러들인다고 한다… 그들의 달콤한 말과 부드러운 재물을 받고 나서 너 투르크인들은 무수히 죽임을 당했다. 오호, 투르크인들이여, 너희는 남쪽 한인들과 가까이 살면 죽게 될 것이다… 너희가 외튀켄 지역에 머물며 그곳에서 대상(隊商)을 보내면 너희는 아무 문제가 없을 것이다. 너희가 외튀켄 산(山)에 머물

---

40 Emma J. Teng, "An Island of Women: The Discourse of Gender in Qing Travel Accounts of Taiwan," *International History Review* 20:2 (1998), pp. 353~370.

면 너희는 영원히 여러 부락을 지배하며 살 것이다.[41]

　비문의 저자들은 제국이 요구하는 한화(漢化) 혹은 동화를 적극적으로 수용하지 않았으며, 동시에 지나가버린 과거의 관행을 그리워하지도 않았다. 그들은 자기 문화를 변화시키려는 중화제국의 시도를 그들 인민과 국가의 자율성에 대한 명확한 위협으로 인식했다.

　정치학자인 제임스 스콧(James C. Scott)은 이러한 관점을 발전시켜 그의 저서 『조미아, 지배받지 않는 사람들(The Art of Not Being Governed)』에서 고산지대와 저지대 사회의 관계를 훨씬 체계적으로 분석했다.[42] 그는 네덜란드 역사학자이자 지리학자인 빌렘 판 스헨델(Willem van Schendel)의 제안에 따라 아시아의 공간을 "조미아(Zomia)"라는 새로운 사고방식으로 이해한다.[43] 판 스헨델이 말하는 "조미아"는 동남아시아 산악지대의 사람들이 사용하는 지역 용어로 "산악지대 사람들"을 뜻한다.

　스콧은 조미아를 대부분의 일반적인 지도에서 보이듯이 수평적으로 정의하지 않고 삼림, 정글, 고원지대에 위치한 수직적인 공간으로 설명한다. 조미아는 인도 동부, 버마 북부, 태국, 베트남, 중국 남서부에 걸친 넓은 지역에 퍼져 있으며, 칭하이, 티베트, 아프가니스탄, 그리고 사천과 대만 일부를 포함하기도 한다.

41　Talat Tekin, *A grammar of Orkhon Turkic*, Indiana University Press, 1998.

42　James C. Scott, *The Art of Not Being Governed: An Anarchist History of Upland Southeast Asia*, Yale University Press, 2009 (제임스 C. 스콧 지음, 이상국 옮김, 『조미아, 지배받지 않는 사람들: 동남아시아 산악지대 아나키즘의 역사』, 삼천리, 2015).

43　Willem van Schendel, "Geographies of knowing, geographies of ignorance: Jumping scale in Southeast Asia," *Environment and Planning D: Society and Space*, 20:6 (2002), pp. 647~668.

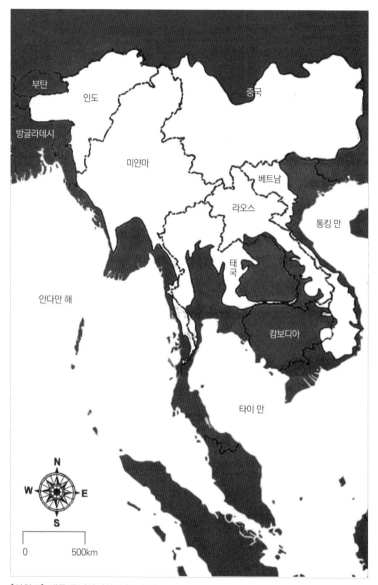

[삽화 5] 대륙 동남아시아의 '조미아'

출전: 제임스 C. 스콧 지음, 이상국 옮김, 『조미아, 지배받지 않는 사람들: 동남아시아 산
악지대 아나키즘의 역사』, 삼천리, 2015, p. 57

스콧에 따르면 조미아 지역에서는 특별한 성격의 사회가 발전했다. 이곳은 국가권력으로부터 도피하고 저항하려는 사람들로 이루어진 곳으로, 저지대 국가의 세금 징수, 군대 징발, 경찰력으로부터 벗어나려고 이곳으로 도망쳐 왔다. 중국 서남부의 소수민족을 지역 토착민으로 정의하는 중국의 전통적인 민족 이데올로기와 달리, 스콧은 이 지역의 사람들은 대부분 현지의 원주민이 아니라는 점을 보여준다. 그에 따르면 중국인, 버마인, 라오스인, 베트남인 등 매우 다양한 사람이 저지대에서 달아나 새로운 민족 집단으로 "변화했다". 그들은 산악지대에서 더욱 평등주의적인 사회를 건설하고 여성에게 더 높은 지위를 부여했다. 또한 그들은 "농경으로부터 도피"했는데, 이동성 농경 덕분에 국가의 관리가 접근해오면 그들은 신속하게 이동할 수 있었다. 스콧의 주장 가운데 가장 논쟁적인 부분은 많은 산악지대 사람들이 국가로부터 자신을 보호하고자 문자를 포기했다는 내용이다. 이들에 대한 많은 전설은 그들이 문자를 사용하던 시기에 관해 설명하지만, 그들은 자신들의 문자를 "잊어버렸다". 야오(瑤)족이나 나시(納西)족 등은 문자를 종교의식에서만 사용하고 일상 언어는 문자로 기록하지 않았다. 스콧에 따르면 문자 기록이 없으면 국가가 사람들을 추적할 수 없다는 점에서 이러한 망각은 고의적인 것이었다. 집안의 계보는 구술로만 전달되었고 중국에서처럼 문자 기록으로 남겨지지 않았다.

조미아 사회의 특징은 저지대의 국가가 산악 지역으로 완전히 침투한 20세기에야 비로소 사라졌다. 스콧의 서술은 존 리처드의 변경에 대한 해석과 유사하지만, 산악지대에서 변경이 최종적으로 사라진 것은 2세기 후였다. 그러나 산악지대의 무정부 사회에 대한 기억과 유산은 이 지역의 많은 사람 사이에 여전히 남아 있다.

스콧의 조미아 모델은 아시아의 공간을 새로운 방식으로 생각하게 만드는 매우 강력한 개념이다. 그의 책은 주로 동남아시아 역사를 분석했음에도 불구하고 중국 근대사 분야의 최우수 도서로 선정되어 2010년 미국 역사학회의 존 K. 페어뱅크 상을 수상했다.

스콧과 리처드는 모두 중국의 변경사 연구에 매우 중요한 영감을 제공한다. 여기에서 나는 그들의 통찰력을 바탕으로 등장한 새로운 연구들을 간단히 소개하고자 한다.

먼저 19세기 운남과 귀주에 대한 다음의 인용구들을 살펴보자.

> 지도 제작은 어렵지만 특히 귀주성의 지도 제작은 더 어렵다. (중략) 귀주 남쪽 지역은 그 경계가 어지럽고 서로 복잡하게 얽혀 있다. 한 주(州)나 현(縣)이 몇 개 지역으로 나누어져 있다. 한 주나 현이 여러 개의 하위 단위로 쪼개지기도 하고 다른 주나 현에 의해 나누어진 경우도 많았다. … 묘(苗)족이 중(狆)족과 서로 섞여 살며 사람이 없는 땅(甌脫)도 있다. … 이 지역의 방언 또한 매우 복잡하여 100리 하천을 사이에 두고 그 이름이 100개이며 3리 사이의 보(堡)에도 그 이름이 3개여서, 바로 이 때문에 명칭에 의존하여 지역을 파악하는 것이 불가능하다.[44]

> 넓은 지역이 좁고 구불구불해서 매복하기에 매우 적합했다. 정기적으로 이용하는 도로 외에는 어떤 접근도 거의 불가능했다. 정글의 말라리아는 우리 군대에게 치명적이었으며 군대의 대열은 정글을 통과해야만 이동할 수 있었다. 마을은 작고 드물었으며 대개 빽빽하고 지나갈 수 없는 정글로 둘러싸여 있었다.[45]

---

44 Mark Elvin, *The Retreat of the Elephants: An Environmental History of China* (Yale University Press, 2004), pp. 236~237 (마크 엘빈 지음, 정철웅 옮김, 『코끼리의 후퇴: 3000년에 걸친 장대한 중국 환경사』, 사계절, 2011, pp. 390~391).

45 George Scott, *Gazetteer of Upper Burma and the Shan States*, vol. 1 (1900), p. 154.

우리는 대개 운남을 중화제국의 한 성(省)으로 여긴다. 그러나 만약 당신이 주요 도로에서 벗어나 운남 내지로 들어가서 사막과 산악지대를 여행하면, 여전히 운남 지역 안에 있음에도 당신은 더 이상 중국 안에 있는 것이 아니다. 당신은 도로나 숙박시설이 없는, 당신의 지갑이나 생명, 혹은 그 둘을 모두 빼앗으려는 도둑들로 둘러싸인 야만의 지역에 놓이게 된다.[46]

위의 모든 관찰자는 서남 지역 산악지대의 마을에 접근하는 것이 극도로 어렵고 또한 멀리 떨어져 있어서 국가 관리의 통제나 저지대 정주민들의 위협으로부터 보호받았음을 지적하고 있다.

한편 산악지대의 마을 사람들이 저지대 사람들과 활발하게 교역한 증거도 있다. 스콧의 조미아 모델은 두 개의 극단적으로 다른 사회를 완전히 구분함으로써 조미아 산악지대 사람들과 저지대의 정착민의 차이를 과장하고 이 두 사회를 연결하는 사람들의 존재를 간과하고 있다.

리처드가 분석한 북미의 변경과 마찬가지로 산악지대의 많은 생산품들은 먼 곳의 상인들을 불러들였고, 사람들은 상품을 생산하여 멀리 떨어진 지역의 소비자들에게 판매했다. 중국 남부의 산악지대는 목재뿐만 아니라 남색 염료, 약초, 그리고 가장 유명한 상품인 차를 생산했다. 대표적인 중국의 수출품이자 중국 문화의 상징인 차는 산악지대의 산물이다. 차나무(Camellia sinensis)는 거의 모든 곳에서 자랄 수 있지만, 감식가들은 언제나 최고의 차는 산악지대에서 생산된다고 믿었다. 복건 무이산의 우롱차(烏龍茶)는 19세기 미국과 영국의 소비자들이 주로 마시던 중국 차였다.

---

46 David G. Atwill, *The Chinese Sultanate: Islam, Ethnicity, and the Panthay Rebellion in Southwest China*, 1856~1873 (Stanford University Press, 2005), p. 23.

그러나 그보다 오래전인 송대에는 사천에서 전차(磚茶)를 생산하여 중앙
아시아의 상인들과 교역했다. 운남에서는 보이차(普洱茶)가 최근 매우 비
싼 제품이 되어 아시아 전역과 서구에서 소비자들을 끌어들이고 있다. 아
쌈과 실론 산악지대에서 생산되는 인도차는 19세기 말 영국인들이 중국
차에 대항할 경쟁상품으로 도입했다.[47]

　　다음 절에서는 중국의 주변부 지역에서 유래하여 세계 시장의 주요
상품이 된 물품들을 소개할 것이다. 리처드와 스콧은 변경 지역이 국가와
시장 체제를 강화하고 동시에 그 지역의 사람들을 경계 너머 먼 곳의 수요
자들과 연결시킨 방식을 보여주고 있다.

47　Jayeeta Sharma, *Empire's Garden: Assam and the making of India*, Duke University
　　Press, 2011; Zhang Jinghong, Puer Tea: Ancient Caravans and Urban Chic, University of
　　Washington Press, 2014.

국경을 넘는 환경사: 근대 중국의 모피, 차 그리고 어업

자연은 물론 민족이나 국가를 알지 못한다. 동물, 식물, 물, 기후는 인간의 정치 구조가 정해놓은 경계를 따르지 않는다. 따라서 환경사는 국민국가의 틀을 벗어난 관점을 제공해야 한다. 그러나 대부분의 환경사학자들은 여전히 국가의 역사를 이야기한다. 리처드 화이트가 말했듯이 "자연 그 자체가 그렇다고는 생각할 수 없지만, 환경사는 국가의 역사와 평행을 이루는 것처럼 보인다". 환경사학자들은 19세기 미국처럼 국민국가 한 곳의 정치경제를 분석하거나 혹은 중국처럼 하나의 관료 체제나 제국 체제가 만들어놓은 한 가지 언어 자료에 의존한다.[48] 이런 한계에 대한 해명으로 혹자는 사람은 다른 동식물이 아니라 다른 사람에 관한 역사를 쓴다고 주장할지도 모른다. 그러나 인간 중심의 역사가 왜 자연세계로부터 그렇게 멀리 떨어져 있어야 하는가? 환경사를 쓴다는 것은 자연과 우리의 관계를 새롭게 생각하는 것이며 동시에 언어·문화·지리·시간의 경계를 넘어 다른 사람들과 우리의 관계를 다시 생각해보는 것이라고 할 수 있다.

상품의 역사는 하나의 혹은 여러 개의 국제적으로 거래되는 자연 생산품이 생산지에서 소비지까지 유통되는 과정을 추적하는 연구이다. 이 분

---

48 Richard White, "The Nationalization of Nature," *Journal of American History* 86:3 (1999), p. 976.

야는 대중적으로 인기 있는 장르가 되었다. 이제 우리는 사과, 벌꿀, 대구, 커피, 삼림, 모피, 구아노, 물총새 깃털, 아편, 고무, 향신료, 튤립, 고래, 와인, 그리고 아연과 같이 알파벳 A부터 Z에 이르는 많은 종류의 생산품이 상품이 되어간 역사를 알게 되었다. 이러한 역사가 대중적으로 인기를 끈 데에는 이유가 있다. 상품사에 대한 대중적인 관심은 우리가 소비하는 생산품이 만들어지는 거대한 네트워크를 우리가 의식하고 있음을 보여준다. 특히 음식의 역사는 전 지구적 과정을 우리의 몸과 연결해준다. 이제 우리는 바나나를 먹을 때 이것의 재배 지역, 농약과 유전자 조작의 효과, 바나나를 재배하고 운송한 노동자들, 바나나 재배로 막대한 이익을 얻는 거대 농업 사업, 그리고 바나나 재배로부터 크게 영향을 받는 "바나나 공화국"의 정치에 대해 생각하게 된다.[49] 학술연구는 이런 대중서의 서술과 매력을 유지하면서 동시에 더 다양한 일차 자료를 살펴보고 더 긴 시간에 걸쳐 생산품의 교역에 깃든, 그러나 잘 드러나지 않는 사회경제적 과정을 탐구한다.

　　이러한 접근법은 중국사 연구에 시사점을 제공한다. 오늘날 중국이 전 지구적 과정에 깊숙이 참여하고 있음에도 불구하고 중국 국내에서 출판되는 거의 모든 역사서, 그리고 중국 외부의 역사서 대부분은 여전히 국가 중심적인 연구(nationalist project)를 지향한다. 청의 잔해로부터 탄생한 20세기 중국의 국가는 여전히 근대 중국사에서 지배적인 주제이며 그럴만한 이유가 있다. 너무나 많은 중국인이 이 고통스러운 시기에 고초를 겪었으므로 그들의 이야기는 알려질 필요가 있다. 그러나 그것만이 중국이나 다른 지역의 역사를 서술하는 유일한 방식이라고 단정할 필요는 없다.

49　Richard P. Tucker, *Insatiable Appetite: The United States and the Ecological Degradation of the Tropical World*, Rowman Littlefield, 2007.

제국과 국민국가의 전통적인 공간 분할이 영구적이거나 가장 중요한 것이라고 당연하게 받아들일 필요는 없다. 국경을 넘어 하나의 국가를 주변의 다른 국가와 비교하는 대안적인 방식의 지리(地理)를 찾는 것도 도움이 된다. 한편 언론인이나 경제학자들이 하듯이 세계는 평평하고 지리는 전혀 문제가 안 된다는 식의 단순한 추정은 큰 의미가 없다. 대신 우리의 관점을 발전시키는 데 도움이 되는 것은 두 가지 서로 보완적인 접근법, 즉 시간적 접근법과 공간적 접근법이다.

시간적 접근법에 의지하면 중화제국과 근대 중국의 경계를 넘어 유통된 상품의 흐름을 살펴볼 수 있다. 상투적인 설명과 달리 중국은 순수하게 자급자족적인 농경 제국이 아니었다. 중국의 모든 왕조는 전투의 핵심인 말(馬)이 충분하지 않았고 한족 중심지에서는 말을 쉽게 사육할 수 없었기에 유목 지역에서 말을 획득해야 했다. 그들은 유목민들과 동맹 및 교역을 증진하고 차나 비단과 같은 물건을 말, 육류, 가죽, 양털과 교환했다. 이것이 바로 유명한 실크로드를 탄생시킨 핵심적인 교환이었다.

이는 단순히 세계 무역에 관한 경제사가 아니다. 이러한 교역은 경제적·전략적 가치를 만들어냈을 뿐만 아니라 새로운 지식과 문화적 상호작용을 만들어냈다. 제국의 관리와 상인들은 중앙유라시아 소비자들의 요구를 충족시키려고 그들의 취향을 연구했다. 중국의 생산지는 외국의 소비자들이 설계한 사양에 따라 제품의 특징을 바꾸어갔다. 외국의 요구에 대한 대응은 중앙유라시아로 판매된 비단, 19세기 유럽으로 판매된 도자기나 차, 혹은 오늘날 중국에서 생산되는 냉장고에도 모두 적용된다.

그뿐 아니라 교역 물품 자체가 양방향으로 문화적 가치를 전달한다. 예를 들어 불교의 종교 물품은 중국, 몽골, 티베트 사이에서 유통되었고 궁정 사회, 순례자들, 상인, 승려, 여행가들을 통해 사방으로 전파되어 공통적인 문화적 의사소통의 영역을 만들어냈다. 사람과 물건은 멀리 떨어진 곳에서 왔고 다양한 생태적인 배경이 있었지만, 교역 물품과 교역 장소는 서로 공통 이해를 만들어냈다.

세계 무역에 대한 비교사적 질문은 다음과 같다.

1) 생산관계는 무엇인가? 다시 말해 자연을 상품으로 변화시키는 노동의 형태는 무엇인가?

2) 지역의 생태는 얼마나 지속가능한가? 이러한 생산체제를 집약적인 개발로 이끌고 궁극적으로 붕괴시키는 힘은 무엇인가?

3) 상품을 원거리 시장으로 운반하는 생산자와 교역 중개자는 누구인가? 생산에서 소비로 연결되는 분배의 고리는 무엇인가?

4) 안전을 제공하고 세금을 징수하고 생산자들을 독려하거나 통제하고 교역에서 비롯된 지정학적 관계를 관리하는 데 있어서 국가의 역할은 무엇인가?

변경과 국경은 세계 무역에서 핵심적인 역할을 수행한다. 이 때문에 우리는 생산지, 국경 도시, 그리고 이들을 연결하는 도로망을 설명해야 한다.

조미아의 지리적 관점과 상품 유통에 대한 관심은 중국 근대사와 세계의 다른 지역을 연결하는 데 새로운 방법을 제시해준다. 여기에서는 네 시기의 네 가지 국제 상품, 즉 모피, 어업, 차, 자동차에 관해 설명할 것이다. 이를 통해 국가의 주변부 혹은 그 밖에 있는 "조미아" 지역과 전 지구적 무역의 흐름을 서로 접목함으로써 청 제국 혹은 중국의 중심을 세계시장과 연결하여 살펴볼 것이다.

러시아와 중국의 모피 이야기

모피 이야기는 러시아에서 시작된다. 모피는 러시아의 초기 국가 형성에서 언제나 핵심적인 요소였다. 1582년 이후 코사크인들이 시비르 칸국을 무너뜨린 후 러시아인들은 값비싼 모피를 찾아 급격히 동쪽으로 몰려들었다. 그들은 여우, 비버, 검은담비를 현지인들에게 "공물"의 명목으로 강탈하여 모스크바로 보냈다.[50] 러시아인들은 주요 하천에 요새를 건설하여 공물 징수의 거점으로 삼고 지역의 모피 공급을 급속히 고갈시킨 다음 다시 동쪽으로 이동했다. 북방의 "약소" 부락민들은 이들의 군사적 팽창에 대항할 수 없었지만 몽골인과 만주인들은 러시아의 남진을 막아냈다. 17~18세기 걸쳐 러시아의 정복은 유라시아 대륙의 북부를 가로질러 1648년에는 태평양의 오호츠크해에 이르렀다. 1741년 그들은 베링해협을 건너 알래스카에 이르렀고 계속 남진하여 북미 해안에 도착했는데, 다른 모피 동물이 고갈되자 바다표범을 사냥했다.

러시아의 팽창을 촉진한 동력은 러시아 국가 자체가 아니라 국가에 복무하는 자치적인 코사크 부대, 정복과 교역에 자금을 대는 스트로가노프 같은 대상인, 소규모의 독립 기업가들이었다. 국가는 세금을 부과하고

---

50 Yuri Slezkine, *Arctic Mirrors: Russia and the Small Peoples of the North* (Cornell University Press, 1994). pp. 11~31.

독점권을 행사했지만 무역을 완벽히 통제하지는 않았다. 모피 교역은 정부 재정에는 이익이 되었지만 생태적으로는 파괴적인 활동이었다. 모피세는 국가 조세의 7~10%에 달했다. 17세기 중반에 러시아인들이 현지의 수렵인들에게 총포와 금속으로 만든 덫을 제공하기 시작한 이래 모피 공급은 감소했다. 담비는 이동성이 강하지 않고 좁은 영역 안에서 살고 천적이 없어서 인간의 포획에 매우 취약했다. 사냥꾼 한 명이 일년치 할당량을 채우려면 수백 제곱킬로미터 안에 서식하는 담비를 모두 죽여야 했다.[51] 현지인들이 공물 징수에 저항하고 모피의 모스크바 운송비가 증가하고 동물이 계속 감소하자 러시아인들은 중국 시장에 주목하게 되었다.

러시아인들은 17세기 초 청 제국의 부유함에 관한 이야기를 들었을 때부터 중국 시장에 진출하고자 했다. 17세기 중반 몇 차례의 사절단을 파견한 후 러시아인들은 중국과의 모피 교역이 매우 큰 이익이 될 것임을 확신했다. 모피는 러시아와 중국의 교역에서 지배적인 물품이 되었으며 북경에서 비단이나 다른 방직물과 거래되었다.

그러나 아무르강 일대의 이동하는 부락민들을 둘러싼 문제로 인해 러시아와 중국의 정기적인 교역은 20년간 지체되었다. 두 제국의 "중간지대"에 거주하는 사람들은 다양한 부락 집단으로 구성되어 있었으며 삼림에 거주하거나 농사를 짓거나 금을 채취하거나 혹은 유목을 했다. 그들은 이해관계에 따라 충성의 대상을 바꾸었다. 그들은 러시아와 청의 관리들 모두에게 충성을 "서약"하고 공물을 바쳤지만 상황이 달라지면 마음대로 서약이나 공물 규정을 지키지 않았다. 러시아와 청 제국은 이동하는 부락

---

51 John F. Richards, *The Unending Frontier: An Environmental History of the Early Modern World* (University of California Press, 2003), p. 534.

민들의 충성심을 두고 경쟁했으며 서로 협력하는 대신 군사적으로 대결했다.

17세기 중반에 이르러 두 제국은 서로 타협해야만 하는 압력에 직면했다. 담비 가죽은 고갈되는 반면 북미산 모피가 유럽 시장에서 새로운 경쟁자로 등장하자 러시아는 해외 시장에서 위협을 받게 되었다. 한편 청 제국은 군사적인 경쟁자인 준가르 몽골과 대결하고 있었는데, 러시아와 준가르가 동맹을 체결한다면 청의 중앙유라시아 통치는 심각한 위협을 받을 수 있는 상황이었다.

1689년 네르친스크조약은 문화 간 교섭의 승리라 할 수 있었다. 이 조약으로 러시아는 중국 시장에 진출하여 족제비와 오소리 가죽을 비싼 값에 팔고 러시아인들에게 도자기, 비단, 금, 은, 차, 그리고 북방 요새를 위한 물자를 공급할 수 있게 되었다. 네르친스크에서 만난 두 제국의 대표자에게는 교역 관계를 발전시키고 몽골, 퉁구스 및 다른 부락민들의 이동을 통제한다는 두 가지 목표가 있었다.[52] 공격적으로 팽창하던 두 제국은 네르친스크조약으로 뜻밖에 믿을 수 없는 평화를 이루어낸 것이었다. 두 제국은 이웃들을 군사적으로 정복해야 한다고 믿었고 국제관계에서 평등 원칙을 존중하지 않았다. 19세기 중국과 외세 간의 거의 모든 조약이 중국을 전쟁에서 패배시키고 무역에서 양보를 얻어내었던 것과 달리, 러시아와 청의 네르친스크조약은 협상의 산물이었다. 양측은 군사력이 상대적으로 대등했고 준가르 몽골이나 다른 부락 집단과 같은 제삼 세력의 존재가 양

---

52 Andrey V. Ivanov, "Conflicting Loyalties: Fugitives and 'Traitors' in the Russo-Manchurian Frontier, 1651~1689," *Journal of Early Modern History* 13 (2009); Peter C. Perdue, "Boundaries and Trade in the Early Modern World: Negotiations at Nerchinsk and Beijing," *Eighteenth Century Studies* 43:3 (2009).

측의 전략적 판단에 크게 영향을 미쳤다. 네르친스크조약과 이후 1727년 캬흐타조약은 수익성이 높은 국경 무역을 보장하고 준가르의 궁극적인 패배를 가져왔다. 두 제국은 또한 국경 획정, 지도 제작, 민족지적 조사, 그리고 이동 통제를 통해 서로 경쟁하는 변경 지역과 그곳의 부락민들을 "가시적인(visible)" 존재로 만들었다.

18세기에 러시아와 중국의 모피 무역은 점차 증대했다. 1800년에 이르러 모피가 국가의 세수에서 차지하는 중요성은 감소했지만 모피 무역은 국가와 민간 상인들에게 여전히 이익이 되는 것이었다. 이익의 대부분은 중국 시장에서 나왔다.

모피가 러시아에 주로 경제적인 중요성이 있었다면 청에는 외교적인 의미가 있었다. 담비 가죽을 공물로 바치는 것은 만주의 현지 부락민들이 청의 신민이 되었음을 상징했다. 이러한 조공 관계가 곧 이 지역에 대한 청 지배의 성격을 결정하고 있었다. 모피 조공은 모피 사냥꾼들에게 무역을 보장했고 청에는 현지인의 복속과 만주 북부에 대한 합법적 통치를 의미했다. 러시아와 만주 두 곳의 특정한 생태계로부터 강제적이고 상업적으로 모피를 징수함으로써 제국은 영토를 구획하고 현지인을 지배하고 변경 개발을 확대할 수 있었다.

차에 관한 이야기

차에 관한 연구 역시 다양한 범위에서 여러 가지 접근법을 연결할 수 있는 환경사의 일부이다. 지금까지 우리는 전 지구적 상품의 원산지인 조미아 산악지대에서 시작하여 하류로 내려와 항구와 대양을 가로질렀다. 상품은 각지에서 여러 경제적·환경적 조건에 직면하면서 그 질도 달라진다. 여러 종류의 차에 대한 소비자의 수요는 상품의 유통망을 따라 전달되어 산악지대의 생산 조건에 영향을 미친다. 자본주의와 제국주의의 전 지구적 경쟁으로 생산과 소비의 조건은 수시로 변화한다. 그 결과 변화하는 생태계와 여러 집단의 사람들, 그리고 멀리 떨어진 산악지대를 아시아와 서양 세계의 도시 중심부의 환경과 연결시키는 세계 경제의 역동적인 역사가 펼쳐진다.

차에 관한 이야기는 변경 개발, 전 지구적 경쟁, 이동하는 사람들, 그리고 취약한 생태에 국가가 개입한 서사이다. 차는 중국에서 오랜 역사가 있지만 여기에서는 18~19세기의 몇 가지 중요한 상황에 대해 설명하고 운남의 보이시(普洱市)와 복건의 무이산(武夷山) 두 곳의 차 생산지에 초점을 맞출 것이다.

오늘날 중국을 방문하는 서양인들은 중국 서남부 운남의 산에서 재배된 보이차를 작은 잔에 대접받을 것이다. 차 전문가들은 보이차를 오늘날 중국에서 생산되는 최고급 차라고 여긴다. 최고급 보이차는 한 포(包)

에 수천 달러에 팔린다. 보이차는 자극적인 훈제의 풍미가 있어서 좋아하게 되기까지 시간이 걸리고 서양인의 입맛에 익숙하지 않지만 서구에서도 보이차를 즐기는 사람들이 있다.

그러나 이것이 새로운 현상은 아니다. 중국 산악지대의 생산품은 수 세기 동안 중국에서 외교·경제·문화적으로 중요한 역할을 담당해왔다. 중국 정부는 산악지대의 생산품을 외교 선물, 조세 수입원, 혹은 다른 국가와의 관계에서 문화적 우월성의 표현 도구로 이용했다. 비단이나 도자기와 마찬가지로 차는 중국의 독점상품이었으므로 신비로운 분위기가 있었다. 차는 중국 문화의 정수이면서 동시에 세계를 매료시키는 제품이었다. 외국인들은 경쟁적으로 이 신비로운 중국 제품을 찾아내고자 했고 결국 스스로 그 제품들을 생산해내는 데 성공했다. 그 후 중국은 차에 대한 독점권을 상실하고 세계 시장의 경쟁 속으로 들어가야 했다. 19세기 청 제국의 쇠퇴는 사실 외국과의 경쟁에서 자국의 산업을 보호하지 못한 것과 밀접한 관계가 있었다. 더욱 광범위하게 중국 물건, 특히 중국산 차에 대한 외국의 수요는 수십 년에 걸친 중국과의 전쟁을 촉발했는데, 이 전쟁은 외국이 막대한 양의 중국 차를 구입한 결과 발생한 무역 불균형을 해결하려는 목적에서 비롯되었다. 19세기 중반 아편전쟁의 근본 원인은 중국에서 차를 구입하느라 은화를 너무 많이 사용하고 있다는 사실을 염려한 영국이 이러한 무역 불균형을 바꾸려고 인도에서 아편을 개발하고 중국에 항구를 개방하도록 압력을 가했기 때문이었다. 따라서 차를 전 지구적 제품으로 파악함으로써 최소 1000년부터 오늘날까지 수 세기 동안 중국의 발전을 보여주는 하나의 지표로 활용할 수 있을 것이다.

차는 산악지대의 생산품으로 세계적인 수요를 불러일으킨 아시아의 여러 열대 산악지대의 작물 가운데 하나이다. 조미아 지역은 동남아시아

를 넘어 중국 서남부의 운남, 귀주, 광서 서부, 광동 서부에 이르며 사천 서
부와 호남, 강서, 복건, 대만의 산악지대도 여기에 포함할 수 있다. 이곳에
서 산악지대는 하천의 깊은 계곡과 서로 떨어져 있어서 산악지대와 저지
대의 사람이 서로 분리된다. 중국과 다른 저지대의 국가들은 산악지대로
매우 천천히 침투했지만, 이들 지역은 국가와는 별개로 저지대와 광범위
하게 경제적으로 연관되어 있었다. 산악지대의 사람들이 재배하는 작물은
근대 국가의 경계를 넘어 여러 방향으로 퍼져 나갔다. 운남, 귀주, 사천, 광
서는 중국 내지와 마찬가지로 티베트, 버마, 베트남과도 긴밀한 무역관계
를 맺고 있었다.

　　스콧의 주장에 따르면 조미아 지역의 거주민들은 저지대 사람들과
달리 대부분 저지대 국가의 요구를 피해 달아났고, 이들의 농경 관행이나
사회 정치 제도는 저지대 사람들과 매우 달랐다. 그가 제시한 대안적인 지
리는 대안적인 정치 문화 조직을 만들었고 유용한 이상향을 제시한다. 그
러나 이 두 가지 형태의 생활 방식을 너무 분명하게 양극단으로 구분해서
는 안 된다. 일상적인 사회생활에서 이러한 순수한 유형에 부합하는 사람
은 거의 없다. 상품, 문화적 상징, 외교 활동이 일어나는 중간지대는 언제
나 존재한다.

　　서남부의 산악지대 국가와 시베리아 삼림지대에는 몇 가지 공통점이
있다. 이 두 곳에서 이동하는 부락민들과 농노제에서 벗어나려는 러시아
농민들은 국가 권력이 미치지 않는 멀리 떨어진 곳에서 피난처를 찾고자
했다. 코사크인들은 우크라이나와 볼가강의 국경지대 출신으로 조미아 지
역의 사람들과 마찬가지로 탈주병, 유목민, 농노제에서 도망친 피난민들로
구성되어 있었다. 그들은 독립적인 군사 조직을 건설하고 자신들의 방식
대로 러시아 차르를 위해 봉사했다는 점에서 달랐다. 그러나 코사크인이

나 중국인 병사들이나 그들의 군사 거점은 광활한 삼림, 산악지대 혹은 정글 속에서 아주 작은 곳에 불과했다. 그들은 지역민들로부터 "공물"을 징수했지만 양측의 관계는 취약했고 인접 지역으로부터의 영향은 지배적인 제국만큼이나 막강했다.

차가 국제적인 상품으로 탄생한 것은 중국과 인도 산악지대의 특수한 공간과 환경 때문이었다. 조미아 지역의 사람들은 차 무역에 참여했다. 그들은 복건과 운남에서 찻잎을 따는 이동 노동자였고 일부는 차를 심는 농부이기도 했다. 한인 농민들도 산악지대에 들어가 차나무를 심었다. 복건과 광동의 한인 상인들은 강을 거슬러 올라가 최고급 차를 구입하여 가공하고 이것을 강 하류로 운송했다.

영국과 미국 상인들은 차를 사러 복건으로 갔고 프랑스 상인들은 베트남에서 운남으로 들어갔다. 러시아인들은 국경도시 캬흐타와 네르친스크로 가서 중국 상인들에게 사천산 찻잎을 구입했다. 최종적으로 이 산악지대의 상품은 전 세계에서 미국인, 아일랜드인, 러시아인, 영국인들이 사용하는 도자기 찻주전자, 은 찻잔 세트, 그리고 사모바르 주전자 속으로 들어갔다.

운남의 차 생산은 18세기 중국 정부가 주목한 대상이었다. 18세기에 새로 즉위한 청의 옹정제가 팽창주의 정책을 옹호하는 변경 관리들을 새로이 등용하면서 보이차 수출은 활황을 맞았다. 만주족 관리인 오르타이는 1727년과 1732년에 운남 남부를 공격하여 토착 원주민과 새로운 이주민 간의 갈등을 진압하고 보이청(普洱廳)을 새로 건설했다. 확대된 주둔군을 지원하려고 오르타이는 염정(鹽井)에 세금을 부과하고 차 산업을 통제하여 모든 상인에게 정부가 관리하는 사모진(思茅鎭)에서 무역할 것을 명령했다.

그러나 차 산업에 대한 정부의 정책은 지역민의 저항을 불러왔다. 1732년 타이족(傣族)의 귀족들은 찻잎에 대한 청의 지나친 수취에 반발하여 불사신으로 알려진 불교 승려를 후원하여 사람들을 조직하고 청군을 공격했다. 그들은 90일간 사모현을 포위한 후에야 진압되었다. 이들의 저항으로 청군의 일부는 산악지대에서 후퇴했다. 오르타이의 후임자는 토착 엘리트들을 그대로 내버려두고 세금을 감면하고 군대를 원래 주둔지로 후퇴시키는 것이 더 효과적이라는 결론을 내렸다.[53]

청의 느슨한 관리와 토착 엘리트의 자율적인 움직임 아래 18세기 차 산업은 번성했다. 전쟁과 무역은 도시가 성장하는 주된 동력이었다. 1767년에 시작된 버마와의 전쟁은 더 많은 군대와 이들에게 물자를 공급할 상인들을 끌어들였다. 다원(茶園)에서의 집약적인 차 재배가 야생의 잡목 재배를 대체했다. 사모진은 1830년까지 큰 도시로 성장하여 중국과 동남아시아 여러 지역의 상인들을 불러들였다. 이곳은 군사기지로 성장한 곳이었지만 1850년까지 인구 5만 명의 대부분은 민인(民人)이었다. 대상(隊商)들은 티베트, 버마, 시암, 그리고 중국 내지로 대량의 차를 운반했다. 18세기 초에는 1년에 6,000~7,000마리의 노새가 운반하는 100만 파운드 이상의 찻잎이 산악지대에서 왔는데, 이 액수는 19세기 말에 두 배 이상 증가했다.

대상과 노새 몰이꾼들은 대부분 회민(回民)이었다. 이들은 13세기부터 운남에서 살았고, 중국 서남부나 동남아시아의 비한인들과 별도의 네트워크를 구축하고 있었다.[54] 생산 구조의 측면에서 보면 토착민은 밭에

---

53 C. Patterson Giersch, *Asian Borderlands: The Transformation of Qing China's Yunnan Frontier*, Harvard University Press, 2006.

54 David G. Atwill, *The Chinese Sultanate: Islam, Ethnicity, and the Panthay Rebellion in Southwest*

서 찻잎을 따는 역할을 맡았고, 타이족 귀족은 장거리 무역을 독점한 한인 상인들에게 제품을 전달하는 중개인의 역할을 담당했다. 차는 남서부 산악지대를 가로지르는 "두터운 연결망(thickening web)"의 일부였다. 버마로부터의 면화 수입은 운남의 차, 비단, 소금 수출과 함께 크게 증가했다.

모피나 어류에 비해 차가 더 지속가능한 자원으로 보이기는 하지만, 차 무역 역시 전 지구적 경쟁과 교역 루트에 의한 활황과 불황의 주기를 따라 움직였다. 19세기 중반 무슬림 두문수(杜文秀)의 반란(1856~1873)은 수십 년간 이 지역의 교역망을 붕괴시켰다. 이때 중국의 차 생산자들은 영국이 아쌈과 실론에서 새로 설립한 차 농장과 경쟁하게 되었고, 마침내 거대한 세계시장을 지배할 기회를 잃고 말았다. 20세기에 이르러 운남의 차 수출량은 아주 작은 규모로 감소했다.

19세기에 차 이야기의 무대는 복건 북부의 무이산과 광동의 수출 도시로 새롭게 옮겨진다. 복건과 광동의 차에 관해서는 깊은 산속에서 재배되고 전 지구적인 공급망과 연결되어서 미국과 영국의 소비자에게 공급되기까지의 흥미로운 과정이 잘 알려져 있다. 그러나 19세기 말 20세기 초에 인도의 차 농장에서 값싼 홍차가 생산됨에 따라 복건의 차 산업은 큰 피해를 보게 되었다.

1960년대부터 운남의 차 산업은 부활했고 중국의 다른 지역에서도 차 생산이 증가했다. 2004~2005년 중국의 차 수출 총액은 처음으로 인도를 넘어섰다. 차 수확량이 증가했고 어떤 찻잎은 질적으로 세계 최고라는 명성을 얻게 되었다. 중국은 아직 저가의 홍차를 대량으로 수출하고 있지만 점차 중국 국내 소비자층이 성장하면서 녹차나 특산차(speciality)의 질

China, 1856~1873 (Stanford University Press, 2005), p. 43.

을 엄격하게 관리할 것을 요구하고 있다.

보이차의 인기는 중국에서 세계적인 차 시장의 활황을 보여주는 일부에 불과하다. 보이차는 경제적 가치보다 문화적 의미가 더 크지만, 그 명성은 차가 중국사의 발전을 보여주는 유용한 지표라는 점을 다시 한번 확인해준다. 보이차의 가공법은 11세기로 거슬러 올라간다. 보이차는 중국의 산악지대 제품으로 소수의 외국인만이 그 맛을 음미할 수 있었다. 그러나 이제 보이차는 중국이 국내와 국외의 아시아 시장에서 최고급 소비재를 생산해낼 수 있음을 보여주는 세계적인 상품이 되었다. 보이차는 세계의 상품 유통망에서 중국이 차지하는 현재의 역사적 위치를 생각하게 해주는 훌륭한 음료이다.

어업 이야기: 중국의 항일 민족주의 투쟁

20세기에 상품이 국제 정치와 밀접하게 연관되어 가는 사례로, 근대 상해의 해안 지역에서 벌어진 어업권 충돌을 들 수 있다.[55] 해양 환경은 삼림이나 산악지대와 비슷한 점이 있다. 해적이나 선원들은 국경 지역의 사람들과 마찬가지로 충성의 대상을 자주 바꾸었고 문화적 속성이 다양했으며 국가권력의 요구 사이에 끼어서 생활이 불안정했다. 15세기 이래 해적과 불법 상인들은 중국 연안에서 활발하게 움직였다. 해양·삼림·산악지대, 이 세 가지 환경에서는 모두 공통적으로 자원이 유동적이고 지속가능하지 않아서 재산 소유권이 불안정했고 그 결과 자원을 규제 없이 지나치게 개발하여 고갈시키는 "공유지의 비극(tragedy of the commons)"이라는 역설이 발생했다. 어류와 같이 이동하는 자원은 숫자를 헤아리기도 어렵고 해상 영토는 언제나 경쟁의 대상이었으므로 특히 규제하기가 어려웠다. 또한 차나 모피와 마찬가지로 동아시아 해역에 대한 일본의 팽창과 중국의 주권 수호 움직임으로 19세기에 국제사회에서 영역 범위는 더욱 중요해졌다.

　어업권은 기술 변화의 통제와 민족주의의 등장이라는 추가적인 문제

55　Mica Muscolino, *Fishing Wars and Environmental Change in Late Imperial and Modern China*, Harvard University Press, 2009.

를 불러일으켰다. 새로운 어업 기술이 어류의 공급을 위협하자 중국 국민당 정부와 지방 권력, 그리고 중국과 일본 사이에 갈등이 일어났다. 새로운 국민당 정부는 군벌의 지배에 대항하여 중국을 통일해야 했지만 1927년까지 중국의 일부만을 통일하는 데 성공했다. 한편 일본 제국은 아시아에서 팽창하고 있었다. 1895년 대만과 조선을 점령한 후 일본은 북중국에서 군벌 정부에 자금을 지원하고 연해 지역에서 지방의 정치와 경제에 영향력을 확대함으로써 중국에서 자국의 상업적·정치적 이해를 확장해갔다. 국민당 정부는 일본이 1931년 만주를 점령하기 이전부터 이미 자국의 영토와 경제를 보호하는 데 효과적으로 대응하지 못하고 있었다.

그러나 중국 연해의 어민들은 정치적 간섭뿐만 아니라 지속가능성이라는 그들만의 문제에 직면해 있었다. 중국에는 공유 자원을 관리하는 전통적인 조직이 있었고, 중국 어민들은 규제 조항을 사원에 새겨두어 남획을 금지하고, 불법 어망을 소유하거나 충돌이 발생할 경우 벌금을 부과하는 등 공동의 문제를 관리해왔다. 그러나 이러한 전통 조직은 점차 취약해지고 계속 도전받았으며 20세기에 이르러 대부분 힘을 잃어갔다.

1930년대에 대나무 우리를 이용한 새로운 오징어잡이 기술이 해안을 따라 북쪽으로 전파되어 강소와 절강의 어장까지 확산되었다. 새로운 기술은 적은 자본을 투자하여 더 많은 어획을 가져왔기 때문에 기존의 어망법을 대체했다. 이에 더하여 홍수로 피해를 본 농민들이 점점 오징어 어장으로 몰려들었다. 대나무 우리를 이용한 오징어잡이의 증가로 오징어 성장량이 심각하게 감소하자 어망을 사용하는 어민들은 정부에 단속을 요구했다. 1932년 오징어잡이를 둘러싼 갈등은 새로운 이주 농민과 기존 정착 어민 간의 경쟁이 되었다. 지방정부가 대나무 우리 이용을 금지하자 해적과 밀수가 등장했다. 금지령을 해제하자 강소와 절강에서는 대나무 우리를 쓰는 어민과 어망을 쓰는 어민 사이에 무장 충돌이 일어났다. 국민당 정부는 개입할 의지나 힘이 없었다. 이 사건은 국민당 정부는 취약하고 지방은 계속 불안정했으며 지역에는 분명한 경계나 안정된 통제가 부재했음을 보여준다. 이곳에서 변경은 아직 완전히 사라지지 않은 상태였다.

일본의 기계화된 저인망 어선이 등장하자 국민당 정부는 해상 통제를 둘러싼 논쟁에 개입하지 않을 수 없었다. 그러나 국민당 정부는 19세기 전쟁에서 패배한 이래 중국에 부과된 불평등 조약을 폐기하고 관세 자율권을 회복하려면 일본의 지지를 얻어야 했으므로 3마일 밖의 해역에 대해서는 주권을 주장하지 않았다. 일본의 중국 시장 접근을 통제하여 지역 어민을 보호하고자 했던 국민당 관리들은 일본에서 나오는 관세 수입에 의존하고자 하는 다른 관리들과 갈등을 일으켰다. 1930년대 일본의 만주 침략 이후에 국민당의 항일 투쟁은 더 확대되었지만 여전히 확실한 통일은 아니었다.

어업은 모피나 차와 마찬가지로 세계무역의 영향을 받았다. 여기에서 우리는 국제사회가 정치 경제적으로 경쟁하는 과정, 국경 지역의 사람들이 생계를 찾아 분쟁 지역에 적극적으로 참여하는 상황, 그리고 정치적·사회적 갈등을 야기하는 자원의 활용 문제에서 지역의 생태조건이 특별한 역할을 담당했음을 확인할 수 있다.

산지, 삼림, 해양 무역의 공통점

모피, 차, 어류는 삼림, 산지, 해안이라는 서로 다른 세 가지 생태 구역에서 만들어진다. 그러나 이들 지역은 취약한 생태조건, 관리가 느슨한 변경 지대, 그리고 전 지구적 연결망이라는 공통점이 있다. 중국 남부의 산지와 연해 변경 지역과 마찬가지로 시베리아는 일종의 조미아 지역으로, 도망친 농민, 탈주병, 그리고 정체성이 유동적인 유목 부락민들의 피난처였다. 국가와 시장의 대리인들이 자원을 찾아 침투해 오면서 이곳은 관료적·경제적 네트워크와 연결되었고 동시에 지역민들은 자율성을 상실하고 더 큰 교환 체제를 위해 강요된 혹은 고용된 노동자로 변모하게 되었다. 스콧은 조미아 사람들이 20세기 후반까지 자율성을 잃지 않았다고 주장했지만 많은 경우에 그보다 이른 18~19세기에 그들은 자율성을 상실했다.

각 지역에서 취약해진 생태조건은 인간의 확산을 촉진했다. 모피 동물이 고갈되고 어류가 사라지자 국가와 상인들은 더 먼 변경 지역으로 진출했다. 차나무는 모피 동물이나 어류보다 더 빨리 다시 자라났지만 차 산업 역시 호황과 침체의 순환 주기가 있었고 세계적·지역적 경제 요인에 대응하려고 산지를 파괴하기도 하고 복구하기도 했다.

세 곳의 생태 구역은 모두 제국들이 충돌하는 곳이었기 때문에 전쟁이나 협상, 혹은 세계적인 경쟁이 벌어졌다. 북미와 러시아의 모피 경쟁은 두 대륙을 모두 변화시켰다. 영국의 인도산 차와 중국산 차의 경쟁, 그리고 일본의 동방 해역으로의 개입 역시 마찬가지였다. 미국, 북유럽, 중국, 일본을 중심으로 하는 소비자의 요구는 멀리 떨어진 산지, 삼림, 그리고 해양의 생산을 결정하는 데 영향을 끼쳤다.

　환경사는 지방적이면서 동시에 전 지구적이다. 환경사는 국민국가의 영역을 넘어서 생각하게 만든다. 정치와 생태의 경계를 넘어 어류, 차, 모피 그리고 다른 상품의 움직임을 따라가면 정치, 환경, 경제가 서로 뒤얽히는 흥미로운 이야기를 발견할 수 있다.[56]

56　이에 대한 훌륭한 대중서는 Charles C. Mann, 1493: Uncovering the New World Columbus Created, Vintage Books, 2012 (찰스 만 지음, 최희숙 옮김, 『1493: 콜럼버스가 문을 연 호모제노센 세상』, 황소자리, 2020).

후기: 중국의 신흥 자동차 공업

2009년에 중국은 일본을 넘어 세계 최대 자동차 시장이 되었다. 2010년에 중국은 1,376만 대의 승용차를 생산했다. 이 가운데 44퍼센트는 현지 브랜드이고 나머지는 합작품이었다. 자동차의 대부분은 중국 내에서 판매되었고 이 중 60퍼센트는 개인 소비자가 구입했다.

중국에는 개인 승용차에 대한 거대한 잠재 수요가 있었지만 자동차 산업은 최근에야 발전했다. 2000년에 출판된 중국 도시의 소비 혁명에 관한 학술서는 자동차에 관해서는 언급하지 않았다. 그러나 칼 거스(Karl Gerth)의 최근 연구에 따르면, 지금 자동차 문화는 중국의 도시 중산층 사이에 깊숙이 침투해 있다.[57] 북경이나 상해 같은 도시의 중국인들은 이제 공해, 교통 체증, 자동차 사고 같은 문제에 모두 익숙해졌다. 그러나 자동차에는 좋은 점도 있다. 개인의 이동성이 훨씬 커졌고 고가의 자동차로 지위를 표현할 수 있으며 교외로 드라이브를 나가는 여가활동이 가능해졌고 드라이브-스루(drive-thru) 맥도날드에 갈 수 있게 되었다. 여기에는 큰 경제적 의미가 담겨 있다. 수백만 명의 공장 노동자가 고용되고 주유소와 관련 산업이 발달하게 되었으며 좋은 숫자로 구성된 인기 있는 자동차 번호

---

57 Karl Gerth, *China Made: Consumer Culture and the Creation of the Nation*, Harvard University Asia Center, 2003; Karl Gerth, *As China Goes, So Goes the World: How Chinese Consumers Are Transforming Everything*, Hill and Wang, 2010.

판은 미화로 10만 달러에 거래되기도 한다. 중국에서는 BMW 같은 고급 자동차 시장이 급속히 성장하고 있으며 동시에 개발도상국에 저가의 자동차를 판매하기도 한다.

중국의 세계 수출산업은 오늘날의 변경 지역에 해당하는 수출 특구(the Special Export zones, SEZs)에서 시작되었다. 수출 특구는 덩샤오핑이 제안한 것으로 지금은 중국 연해의 여러 대도시에서 번성하고 있다. 수백만 명의 노동자가 정부의 통제를 어기고 내지의 가난한 농촌을 벗어나 연해의 도시로 몰려들었다. 지방정부들은 중앙정부의 통제를 따르지 않았기에 산업은 최소한도의 환경적 경제적 규제를 받으며 번성했다. 이것은 다른 의미에서 현대 중국의 조미아이다. 이곳의 공장을 방문하는 사람들은 언제나 중국 자본주의의 "거친 서부 시대"적인 성격에 관해 언급한다. 기술적으로 가장 발달한 산업인 자동차 산업 역시 같은 특징을 지니고 있다.

지엠(General Motors, GM)의 허머(Hummer)가 좋은 사례이다. 2009년 6월 중국 사천의 등중 중공업기계 유한공사(騰中重工機械有限公司)는 연비가 나쁜 미국 대형차의 상징이라 할 수 있는 지엠의 허머 자동차를 구입하기로 했다. 허머는 미국 군용 운송차(HUMV)를 모델로 한 것으로, 환경 규제를 거부하고 다른 운전자에게 강압적인 태도를 취하는 마초적이고 낭비적인 소비자의 상징이었다. 스포츠 유틸리티 차량(SUV)이 그 자리를 대신하게 되면서 지엠은 허머의 생산을 중지하기로 했다. 사천의 등중(騰中) 기업은 허머가 중국 시장에서 크게 인기가 있을 것이라고 기대했다. 중국 소비자들에게는 미국식 근대성의 가시적인 상징물을 구입하고자 하는 열망이 매우 컸기 때문이었다. 그러나 2010년 2월 중국 정부는 연비가 좋은 소형차를 장려하려고 이 거래를 취소했다. 중국은 이제 하이브리드 자동차와 전기차를 다른 어떤 곳보다 더 빠르게 생산하고 있다. 이것은 중국 정부의 환경 중시와 산업 개발의 이해가 충돌한 사례이다. 중국을 청정하게 만들려는 노력이 소비자의 강력한 요구와 지방정부의 이익 추구와 충돌한 것이었다.

자동차 생산은 간접적인 방식으로 지구에 큰 영향을 끼친다. 개인 승용차는 중국의 석유 수입의 삼분의 일을 소비한다. 2008년에 중국은 미화 1,300억 달러의 석유를 수입했는데, 이로 인해 중국은 수단(Sudan)과 같은 부도덕한 국가와 거래하고 석유 공급처를 찾아 세계를 뒤지고 있다.

또 다른 간접적인 영향은 도로와 주차장 건설을 위해 농지를 포장함에 따라 중국의 농업 생산이 감소하게 된 점이다. 이것은 중국의 식량 수입이 증가하게 되는 것을 의미하며, 세계 식량 가격의 상승으로 가난하고 인구가 조밀한 국가가 피해를 볼 수 있음을 뜻한다.

자동차 산업은 중국이 수출과 수입의 주체가 되어 세계 경제에 총력을 다해 진입하고 있음을 보여주는 사례이다. 이것은 세계 경제와 국제 안보, 그리고 전 지구적 문화에 극적인 영향을 끼치게 될 것이다. 19세기에 중국은 차(茶)를 소비하고 동시에 수출하여 시장을 독점했으나 중국 정부가 차 산업을 효과적으로 발전시키지 못한 결과 세계 시장을 영국에 빼앗겼다. 이제 중국 정부는 명목상 세계무역기구(WTO)의 규제를 받지만 사실상 다른 세계 생산자들과의 경쟁에서 많은 국내 기업의 내수용·수출용 상품 생산을 지원하고 있다. 전 지구적 경쟁과 중국의 고액 자본 투자가 국가의 지원과 결합하면서 자동차는 세계 경제의 지속가능성에 더 큰 영향을 끼치고 있다. 그러나 그 기본적인 과정은 여전히 역사적 연원이 있다.

이 장에서는 환경사적 관점은 반드시 여러 지리적 범위에서 발생한 역사 변화를 탐구해야 한다는 점을 강조했다. 자연과 인간의 활동은 언제나 여러 단위에서 상호작용을 하면서 국민국가와 관료 체제의 경계를 넘어서기 때문이다. 역사가들은 다양한 범위의 자료를 이용해야 하며, 지리학자나 다른 학자들이 공간 구역을 정의하고 여러 공간 범위를 서로 연결하고자 제시한 개념들에 주의를 기울여야 한다. 학자들은 이제 지방에서 지역, 국가, 세계로 공간 범위를 확장하여 중국의 지역과 장소를 근대 세계의 더 넓은 범위로 연결하는 흥미로운 연구를 생산해내고 있다.

4장

환경사와 자연과학

환경사 연구에는 자연 세계를 탐구하는 과학 지식이 필요하다. 환경사 학자들에게 가장 중요한 과학 분야는 생물학과 생태학이지만, 때로 지질학(geology), 수문학(hydrology), 고식물학(paleobotany), 고기후학(paleoclimatology), 고고학(archaeology) 등 다른 분야도 귀중한 관점을 제공한다. 최근 일부 환경사학자와 인류학자들은 사회과학과 자연과학 간의 더욱 긴밀한 협업을 통해 인간과 자연 세계에 대한 탐구를 촉진하고 있다. 생태사는 생태 모델에서 비롯된 변화의 체계에 대한 학문이고 진화사는 유기체와 인간이 상호작용하며 서로를 변화시키는 과정에 초점을 둔 학문으로, 이들은 새로운 융합 학문 분야이다. 이 장에서는 최근 한 생태사 워크숍에서 제안된 몇 가지 개념을 소개하고 이를 통해 중국의 환경사를 어떻게 발전시킬 수 있을지 설명할 것이다.

새로운 모습의 진화사

다윈의 진화론이 소개된 이래 많은 역사가가 인간 역사의 발전과 자연 세계 종(種)의 진화가 서로 병행한다고 여겨왔다. 그러나 다윈의 이론이 인종 우월주의를 정당화시킨다는 오해 때문에 자연 진화를 인간 역사와 연결하려는 시도는 비난을 받기도 했다. 최근 일부 학자들은 자연 진화에 대해 새롭고 더 정확한 개념을 사용하여 이 이론을 역사 분석에 도입할 방법을 찾고 있다.

19세기 말에 허버트 스펜서(Herbert Spencer)와 같은 사회진화론자들은 자연 진화가 자원을 둘러싼 경쟁에서 "적자생존"을 정당화시키며 오직 거대 산업과 군사 조직을 지닌 강력한 사회만이 경쟁 세계에서 살아남을 수 있다고 주장했다. 생존에 성공한 집단은 번영을 누릴 수 있으며 이러한 성공은 바꿀 수 없는 자연스러운 사실로 여겼다.

다윈 본인은 "적자생존"이라는 개념을 사용한 적이 없었고 폭력적인 갈등이 진화의 일차적인 작동 방식이라고 말하지도 않았다. 그는 전쟁에서의 승리가 아니라 기존 환경에 잘 적응함으로써 재생산에 성공하는 것이 궁극적으로 새로운 종의 탄생을 가져온 중요한 원인이라고 설명했다. 그러나 사회진화론자들은 군사적·경제적 투쟁이 국가의 성공과 멸망을 가져온다고 주장했고 이들은 대부분 인종 우월주의를 지지했다. 독일인, 영국인, 미국인 등 앵글로색슨인들이 군사적·경제적 지배를 통해 제국을 건설한 것은 곧 이들이 다른 집단보다 우월한 증거라는 주장이었다.

19세기 말 다윈과 그의 해석가들의 저작을 번역한 중국 학자들도 인간 사회가 자연 세계의 여러 종(種)처럼 생존을 위해 경쟁한다고 결론 지었다. 그들은 중국인이 통일의 방법을 배우지 않으면 중국 문명은 경쟁 속에서 사라지게 될 것이라고 우려했다.[01] 어떤 사람들은 서구 인종의 일시적인 우월성을 인정했고, 강유위(康有爲) 같은 이들은 혼혈이 가장 강한 인종이 될 것이며 미래에는 유라시아 인종이 우월한 인종이 될 것이라고 생각했다.[02]

이처럼 잘못 이해된 이론들은 20세기 중국 민족주의 이념을 형성하는 데 중요한 역할을 했다. 그러나 자연도태(natural selection)와 진화에 대한 현대 이론은 이러한 주장을 뒷받침하지 않는다.

우선 자연도태에는 목적성이 없다. 자연은 인간의 목적에 맞추어 가장 생산적인 생물체를 만들어내려는 인공적인 식목업자나 동물 번식업자와는 다르다. 자연은 사전에 만들어진 목표를 위해 생물체나 사회를 만들지 않으며, 다른 것들을 지배해야 하는 "우월한" 생물체나 사회는 존재하지 않는다. 진화 생물학자인 스테판 제이 굴드(Stephen Jay Gould)의 말에 따르면 "자연은 나뭇가지 덤불이지 사다리가 아니다".[03]

자연도태는 모든 유기체가 번식할 때 주어진 환경에서 살아남을 수

---

01 Benjamin Schwartz, *In Search of Wealth and Power: Yen Fu and the West*, Harvard University Press, 1964; James R. Pusey, *China and Charles Darwin*, Harvard University Asia Center, 1983.

02 Emma J. Teng, *Eurasian: Mixed Identities in the US, China, and Hong Kong, 1842~1943*, University of California Press, 2013.

03 Stephen J. *Gould, Leonardo's Mountain of Clams and the Diet of Worms: Essays on Natural History*, Harmony Books, 1998 (스티븐 J. 굴드 지음, 김동광 · 손향구 옮김,『레오나르도가 조개화석을 주운 날: 고생물학자 굴드의 자연사 에세이』, 세종서적, 2008).

있는 것보다 훨씬 더 많은 수의 개체를 증식시킨다는 사실에 기초한다. 포식자들은 잉여 개체의 대부분을 먹어 치우고 적은 숫자만 남겨둔다. 다윈은 길이 3피트, 너비 2피트의 토지에서 357종의 묘목을 발견했는데, 이 가운데 295종은 곤충과 해충의 피해를 보았다. 모든 종에서 자연도태는 변이에 따라 결정되며 어떤 변이는 후대로 유전되기도 한다. "진화란 어떤 집단(population) 혹은 종(種)에서 유전 가능한 특징이 시간이 지나면서 변화하는 것을 말한다." 환경의 도전에서 살아남아 최대치로 번식한 종이 후대에 가장 큰 영향을 남기게 된다. 그러나 이런 생존자들이 자연이나 신에 의해 미래의 목표를 위해 의도적으로 "선택"된 것은 아니었다. 변화는 특정한 목표 없이 무작위의 돌연변이가 낳은 결과이다. "진화는 어떤 개체가 사망과 파괴로부터 살아남아 번식에 성공해서 일어난 것이지, 미래의 진보를 위해 그들이 선택되어서 일어난 것은 아니다."[04]

둘째, 진화에는 필연성이 없다. 진화의 과정은 예상할 수 없다. 우연성(contingency)은 자연과 인간 사회에서 모두 중요하다. 대부분의 역사가는 "저속한 마르크스주의," 즉 봉건제에서 자본주의와 사회주의로 나아가는 경제 발전의 필연적인 과정을 상정하는 결정론적 마르크스주의 이데올로기를 배격한다. 사실 마르크스 본인은 이 단계들이 모든 사회에 필요한 과정이라고 생각하지 않았으나 1930년대 스탈린은 이러한 이념과 공식 마르크스주의 역사를 공산주의 세계에 강요했다. 그러나 마르크스주의 역사가를 포함하여 오늘날 역사가 가운데 "봉건"과 "자본주의" 같은 단순한 개념을 사용하여 역사를 설명하는 사람은 거의 없다. 자본주의에는 여러 변종이 있으며 서로 다른 역동성과 경로가 있다. 청의 번성기에 발전한 중국

---

04 Colin R. Townsend, et al, *Essentials of Ecology* (Wiley-Blackwell, 2008), p. 41.

의 초기 근대 자본주의에는 동시기 유럽과 비슷한 점이 있었다. 그러나 그
것은 제국적인 구조 안에서 중국에서 발생한 것이었고 유럽의 경쟁국가
사이에서 등장한 자본주의와는 그 결과가 달랐다.[05]

인간 사회가 하나의 결정된 방향으로 변화한다고 주장하는 19세기
의 단순한 이념이나 미래 인간 사회의 진화를 예측하는 유물론적 원리를
우리는 믿지 않는다. 사회 변화에 대한 거대 이론을 구성하는 진화론적 원
칙 대신 우리는 구체적인 사례를 분석하는 데 더 온건한 원칙을 활용할 수
있다.[06]

적응과 저항(adaptation and resistance)은 인간과 다른 종의 진화에 공
동으로 영향을 끼친다는 점에서 중요하다. 제2차 세계대전 기간에, 그리고
그 후에 DDT와 같은 살충제의 사용은 진화사(evolutionary history)가 인간
과 자연 활동의 상호작용을 분석할 수 있음을 보여준다.

DDT는 제2차 세계대전 기간에 남태평양 군도에서 일본군과 싸우는
미군의 생명을 보호하려고 발명한 살충제였다. 이 지역의 원주민이 아닌
미국 병사들에게 말라리아는 심각한 위협이었다. 말라리아는 사람을 물
어서 피를 빠는 모기 안에 사는 미생물이 일으키는 병으로, 섬의 원주민들
은 말라리아에 대한 부분적인 저항력이 생기도록 진화했기에 외부인들만
큼 말라리아의 고통을 겪지는 않았다. 그러나 미군과 일본군은 모두 외부
인이어서 많은 병사가 말라리아로 사망했다. 미국 군부의 화학자들은 모
기를 죽이려고 DDT를 만들어냈고, 이것으로 미군은 일본군보다 경쟁력을

05 Jean-Laurent Rosenthal and R. Bin Wong, *Before and Beyond Divergence: The Politics of Economic Change in China and Europe*, Harvard University Press, 2011.

06 Edmund Russell, *Evolutionary History: Uniting History and Biology to Understand Life on Earth*, Cambridge University Press, 2011.

갖출 수 있게 되었다.[07]

종전 후 DDT는 미국 국내에 전해져서 기적의 약품으로 칭송되었다. 이것으로 미국에서 농작물을 해치는 많은 곤충을 박멸하고 세계 곳곳에서 말라리아라는 골칫거리를 제거할 수 있었기 때문이다. 그러나 미국 정부에서 근무하는 과학자였던 레이첼 카슨(Rachel Carson)은 DDT의 남용으로 자신의 집 주변에 사는 새들의 숫자가 줄어들고 있음을 발견했다. 새의 몸 안에 축적된 DDT는 알의 껍데기를 얇아지게 만들어서 어린 새끼들은 알 속에서 죽어버렸다. 레이첼 카슨의 유명한 책 『침묵의 봄(Silent Spring)』은 살충제의 남용이 여러 귀중한 종(種)을 사라지게 할 것이라고 예측했다. 그녀는 살충제의 폐기를 주장하지는 않았으나 살충제를 신중하게 통제하고 과학적 증거에 따라 사용해야 한다고 강조했다. 화학산업계는 카슨이 지나치게 "낭만적"이라고 공격하고 수백만의 인간 생명을 구하고 수백만 이상의 사람을 먹여 살리는 것이 새들의 생명보다 훨씬 중요하다고 주장했다.

그러나 카슨은 자연도태 때문에 DDT가 궁극적으로 효과가 없어질 것이라고 지적했다. DDT의 공격에서 살아남은 개체들은 후손에게 저항의 유전자를 넘겨줄 것이므로, 시간이 지나면서 모기와 다른 곤충들은 DDT에 저항하도록 진화하리라는 것이었다.

만약 다윈이 오늘날 살아있다면 곤충의 세계에서 적자생존의 논리가 놀랍도록 입증된다는 사실에 기뻐하고 또 놀랄 것이다. 강력한 화학약품을 사용하여 압력을 가하

---

07 Edmund Russell, *War and Nature: Fighting Humans and Insects with Chemicals from World War I to Silent Spring*, Cambridge University Press, 2001.

자 상대적으로 취약한 곤충 개체는 사라지고 있다. 여러 지역에서 그리고 여러 종 가운데 강하고 적응력이 있는 것들만이 남아서 자신들을 통제하려는 우리의 노력에 저항하고 있다. [08]

이 말은 실제로 현실이 되었다. 시간이 지나면서 말라리아를 퇴치하고 농작물에 사용하는 데 DDT는 점점 효과가 사라졌다. 처음에 살충제를 사용한 사람들은 더 많은 곤충을 죽이려고 더 많은 DDT를 사용했다. 그러나 DDT를 더 많이 사용한다고 해서 저항력이 강해진 곤충을 만들어내는 진화의 과정을 막을 수는 없었다. 유일한 대안은 DDT 사용을 포기하고 다른 효과적인 살충제를 찾아내는 것이었다.

레이첼 카슨의 책이 출판된 후 케네디 대통령은 위원회를 임명하여 DDT의 영향을 조사하게 했다. 1972년에 이 살충제는 마침내 사용이 금지되었지만, DDT가 다른 동물에 해를 끼칠 뿐 아니라 효과도 없다는 사실을 정치인들과 화학업계가 인정하는 데 10년이 걸렸다. 오늘날에도 우리는 여전히 다른 살충제에 대해 같은 문제를 겪고 있다. 최근 신문 보도에 따르면 중국의 농경지에서 사용되는 살충제는 효율이 3퍼센트에 불과하다고 한다. 결국 농민들이 살충제를 남용하면서 내성이 생긴 곤충이 더 빨리 진화하고 있는 것이다.

업계의 새로운 전략은 유전자변형생물체(GMO)를 만드는 것이었다. 과학자들은 식물의 체내에 저항력이 있는 유전자를 삽입하고, 이 유전자 없이는 식물이 죽을 수도 있는 살충제를 사용한다. 몬산토(Monsanto) 같은

---

08 Rachel Carson, *Silent Spring*, Fawcett, 1962 (레이첼 카슨 지음, 김은령 · 홍욱희 옮김, 『침묵의 봄』, 에코리브르, 2011).

농업기업은 특수한 살충제와 공동으로 작용하는 특수한 곡물 종자를 판매한다. 그러나 많은 미국 농민과 유럽 정부는 유전자변형생물체가 인체와 생태환경에 어떤 영향을 끼칠지 예측할 수 없음을 우려하여 유전자변형생물체 제품의 사용을 금지했다.[09] 미국에서 환경보호론자들은 기업이 유전자변형생물체 제품을 사용한 음식에 표시를 붙여서 소비자들이 구매 여부를 결정할 수 있게 하려고 노력한다. 하지만 캐나다에서 몬산토는 자신들의 제품을 사용하지 않으려는 농민들을 고소하고 있다. 식품 생산을 둘러싸고 현재 진행 중인 갈등은 자연도태와 진화의 과정을 통제하려는 인간의 노력을 보여준다. 이러한 갈등은 결코 끝나지 않을 것이며 어떤 결과를 가져올지 쉽게 예측할 수 없다. 그러나 이 모든 과정에는 우리가 읽어낼 수 있는 역사가 있다. 그것은 바로 자연의 진화를 통제하려는 인간 노력의 역사를 포함하여 진화 과정에 대한 지식은 공공 교육에서 핵심적인 부분이 되어야 한다는 점이다.

---

09 Chaia Heller, *Food, Farms and Solidarity: French Farmers Challenge Industrial Agriculture and Genetically Modified Crops*, Duke University Press, 2013.

생태사

진화사학자와 마찬가지로 생태사학자들 역시 생물과학의 통찰력을 활용할 것을 주장하지만 특히 생태학이 가장 중요한 지식이라고 주장한다. 이러한 연구 방법은 장기간에 걸친 인간과 자연의 관계를 체계적으로 이해하는 것을 목표로 한다. 이것은 인간 생태와 사회과학으로부터 얻은 이론적 통찰과 모델을 환경사와 결합하여 여러 학문 분야를 포괄하는 관점을 만들어낸다. 생태사학자들은 사회과학 연구를 과거의 일차 자료와 결부시키고 역사 연구를 현재적인 문제, 비교사적 시각, 그리고 현장조사 방법론과 연결하고자 한다.

　이러한 연구에 영향을 끼친 두 가지 중요한 개념은 지속가능성(sustainability)과 복원성(resilience)이다. 인간의 생산 시스템이 장기간에 걸쳐 지속할 수 있는 능력, 즉 지속가능성을 평가하는 것은 1) 자원의 고갈과 복원 속도, 2) 공공이익을 보호할 정치 기구, 3) 자연 위기에 대한 시스템의 취약성을 인간이 인식하는 것 등 세 가지 요소이다. 복원성은 어떤 시스템이 방해 요소에 얼마나 잘 대응하는지를 측정하는 것으로, 조정을 통해 계속 작동하는지 혹은 다른 상태로 변화하는지를 살펴본다.

　생태학은 19세기에 등장한 학문 분과로 생물 체계의 전체론적 분석에 초점을 두고 있다. 생태학의 주요 개념은 열역학(thermodynamics)에 의한 에너지 흐름에 관한 분석 및 현대 경제체제와 비슷한 생물체의 체계적

조직에서 비롯되었다.[10]

생태학자들은 역사학자들과 마찬가지로 여러 요소 사이의 체계적인 상호작용에 주목한다. 그들은 자신들의 분석 대상을 정확하게 측정할 수 있다는 장점이 있지만, 대부분의 생태학 연구는 단기간에만 진행할 수 있다는 한계가 있다. 생태학에서는 연못이나 숲을 10년간 관찰하는 것도 어려운 연구 과제가 될 수 있다. 이러한 점에서 역사학자들의 장기적인 시각이 생태학 연구에 도움을 줄 수 있다.

오늘날 생태학자들은 다양한 과학기술을 이용하여 유기체 간의 체계적인 상호관계를 검토한다. 어느 교과서에서 말하듯이 "생태학의 모든 질문은 유기체의 분배와 생산, 그리고 분배와 생산을 결정하는 모든 과정, 즉 생사(生死)와 이동의 과정을 이해하려는 것으로 수렴된다".[11]

생태학 연구의 핵심인 지속가능성이라는 개념은 인간이라는 하나의 유기체의 분배와 생산에 주목한다. 1992년 유엔의 지속가능한 발전에 대한 회의(The United Nations Conference on Sustainable Development)는 리우회의(Rio Conference) 혹은 지구 서미트(Earth Summit)라고도 알려졌다. 이회의는 지속가능성이란 인간이 예측 가능한 미래를 위해 지구의 자원을 계속 이용하는 능력이라고 정의하고, 지속가능성을 이루는 것이 전 세계의 목표라고 선언했다. 중국은 회의에 참석하여 이 목표에 찬성했다. 2002년에 리우+10회의가 남아프리카의 요하네스버그에서 열렸다. 20년 후인 2021년에 리우+20회의는 다시 리우데자네이루에서 개최되어 목표를 재

---

10 David Worster, *Nature's Economy: A history of Ecological Ideas*, Cambridge University Press, 1994 (도널드 워스터 지음, 강헌 · 문순홍 옮김, 『생태학, 그 열림과 닫힘의 역사』, 아카넷, 2002).

11 Colin R. Townsend, et al, *Essentials of Ecology* (Wiley-Blackwell, 2008), p.146.

확인했다. 그러나 이 목표를 향한 움직임은 매우 느리게 이루어지고 있다. 과학잡지 『네이처(Nature)』는 첫 번째 리우회의에서 제기된 지속가능성, 생물다양성, 평등의 세 가지 목표에 관해 전 세계 국가에 "F" 등급을 주었다.

측량 가능한 목표를 통해 지속가능성을 평가하는 것은 정치 활동에서는 유용하지만, 사실 지속가능성을 정확하게 정의하기란 매우 어렵다. 예를 들어 경제학자 윌리엄 노드하우스(William Nordhaus)는 국민소득을 측정하는 기존 방식을 더 확대하여 환경과 같은 비시장 활동이 포함되어야 한다고 주장한다. 그에 따르면 국민소득은 "현재와 미래 세대의 모든 구성원들이 지금과 같은 수준의 소비나 공공자원을 평생 누릴 수 있음을 보장한 상태에서 한 국가가 소비할 수 있는 최대치"를 측정해야 하며, 이를 "최대로 지속가능한 소비 수준"이라고 부르자고 제안한다.[12] 이 새로운 측정 방식은 자연 자원의 고갈을 GDP 통계에 포함하는 것인데, 미국이 경제 회계에 이 방식을 도입하려 하자 강력한 정치적인 이해 단체들이 여기에 반발했다. 이 측정 방식은 중국에는 아직 적용되지 않고 있다. 신뢰할만한 측정 방식이 없는 한 어떤 경제 정책이 지속가능한 것인지에 대한 논쟁은 명확한 해결책을 찾을 수 없다.

지구 자원의 수용 능력을 초과하는 인간의 요구가 지속될 수 없다는 사실은 명확하다. 그러나 수용 능력을 어떻게 측정할 것인가? 지구의 수용 능력은 우리가 받아들일 수 있는 정도의 생활수준을 어떻게 정의하느냐에 달려 있다. 어떤 이들은 만약 모두가 가난하다면 지구는 조(兆)에 달하는 인구를 부양할 수 있다고 예측한다. 한편 모두가 중국에서 "소강사회(小康

---

12 William D. Nordhaus, "New directions in national economic accounting," *American Economic Review* 90: (2000), pp. 259~263.

社會)"라고 부르는 "합리적인 생활 수준"을 누려야 한다고 생각한다면 지구는 단지 10억 명을 부양할 수 있다는 예측도 있다.

이 경우 세계 인구는 이미 합리적인 수용 능력을 한참 넘어섰다. 물론 자원은 매우 불평등하게 배분되고 있다. 1992년 세계에서 가장 부유한 나라들에 사는 8억 3,000만 명은 매년 평균 수입이 미화 2만 2,000달러에 달하지만 가장 가난한 나라에 사는 20억 명은 매년 미화 400달러를 벌고 있을 뿐이다. 현재의 인구 규모와 경제 성장이 지속 불가능한 것은 전체 인구 규모 때문인가, 혹은 부의 재분배 때문인가?

역사가들이 이 논쟁에 기여하는 방법은 인간 사회의 규모와 기술력의 팽창이 자연 자원에 압력을 가하는 과정을 검토하는 것이다. 우리는 불평등이란 적어도 농경이 시작된 이래 언제나 인류 사회의 일부분이었고 기술 진보와 인구 팽창은 대개 불평등을 심화시켜왔음을 알고 있다. 메소포타미아, 중국, 인도, 혹은 이집트의 최초 문명사회에서 등장한 군사 종교 엘리트들은 사람들을 지배하여 군대 노역, 종교 건축과 의례, 그리고 국가 건설에 복무하도록 만들었다. 산업혁명의 초기 단계에서도 세계적인 불평등이 심화했다. 이 과정에서 서유럽, 미국, 그리고 나중에 러시아와 일본은 세계 강국이 된 반면 중국, 인도, 그리고 다른 식민지들은 뒤처지게 되었다. 제2차 세계대전 이후 자본주의 진영과 사회주의 진영에서 모두 탈식민화와 경제개발이 진행되면서 불평등이 세계적으로 감소한 시기도 있었다. 그러나 오늘날의 전 지구화는 불평등의 심화를 불러오고 있는 듯하다. 미국의 소비자들은 식량과 에너지 자원을 과도하게 사용하는 반면, 세계의 다른 지역에서는 물, 식량, 삼림, 농지가 심각하게 부족하다. 토마스 피케티(Thomas Piketty)는 유럽과 미국에서 상위 10퍼센트 혹은 최상위 1퍼센트가 소유한 소득과 부의 비중이 1980년대 이래 지속해서 증가

했음을 보여준다.[13]

　　환경사학자들은 과거에 인류가 토지, 물, 삼림, 연료와 같은 주요 자원을 어떻게 사용했으며 국가, 군대, 상업기구, 사회구조와 같은 권력 기구가 사람 사이의 자원 배분을 어떻게 결정했는지를 구체적으로 묘사함으로써 지속가능성에 관한 토론에 참여할 수 있다. 이것은 과거 인류와 다른 생물체의 풍요와 배분에 관한 문제라는 점에서 "생태적" 주제라 할 수 있다.

13　Thomas Piketty, Arthur Goldhammer trans., *Capital in the Twenty-first Century*, The Belknap Press of Harvard University Press, 2014 (토마스 피케티 지음, 장경덕(유엔제이) 옮김, 이강국 감수, 『21세기 자본』, 글항아리, 2014).

복원성

지속가능성이라는 개념이 우리의 연구에 영감을 주기는 했지만 아마 "복원성"이 더 생산적인 개념이 될 수 있을 것이다. 복원성은 어떤 시스템이 각 구성 요소 간의 관계를 동요시키는 거대한 충격이나 방해 요인에 얼마나 잘 대응하는지를 측정하는 것이다. 방해 요인은 대개 가뭄, 홍수, 역병 같은 자연재해이기도 하고 전쟁이나 경제적 붕괴에서 비롯될 수도 있다. 어떤 자연 체계 혹은 인간 체계든 충격에 적응해야 한다. 그러나 어떤 힘은 시스템을 원래 상태로 돌려놓기도 하지만 어떤 힘은 시스템이 다른 상태로 "뒤집히는" 급격한 변화를 불러오기도 한다.

안정적인 것처럼 보이는 시스템도 단기간의 충격으로 놀랄 만큼 취약해질 수 있다는 점에서 복원성은 안정성과는 다르다. 간단한 예로 당구채의 끝에 균형을 잡고 매달린 공은 쉽게 떨어질 수 있다는 점에서 안정적이기는 하지만 취약하다. 평평한 탁자 위의 공은 건드리면 움직이지만 탁자에서 떨어지지는 않는다는 점에서 더 복원성이 있다. 주머니 속의 공은 복원성이 더 크다. 쓰러진 직후에 다시 제자리로 돌아오는 장난감 오뚜기도 복원성이 매우 크다.

생태학 연구의 핵심적인 문제 가운데 하나는 시스템 안에서 종(種)의 다양성과 복합성이 시스템의 복원성이나 안정성과 어떤 관계에 있느냐는 것이다. 대부분의 시스템에서 다양성이 클수록 충격을 받은 후 원상태로 돌아갈 가능성이 크다. 생물체가 많고 그들의 저항성이 다양하면 방해 요인의 효과가 종마다 달라서 그 영향이 분산되기 때문이다. 어떤 것은 죽고 어떤 것은 버텨내므로 공동체 전체는 대략 같은 방식으로 살아남는다. 만약 종의 숫자가 적고 다양하지도 않다면 예기치 못한 충격이 발생할 경우 모든 생물체가 똑같은 방식으로 타격을 입어서 거대한 참사가 일어나게 된다.

인류 사회는 더 많은 소비자를 부양하려고 소수의 작물을 특화하고 생태 체계의 다양성을 감소시킴으로써 생산력을 증대해왔다. 과도하게 단순화된 생산체제가 자연의 충격에 훨씬 취약하다는 사실은 여러 역사적 사례를 통해 입증된다.

19세기 아일랜드에서 발생한 감자 기근은 그 고전적인 사례이다.[14] 영국 지주들의 압박으로 아일랜드 농민들은 영국 소비자들을 위한 수출용 밀 생산으로 경작을 특화했지만, 정작 농민들 자신은 거의 전적으로 감자와 우유에 의존하여 살아갔다. 바이러스의 영향으로 감자 재배가 타격을 입고 수확량이 감소했을 때, 아일랜드 농민들은 수출을 위해 재배한 자기 곡식에 접근하지 못했고 영국인들은 이들을 적절히 구제하지 않았다. 그 결과 농민들은 굶주려 죽거나 아일랜드를 떠나 북미로 이주하게 되었다.

아일랜드인들은 기근에 관해 매우 고통스러운 기억이 있으며 영국인들이 아일랜드인들이 굶주리도록 무자비하게 방치했다고 비난한다. 그러나 아일랜드 기근의 근본적인 원인은 생태적 단순화였다. 다양한 작물을 재배하는 대신 감자라는 하나의 품종에 지나치게 의존한 결과 재해에 취

---

14 Joel Mokyr, *Why Ireland Starved: A Quantitative and Analytical History of the Irish Economy, 1800~1850*, George Allen & Unwin, 1983; Cormac Ó'Gráda, Economic History Society, *The Great Irish Famine*, Cambridge University Press, 1995.

약해진 것이었다. 생산체제는 흔히 특화를 통해 생산성과 수익성이 더 높아지는 것처럼 보인다. 감자와 우유가 결합하면 매우 영양가가 높아지므로 아일랜드 농민들은 열심히 일해서 영국인들이 요구하는 작물을 생산할 수 있었다. 그러나 그 체제는 복원성이 낮아서 단순한 미생물의 충격으로 인해 붕괴하여 다른 상태로 뒤집히고 말았다.

적응 주기

"적응 주기"는 원래 생태학자인 홀링(C. S. Holling) 등이 1970년대에 개발한 용어로 복원성을 더 체계적으로 확장한 개념이다.[15] 홀링은 생태 체계(ecosystems)가 급격한 변화를 겪는 것을 보고, 안정적인 상태에 있던 생태 체계가 어떤 주기로 변화하는지를 설명하고자 했다. 생태 주기에는 네 단계가 있다. 첫 번째 알(r) 단계는 "개발(exploitation)"로 목초지와 같은 개방된 영역에서 여러 종(種)이 서로 경쟁하며 급격히 확산하고 성장하는 단계를 가리킨다. 두 번째 케이(K) 단계는 "보존(conservation)"으로 성장 속도가 느려지고 얻은 것을 보호하는 단계이다. "극상림(climax forest)"이 그러한 예이다.[16] 우리는 이 모델을 생태계뿐만 아니라 인간 경제에도 적용해볼 수 있다. 경제이론가들에 따르면 알(r) 단계는 기업가들의 활동을 보여주는 반면, 케이(K) 단계는 관료제적인 경화(硬化) 상태를 보여준다. 그러나 경화 상태가 진행되면 자연이든 인간 조직이든 시스템은 점점 복원력을 잃고 외부의 충격에 취약해진다. 그때 산불, 가뭄, 병충해, 혹은 금

---

15 Lance H. Gunderson&C. S. Holling eds., *Panarchy: Understanding Transformations in Human and Natural Systems*, Island Press, 2002.

16 (역자주) 숲은 오랜 시간에 걸쳐 서서히 변화해가는 천이과정(遷移過程)을 거치는데, 식물들이 햇빛과 땅의 수분 조건이나 기후 조건이 가장 적합하고 안정화된 상태에서 숲의 마지막 단계인 극상림에 이른다. 극상림의 단계에서 숲은 모습이 변하지 않고 안정된다.

융 위기, 재정 위기, 반란과 같은 재앙이 발생하면 그 시스템은 세 번째 단계인 "방출(release)," 즉 오메가(*Ω*) 단계로 옮겨가는데, 이것은 재앙적인 붕괴의 시기이다. 경제학자 슘페터(Schumpeter)는 이 과정을 "창조적인 파괴"라고 명명했다. 역사학자들에게는 왕조의 붕괴에 해당할 수 있다.

붕괴 후에는 마지막 네 번째 단계인 "재조직(reorganization)", 즉 알파(*α*) 단계로 진입한다. 이때 붕괴로 방출된 물질이나 양분이 다시 합쳐져 새로운 성장의 단계가 시작된다. 선구적인 종(種)은 불타버린 땅에 다시 씨를 뿌리고 새로운 식물이 호수에서 자라나고 삼림과 초원이 되살아난다. 그러면 새로운 성장 단계가 시작되어 요소 간의 새로운 조합이 이루어지거나 혹은 이전 과정이 반복되기도 한다.

이러한 적응 주기의 개념은 왕조의 순환이라는 전통적인 중국적 개념과 흥미로운 유사점이 있다. 전통적인 중국의 왕조 순환 이론은 성장에 관한 강조, 복원성의 상실, 붕괴, 그리고 새로운 왕조나 생물학적 체제하에

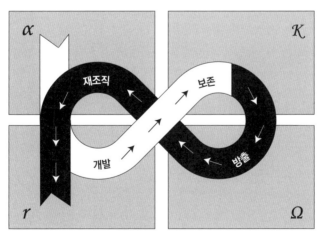

[삽화 6] 적응 주기(The adaptive cycle)

서의 재조직 등 적응 주기와 비슷한 특징이 있다. 물론 적응 주기는 자연과학에 기반한 것이고 도덕성을 논하지는 않지만 기본적인 양식은 왕조 순환 이론과 동일하다.

홀링이 제시한 적응 주기 모델은 원래 북미 동부 지역의 가문비나무 (spruce fir) 숲, 가문비나무 유충, 그리고 유충을 통제하는 새들 간의 관계를 살피는 데 사용되었다. 여기에는 두 번의 안정적인 단계가 있었는데, 하나는 유충의 개체수가 적고 나무가 성장하는 단계이고, 또 하나는 유충의 개체수가 많고 나무가 성장을 마치고 낙엽이 많은 단계이다. 40년에서 130년 간격으로 일어나는 자연 주기에서 발삼전나무(balsam fir)의 80퍼센트가 유충의 공격으로 죽는다. 한 단계에서 다른 단계로 갑자기 이전하는 이유는 유충의 개체를 적은 수로 유지시키는 새들의 활동에 변화가 일어났기 때문이다. 다 자란 나무의 잎사귀가 두꺼워져서 새들이 유충을 쉽게 찾지 못하게 되면 유충의 개체수가 급격히 증가하고, 그러면 나무가 피해를 보아서 생태 체계가 다른 단계로 이전되는 것이다.

자연계의 세 가지 주체들로만 구성된 이 단순한 모델은 과학과 환경 정책에서 모두 중요한 의미를 지닌다. 생태학자와 경제학자들의 이전 예측과 달리 이 모델은 생태 체계가 저절로 균형 상태에 이르는 것이 아님을 보여준다. 대신 생태 체계는 여러 단계 사이에서 예측 불가능한 방식으로 순환하며 급격하고 파멸적인 방식으로 변화한다.

환경 정책의 결정과 관련하여 이 모델은 인간이라는 관리자가 자연 체계에 개입할 때 정확히 무엇을 어떻게 해야 하는가에 대한 질문을 제기한다. 레이첼 카슨은 DDT로 가문비나무 유충의 공격에 맞서 싸우려는 노력은 헛된 것이며 이는 삼림 관리자들이 적응 주기의 역동성을 이해하지

못한 사례라고 언급했다.[17]

첫째, 적응 주기 모델은 한 시스템이 영원히 안정적인 상태에 이를 수 있다는 생각에 의문을 제기한다. 자연에는 "방출" 혹은 "생산적인 파괴" 혹은 "영원한 혁명"과 같은 반복적이고 산발적인 흐름이 내재한 것으로 보인다. 둘째, 이 모델은 복원성의 기본적인 한도, 즉 생태 체계 혹은 사회체제가 예측하지 못한 충격에 저항하는 능력을 보여준다.

삼림, 제국, 혹은 경제가 팽창하는 것으로 보이는 기간에 실제로는 복원성이 감소하고 재앙의 위협이 증가하는 상황이 은폐될 수도 있다. 이때 지속가능성이란 단순히 인간의 요구와 자연의 수용력 간에 균형을 이루는 차원의 문제가 아니다. 지속가능성을 확보한다는 것은 적응 주기가 이처럼 심각한 결과에 이르게 하는 잠재적인 요소들을 제거하는 것을 의미한다.

---

17   레이첼 카슨, 『침묵의 봄』.

황하의 생태 체계

황하의 역사는 적응 주기의 진행 과정을 보여주는 좋은 사례로 인간의 개입이 자연 과정에 어떤 영향을 끼치는지를 잘 보여준다. 황하는 많은 양의 침전물을 운반하는데, 이것은 나무가 사라진 중국 서북의 황토 고원에 큰 비가 내린 후 황토가 강물에 씻겨 내려온 것이다. 북중국 평야에 이르러 강의 유속이 느려지면서 황토는 더 증가한다. 자연적인 상태라면 이 침전물은 강이 평지를 넘어 이리저리 흘러가게 했을 것이다.

그러나 인류는 기원전 1000년 경에 북중국에 정착하여 팽창의 "알파 단계"를 만들었다. 정착지를 보호하려고 인간은 강 주위에 제방을 건설하여 황토를 하나의 수로로 흐르게 했는데 그 결과 강바닥이 계속 높아졌다. 그 대응책으로 중국의 정착민들과 수리공학자들은 막대한 노력을 들여 제방을 더 높이 건설했다. 하천의 흐름을 관리하기 위해 황하의 생태 체계는 더 많은 자본과 노동을 투입하는 케이(K) 단계에 들어갔다. 그러나 결국 인간의 노력은 상승하는 하상(河床)의 압력을 지탱할 수 없었다. 제방이 붕괴하여 강물이 평지로 범람하고 수백만 농민이 삶의 터전을 잃는 오메가 단계, 즉 재앙적인 방출의 단계에 들어선 것이다.

인간의 관점에서 보면 마지막 "재조직" 단계는 농민의 대규모 이주, 농지와 촌락의 파괴, 그리고 엄청난 인간적인 고통을 의미했다. 사람들이 다시 정착하면서 순환 주기가 새롭게 시작되었다. 인간이라는 주체를 포함시키면 이 과정은 적응 주기의 추상적 모델과 매우 흡사하다.

그러나 황하의 역사를 살펴볼 때 우리는 또 하나의 요소를 고려해야 한다. 때로 방출의 단계는 정치적 목적을 위해 인간이 의도적으로 촉발하기도 했다. 중화제국의 역사에서 몇 차례에 걸쳐 관리들은 전략적인 이유로 제방을 고의로 폭파했다. 12세기에 송의 통치자들은 금나라 군대를 저지하려고, 16세기에 명의 통치자들은 황실의 묘릉(廟陵)을 보호하려고, 그리고 20세기에 장개석은 일본군의 북중국 침입을 저지하려고 제방을 폭파했다. 각각의 사례에서 수리를 이용한 전투는 실패했고 막대한 인명 손실을 초래했다.[18]

이러한 사례는 생태 체계와 달리 인간 체제에서는 정치 엘리트들이 심각한 결과를 초래할 생태적 결정을 내렸음을 보여준다. 이 경우에 홍수는 의도된 목표였지만 적군을 저지하겠다는 목표는 실패했다. 당시의 정치 엘리트들은 사람들의 안전보다 정치권력에 더 관심을 기울였다. 황하에 대한 정치적 개입의 역사는 인간의 활동이 오랜 생태 변화만큼이나 황하의 흐름에 영향을 주었음을 보여준다.

---

18 Zhang Ling, "Changing with the Yellow River: An Environmental History of Hebei, 1048~1128," *Harvard Journal of Asiatic Studies* 69:1 (2009), pp. 1~36; Ma Junya and Tim Wright, "Sacrificing Local Interests: water control policies of the Ming and Qing governments and the local economy Huaibei, 1495~1949," *Modern Asian Studies* 47 (2013), pp. 1348~1376; Peter C. Perdue, "Ecologies of Empire: From Qing Cosmopolitanism to Modern Nationalism," *Cross-Currents* 8 (2013), pp. 5~30.

황하에 대한 인간의 역사

황하는 북중국의 수백만 농민에게 필수적인 관개용수와 비옥한 토지의 원천이지만 동시에 반복해서 가옥을 침수시키고 농지를 무너뜨리는 재앙의 근원이기도 했다. 중국의 통치자들에게 황하는 개입해야 할 대상으로 여겨졌다. 황하의 치수는 그들의 지배를 유지하는 핵심이자 경쟁자와의 전쟁에서 활용할 수 있는 군사 무기이기도 했다. 마지막으로 황하는 고지대의 삼림, 황토, 중앙유라시아로부터의 강우(降雨)를 저지대의 삼각주 및 중국의 해안과 연결하는 하나의 거대한 생태 체계였다. 그러나 이것은 또한 끊임없는 생태적·인간적 재앙을 만들어내는 좌절의 대상이기도 했다. 황하를 "중국의 슬픔"이라고 부르는 데에는 이유가 있다.

황하에 대한 최근의 연구서 3권은 중국 정부, 물·토양·기후와 같은 자연력, 그리고 북중국 평원의 거주민들이 지난 1,000년 동안 어떻게 상호작용을 해왔는지를 상세히 보여준다. 이 책들은 생태사와 환경사의 시각을 적용하여 황하에 대한 우리의 이해에 새로운 관점을 더해준다. 동시에 농민들이 북중국의 경관을 만들어가는 과정에서 황하의 범람으로 겪어야 했던 고통에 대해서도 주의를 기울인다.[19]

---

19 Micah S. Muscolino, *The Ecology of War in China: Henan Province, the Yellow River, and Beyond, 1938~1950*, Cambridge University Press, 2015; David A. Pietz, *The Yellow River: The Problem of Water in Modern China*, Harvard University Press, 2015; Ling Zhang, *The*

저자들은 11세기부터 21세기에 걸쳐 황하의 역사를 검토한다. 그들
은 공통적으로 황하 그 자체, 황하를 통제하려는 국가, 그리고 그 그늘에서
살아가는 북중국의 농민들에게 주목하고, 전쟁 기간의 충돌, 인구 증가, 토
지 개간, 경제 변화, 재앙과 같은 주제를 분석한다. 이 거대한 하천 체계는
다양한 분석이 필요하기에 황하에 관한 연구가 이것으로 다 끝난 것은 아
니다. 그러나 저자들은 주제의 시간적 한계, 공간적 범위, 국가정책, 사회
사에 대해 각각 서로 다른 접근방식을 취하고 있다.

장령(張玲, Ling Zhang)은 11세기부터 12세기까지의 짧은 시기를 검
토한다. 이 시기에 송(宋)은 오늘날 하북성과 하남성의 경계와 거의 일치
하던 황하의 수로를 북쪽으로 돌려 북중국 평원을 가로지르도록 바꾸어
놓았다. 송의 통치자들은 이 범람하는 자연 지형과 다른 인공 호수를 이용
하여 요(遼)의 군대를 저지하리라 기대했지만 그들은 결국 실패했다. 송은
일시적으로는 요의 침입에 맞서 정권을 유지했다. 1125년 여진족의 금(金)
이 요를 멸망시키자 송의 통치자들은 다시 한번 황하를 무기로 사용하고
자 1128년 제방을 붕괴시켜서 황하의 물길을 남쪽으로 바꾸어 놓았다. 수
백만의 농민이 이산(離散), 침수, 기근으로 고통을 겪는 동안 송은 금과 전
투를 벌였다.

장령은 송이 동북 지역의 요와 대적하기 위해 황하를 무기로 이용하
려고 의도적으로 강의 물길을 북쪽으로 바꾸는 과정을 세밀하게 추적한
다. 이러한 전략이 효과가 없었으므로 송 황실에서는 경쟁관계에 있는 엘
리트들이 치수를 둘러싸고 격렬한 논쟁을 벌였다. 어떤 이들은 황하의 수

River, the Plain, and the State: An Environmental Drama in Northern Song China, 1048~1128,
Cambridge University Press, 2016.

로를 원래대로 돌려놓아야 한다고 주장한 반면, 다른 이들은 12세기에 제
작된 『우공도』에 실린 것처럼 고대에 우(禹)가 세운 것으로 추정되는 방향
으로 물길을 돌려야 한다고 주장했다. 『우공도』의 그림은 장령의 책 표지
에 실려 있다. 송 황실에서는 황하 수리 정책을 둘러싸고 많은 논쟁이 벌
어졌고 여러 파벌이 경쟁했다. 이 논쟁은 신화 속 우의 시대부터 존재해온
두 가지 상반된 견해를 보여준다. 강을 막을 것인가 아니면 흐르게 할 것
인가? 각 주장에는 지지하는 사람들이 있었다. 어떤 이들은 강의 물길을
원래대로 남쪽으로 옮기려고 시도했지만 막대한 비용 때문에 포기했다.
결국 송대의 물길보다 더 북쪽에 있었던 것으로 보이는 우의 원래 수로
를 따라야 한다고 주장한 사람들이 승리했다. 후대의 학자들은 송대의 수
리 정책이 성공적이었다고 칭찬하고 "우의 수로가 복원되었다"라고 선언
했다.[20] 그러나 신화 속 우의 수로는 알 수가 없기에 이러한 주장은 공허한
수사일 뿐이었다.

　　하천을 무기로 사용한다는 이 전례 없는 계획을 실행하려고 송은 하
북 지역의 환경과 노동력에 막대한 손해를 끼쳤다. 한편 황하는 스스로 흐
름을 따라 계속해서 평지로 흘러갔고 결국 원래의 위치로 돌아갔다. 80년
동안 황하는 화북평원에서 계속 수로를 바꾸어가면서 농지를 침수시키고
농민들을 이산시키고 집, 사람, 동물을 파괴하고 질병을 퍼뜨리고 경제 활
동을 붕괴시켰다. 황하는 비옥한 토사를 일부 실어와 농지를 다시 회복시
키기는 했지만, 강의 침전물은 대부분 모래였으므로 수 세기 동안 농지는
쓸모없는 것이 되었다. 금의 침입과 황하의 남류(南流)로 까다로운 치수,
궁핍한 농민, 그리고 우유부단한 관리들의 시대가 막을 내렸다.

20　Zhang, *The River, the Plain, and the State*, p. 133.

장령은 상대적으로 짧고 잘 알려지지 않은 사건 속에서 큰 의미를 찾아낸다. 앙리 르페브르(Henri Lefebvre)와 에드워드 소자(Edward Soja) 등 문화지리학자들은 생활공간(lived), 인지공간(perceived), 상상공간(conceived spatiality) 간의 상호관계라는 개념을 통해 공간에 대한 인식론을 설명하는데, 장령은 이들의 개념을 이용하여 자연, 국가정책, 일상생활 간의 상호작용을 "삼원(三元, trialectical)" 모델로 설명한다.[21] 장령은 다른 학자들과 달리 치수에 영향을 끼친 내부적인 정치 논쟁이나 재정 정책에 주목하지 않는다.[22] 대신 진정한 환경사적 관점에서 강의 흐름, 인간 활동, 사회생활을 훌륭하게 연결한다. 일차 자료에 대한 철저한 분석, 수리 연구 및 자연과 지리의 비교 연구에 대한 폭넓은 이해, 중국인의 삶에 대한 깊은 애정을 바탕으로 장령은 중국 중세 시기의 근본적인 환경 변화를 이전의 어떤 연구보다 더 통찰력 있게 보여준다.

장령은 또한 송대 경제 발전에 대한 일반적인 이해에 대해서도 의문을 제시한다. 그녀는 마크 엘빈(Mark Elvin)부터 로버트 하트웰(Robert Hartwell)까지 경제사학자들이 한정된 중심부의 성장에만 지나치게 집중해왔다고 주장한다.[23] 하북은 명청 시대에는 대도시의 발달로 유명해졌지

---

21 Edward W. Soja, *Thirdspace: Journeys to Los Angeles and other Real-and-Imagined Places*, Blackwell, 1996; Henry Lefebvre, *The Production of Space*, Blackwell, 1991.

22 Christian Lamouroux, "From the Yellow River to the Huai: New Representations of a River Network and the Hydraulic Crisis of 1128," in Mark Elvin and Liu Ts'ui-jung eds., *Sediments of Time: Environment and Society in Chinese History* (Cambridge University Press, 1998), pp. 545~584.

23 Mark Elvin, *The Pattern of the Chinese Past*, Stanford University Press, 1973 (마크 엘빈 著, 李春植 · 金貞姫 · 任仲爀 共譯, 『中國歷史의 發展形態』, 신서원, 1989); Robert Hartwell, "A Revolution in the Iron and Coal Industries during the Northern Sung, 960~1126 A.D.," *Journal of Asian Studies* 21:2 (1962), pp. 153~162.

만 송대에는 전혀 그렇지 않은, 전쟁에 시달리는 낙후된 주변부였다. 빈곤한 하북 지역에 주목함으로써 장령은 중국의 경제 발전에 극심한 불평등이 존재했음을 지적한다. 이러한 주변부 지역에는 수백만 명이 살았으며 그들만의 경제적인 흐름이 존재했고, 서로 다른 흐름이 다른 지역에 큰 영향을 끼쳤다. "수리 생산 모델"이 중국의 국가를 지탱했다는 비트포겔의 이론과 달리 장령은 이것이 값비싼 "수리 소비 모델"이었다고 주장한다. 치수에 대한 자만심은 국가 권력을 지탱해준 것이 아니라 오히려 재정적·사회적 위기를 악화하는 고비용의 실패한 사업 속으로 블랙홀처럼 국가를 끌어들였다.

한편 미카 무스콜리노(Mica Muscolino)는 1938년부터 1950년까지의 짧은 시기 인근 하남성의 상황에 주목한다. 이 시기에 국민당 정부는 또다시 강을 무기로 사용했는데, 일본군의 화북 침공을 저지하려는 필사적인 시도로 황하의 제방을 폭파했다. 무스콜리노는 국가가 초래한 범람의 결과를 생생하게 묘사한다. 국가 안보라는 목적을 위해 수백만 농민의 삶을 희생시켰지만 이번에도 외세의 침입은 막지 못했다. 인간이 만들어낸 홍수는 기껏해야 일본군의 진격 속도를 늦추어서 국민당 군대가 재집결할 수 있는 시간을 벌어주었을 뿐이었다. 오늘날 어떤 학자도 이처럼 짧은 지체를 위해 그토록 거대한 희생을 만든 것이 정당하다고 여기지 않는다. 저자는 중국 정부가 더 큰 목표를 위해 국민을 어떻게 반복해서 희생시켰는지에 관한 끔찍한 이야기를 소개하고, 독재자들의 정책 결정에 일반인의 목소리는 전혀 반영되지 않았음을 보여준다. 국민당 정부와 중화제국은 이런 측면에서 서로 크게 다르지 않았다.

무스콜리노는 장령과는 다른 패러다임을 사용한다. 그는 인간과 자연의 에너지 흐름이라는 개념을 이용하여, 에너지를 장악하려는 노력이 군사 전략과 구호 활동을 어떻게 규정했는지 설명한다. 장령과 마찬가지로 무스콜리노의 책에서 가장 뛰어난 부분은 황하 범람의 여파를 설명하는 대목이다. 황하가 계속 물길을 바꾸는 동안 모든 풍경은 피난민으로 가득 찼고 군사작전은 계속되었다. 척박한 북부에 피난민들을 정착시키려고 한 국민당 정부의 시도는 환경적 재앙과 정책적 실패가 빚은 한 편의 블랙코미디였다. 중국인과 외국인들이 최선을 다해 인도주의적 노력을 기울였지만 국가는 사람들의 복지에 무관심했다.

최근 많은 학자가 에너지와 자원의 역사에 관심을 기울이고 인류가 자신의 목적을 위해 자연 자원을 찾아내고 활용해온 과정을 살피고 있다. 전통적인 환경사가 식물, 동물, 인간과 같은 유기체에 관심을 기울인 것과 달리 새로운 환경사는 석유, 석탄, 전기, 물, 토양 등 비생명체에 주목한다.[24] 그러나 무스콜리노나 장령과 같은 학자들은 첫째 인간은 모든 생명체를 성장하게 하는 에너지를 생산하고 있으며, 둘째 비인간 객체는 인간이 생산과 교환의 체계 속으로 그들을 끌어들일 때 비로소 역할을 갖게 된다는 점을 보여줌으로써 이 두 방향의 환경사를 통합하고 있다. 무스콜리노와 장령은 다른 중국 연구자들이 새로운 연구방법을 개발하도록 이끌어주고, 자신들의 관점을 세계 여러 지역의 역사가와 사회과학자들과 연결하고 있다.

그러나 송대와 달리 20세기 중국은 외세의 영향이 매우 강한 시기였다. 공학 기술, 토양 전문가, 인도주의적 지원 등의 측면에서 자연과 지역

---

24 "에너지의 역사(Energy History)": http://www.fas.harvard.edu/~histecon/energyhistory/;
"자원이 되는 물질들: 중국의 자원 탐사와 개발에 대한 학제간 심포지엄(Resourceful Things: An Interdisciplinary Symposium on Resource Exploration and Exploitation in China)," 2016년 4월 하버드대학과 보스턴대학에서 개최된 심포지엄.

사회에 대한 활동가들의 개입이 증가했다. 19세기 말 이래 중국이 자원 개발을 위한 새로운 과학을 수립하면서 네덜란드, 독일, 일본, 미국의 수리학자, 지질학자, 공학사들은 중국인 동료들에게 자원을 개발하여 국가를 부강하게 만들 방법을 조언해주었다.[25] 미국의 토양 보존가 월터 로더밀크(Walter C. Lowdermillk)는 섬서의 피난민 재정착지에서 생태 파괴가 광범위하게 일어나고 있음을 지적하고 인간의 생존을 지탱하는 데 있어 화북 토양의 한계 지점을 분석했다. 그와 다른 학자들은 화북 농민들의 생활수준 향상을 위해 비료, 수자원, 종자 선택에 대규모로 투자할 것을 제안했다. 그러나 피난민에게는 자본이 없고 당시는 전쟁 중이었으므로 선의를 가진 외국인들의 조언에도 불구하고 정부는 이러한 사업을 수행할 수가 없었다.

　전후의 회복기에 연합국구제부흥기관(UNRRA)의 지원으로 중국 정부는 화학비료로 토양의 질을 개선하고, 빈곤한 농민들에게 종자와 가축을 제공하고, 홍수로 범람한 토지를 개간하고자 트랙터를 사용하기 시작했다. 산업기술의 도움으로 화학적·인적·기계적 에너지를 대량으로 투입한 결과 이 지역은 완전한 폐허에서 가난하지만 생존 가능한 수준의 생활로 회복되었다. 1946년 연합국구제부흥기관은 파손된 제방을 보수하여 황하를 원래의 물길로 돌려놓았다. 그러나 전쟁은 그치지 않았다. 1947년에 중국 공산당은 범람 지역의 75퍼센트를 점령했고,[26] 1949년에 중국 전체

25　Victor Kian Giap Seow, "Carbon Technocracy: East Asian Energy Regimes and the Industrial Modern, 1900~1957," PhD dissertation, Harvard University, 2014; Shirley Ye, "Business, Water, and the Global City: Germany, Europe, and China, 1820~1950," PhD dissertation, Harvard University, 2013; Shellen Xiao Wu, *Empires of Coal: Fueling China's Entry into the Modern World Order, 1860~1920*, Stanford University Press, 2015; Yingjia Tan, "Revolutionary Current: Electricity and the formation of the Party-State in China and Taiwan, 1937~1957," PhD dissertation, Yale University, 2015.

26　Muscolino, *The Ecology of War in China*, p. 221.

를 차지하게 되었다.

중국 공산당은 내전에서 승리한 후 1951년에 3,730헥타르에 달하는 거대한 황범구농장(黃泛區農場)을 건설했다. 사람들이 돌아오고 생산이 급증했다. 그렇다면 전시 기간의 영향은 일시적인 것이었을까? 장령은 11세기의 전쟁이 이후 수 세기 동안 화북평원의 경제에 피해를 끼쳤음을 지적했고, 무스콜리노는 막대한 자원을 투입함으로써 화북평원의 경제가 단기간에 회복했음을 설명했다. 무스콜리노는 자연의 회복력을 강조하며 "노동의 인내력과 자연적인 변화가 전쟁의 상흔을 감추었다"라고 말한 존 맥닐(John McNeill)의 20세기 역사에 대한 평가에 동의한다.[27] 그러나 장령과 무스콜리노는 모두 화북평원을 치유한 것이 자연만은 아니었음을 지적한다. 치수와 토양 굴착에 막대한 인적 자원을 투입함으로써 화북평원은 생기를 회복할 수 있었다. 물, 토지, 그리고 인력의 대규모 군사화는 1950년대와 1960년대 대중 동원의 암울한 기반이 되었다.

데이비드 피츠(David Pietz)의 야심적인 연구는 황하 전역을 더 큰 규모로 더 긴 시간 속에서 분석한다. 책의 앞부분은 수문학(水文學, hydrology), 고대의 치수 관념, 그리고 송대부터 민국 시기에 걸친 치수와 관련한 사건을 간략하게 검토한다.[28] 그러나 이 책의 핵심이자 가장 중요한 부분은 모택동 시기에 관한 내용이다. 피츠의 책은 무스콜리노의 책이

---

27 Muscolino, *The Ecology of War in China*, p. 234.

28 사실 황하 치수의 초기 역사에 대한 피츠의 개괄은 너무 포괄적이고 간단하며, 장령이 책에서 분석한 내용이나 그녀의 초기 연구에서 인용한 자료가 포함되어 있지 않다. Zhang Ling, "Changing with the Yellow River: An Environmental History of Hebei, 1048~1128," *Harvard Journal of Asiatic Studies* 69:1 (2009), pp. 1~36; Zhang Ling, "Ponds, Paddies and Frontier Defence: Environmental and Economic Changes in Northern Hebei in Northern Song China (960~1127)," *Journal of Medieval History* 14:1 (2011), pp. 21~43.

끝난 지점에서 시작하는데, 여기에서는 초기 모택동 시기의 낙관적인 분위기가 드러난다. 이 시기에 공산당 간부들은 황하의 재앙적인 범람을 최종적으로 그리고 영원히 제거하고, 동시에 황하의 물을 활용하여 농업 생산과 수력을 증대하겠다는 확고한 목표가 있었다. 그러나 자연은 모택동 사상의 유혹에 대해 면역력을 갖고 있었다. 대약진운동이 생태계의 기초 원리를 위반함에 따라 엄청난 규모의 기근이 발생했고 적어도 3,000만 명이 목숨을 잃었다. 거대한 삼문협(三門峽) 댐은 황하를 깨끗하게 해줄 것으로 기대되었지만 결국 토사가 쌓여 10년도 되지 않아 거의 쓸모가 없어졌다. 홍수는 멈추었지만 대신 화북 사람들은 정반대의 문제에 직면해야 했다. 홍수 대신 가뭄이 계속되었고 황하의 물길이 바다까지 이르지 못하는 사태가 이어졌다. 막대한 양의 물이 공업용수로 전환되었고 악취가 나는 독성 폐수가 강으로 배출되었다. 반면 수도요금을 많이 내지 않는 도시와 농촌의 사용자들은 수리 자원을 대량으로 낭비했다. 21세기에 가장 독재적인 국가 가운데 하나인 중국이 수자원 관리에 이처럼 처참하게 실패했다는 사실은 반드시 설명이 필요하다.

앞서 주디스 샤피로(Judith Shapiro)의 연구처럼 피즈는 21세기 중국의 수리 전문가와 중앙 정책 결정자들이 시야가 좁았음을 설득력 있게 보여준다. 그들의 인식 속에서 자연은 정복해야 할 적이고 물은 개발해야 할 자원이었다.[29] 그들은 체계적으로 판단하지 않았고 야심적인 계획이 환경에 미칠 영향을 고려하지 않았다. 강물을 농업, 수력 발전, 경제 용도로 동시에 사용하려는 시도는 황하 체계에 감당할 수 없는 압력을 가했다. 토질

---

29 Judith Shapiro, *Mao's War against Nature: Politics and the Environment in Revolutionary China*, Cambridge University Press, 2001.

이 파괴되고 염류화가 진행되었으며 거대한 제방 뒤에는 토사가 쌓여갔다. 생태이론가인 랜스 건더슨(Lance H. Gunderson)과 홀링(C. S. Holling)이 말한대로 생산에만 주목하는 것은 나쁜 공정(bad engineering)이다. 이는 자연의 움직임과 인간의 활동이 서로 맞물리는 시스템에서 오직 곡물과 철강이라는 두 가지 변수만을 극대화하려는 것이다.[30] 그러나 피츠의 관심은 공학자들의 관점에 국한되어 있어서 대형 건설 사업이 사회적 삶에 끼치는 영향은 잘 살펴보지 않는다.

일반인의 삶에 가장 근접한 것은 역설적이게도 최소한의 사료를 활용한 장령이다. 그녀는 국가가 만들어낸 범람에 희생된 화북 농민들의 고통에 진심어린 공감을 보여준다. 이것이 가능했던 것은 그녀의 탁월한 문학적 능력 때문만이 아니라 그녀가 자료에 깃들어 있는 유가 관리들의 도덕심을 추적했기 때문이다. 유가 관리들은 고전 교육을 통해 인(仁)의 가치를 따라야 한다고 배웠고 그중 일부는 적어도 이러한 숭고한 목표를 이루려고 노력했다. 장령은 국가의 수리 사업 때문에 죽은 사람들을 추모하는 시인과 관리들의 말을 다음과 같이 인용한다. "10호(戶) 가운데 8~9호는 물에 빠져 물고기 밥이 되었다."[31] 모든 관료가 그러하듯이 그들은 명령에 따라 조세 징수를 극대화하고 지역 질서를 지켜야 했다. 그들은 성인이 아니라 그저 인간이었다. 그러나 성군(聖君)이라는 고전적 이상은 계속 유지되어 송대 군사정권의 가혹한 전략 아래에서도 보편적인 주제로 남아

---

30 Lance H. Gunderson & C. S. Holling eds., *Panarchy: Understanding Transformations in Human and Natural Systems*, Island Press. 2002; Peter C. Perdue, "Ecologies of Empire: From Qing Cosmopolitanism to Modern Nationalism," *Cross-Currents: East Asian History and Culture Review* 8 (2013), pp. 5~30.

31 Zhang, *The River, the Plain, and the State*, p. 144 (黃庭堅, 「流民嘆」『黃庭堅全集』, 四川大學 出版社, 2001).

있었고 민생 복지를 위해 국가정책을 움직일 만큼 충분한 지지를 받고 있었다.

무스콜리노 역시 피난민, 노동자, 농민의 삶을 생생하게 묘사하고 그들이 군대와 모래와 강물의 충격에 맞서 사용했던 생존 전략을 소개한다. 그러나 무스콜리노의 기본적인 인식은 인간의 주체적 역할(human actors)이 아니라 사람이 지닌 노동력의 가치를 강조하는 것이다. 이것은 사실 국민당 정부의 관점이기도 했다. 그러나 다른 대안적인 관점이 있었을까? 그 누가 국가를 위해 봉사하고 자신의 모든 삶을 이 추상적인 상상의 공동체를 위해 희생해야 한다는 가혹한 압력에서 벗어날 수 있었겠는가? 누가 신경이나 썼겠는가?

장령은 화북 사람들이 자기 삶을 위협하는 거대한 힘에 그저 굴복하기만 한 것은 아니었음을 보여준다. 그녀의 표현대로 "화북 사람들은 환경의 압력이나 정치적 압박과 매일 협상을 벌였다. 이들은 단순히 환경과 정치의 희생자가 아니었다. 그들은 강인한 생존자이기도 했다". 일부 지방관과 지역 신사들은 중앙정부의 재정 요구에 저항하고 자기 개인 재산을 동원하여 제방을 수리했다. 어떤 지방관은 강가에서 공개 모임을 소집하고 백성들에게 그들의 토지를 파괴하려는 관리에게 저항하라고 촉구했다. 어떤 농민들은 홍수의 위협에도 토지를 버리고 떠나려 하지 않았다. 환경의 물리적 조건, 국가, 혹은 다른 사회 집단이나 개인의 위협에 의해 자기 이익이 위태로워지면 그들은 다양한 방법을 이용하여 자신의 이익을 보호하고 지키려고 했다. 무수한 이름 없는 개인들이 살아남아서 작은 규모에서나마 열악한 환경을 다시 바꾸고 국가권력에 대항하고자 했다. 약자들이 가진 평범한 무기로는 저항에 실패하기도 했지만, 그들은 자기를 희생자로 만들려는 국가의 시도를 무력화시켰다. 약자들의 저항을 보여줌으로써

장령은 중국의 국가가 수리 사업을 통해 전제주의적 권력을 구축했다는
비트포겔의 주장에 반박한다.

명청 시대와 민국 시대에도 중앙 권력의 계획에 맞서 지역과 개인의
안전을 수호하려는 대중적인 움직임의 사례가 있었다.[32] 그러나 인간의 개
성에 대한 탄압은 모택동 시기에 훨씬 강력해졌다. 여기에서 인(仁)이라는
개념은 부르주아의 악으로 간주되어 무자비한 정치적 동원 앞에서 완전히
사라졌다. 송대에는 집단 이익을 위해 백성들을 수리 사업에 동원해야 할
전략적 필요성은 충분했지만 이를 강제할 수단이 매우 부족했다. 송대 군
사전략의 약점은 바로 그들의 20세기 후계자들과 같이 대규모로 대중을
동원할 힘이나 의지가 없었다는 점이다.

하천 관리 시스템은 단순히 기술적인 문제가 아니다. 세계의 하천에
관한 탁월한 연구들은 인간과 자연환경을 치수 문제와 창의적인 방식으로
결합하여 분석한다.[33] 물에 관한 최고의 연구는 도덕적인 문제를 제기하고
이 필수적인 물질이 대기의 순환, 정치와 사회 체제, 그리고 인간의 신체와
어떻게 연결되어 있는지를 탐구한다. 깊은 공감에서 시작된 장령의 탁월
한 연구는 이러한 뛰어난 연구사의 계보에 포함된다. 무스콜리노 역시 자
연과 인간 체제를 통합시키는 방법론적 접근을 보여준다. 피츠는 다소 제
한적인 방식으로 정치, 공학, 자연을 결합한다. 그러나 이 세 저자들은 모

---

32 Peter C. Perdue, *Exhausting the Earth; Keith Schoppa, Song Full of Tears; Robert B. Marks, Tigers, Rice, Silk, and Silt: Environment and Economy in Late Imperial South China*, Cambridge University Press, 1998.

33 Richard White, *The Organic Machine: The Remaking of the Columbia River*, Hill and Wang, 1995; Mark Cioc, *The Rhine: An Eco-biography, 1815~2000*, University of Washington Press, 2002; Donald Worster, *Rivers of Empire: Water, Aridity, and the Growth of the American West*, Pantheon, 1985.

두 인간이 이 거대한 하천을 어떻게 그리고 왜 관리했는가에 관한 문제를
탐구함으로써 인간이 인간 자신을 만들어감과 동시에 환경을 만들어갔으
며, 이것은 중국 문명의 근본적인 정의와 관련되어 있음을 보여준다.

만약 인간이 치수를 통해 자신을 만들어갔다면 자기 운명에 책임을
져야 할 것이다. 자연은 혼자서 희생자를 만들어내지 못한다. 환경 문제를
논할 때 우리가 만나는 적은 바로 우리 자신이다. 황허에 관한 이야기는
취약한 환경 속에서 근대화가 지불해야 할 비용이 파괴적으로 크다는 것
을 보여준다. 장령의 추산에 따르면 80년 동안 화북 지역의 500만 명 인구
가운데 적어도 100만 명이 홍수로 인해 고향을 잃거나 사망하는 등 극심
한 고통을 겪었다. 무스콜리노의 계산에 따르면 1938년부터 1939년에 하
남에서 적어도 300만 명이 구제를 받아야 했고, 1942년부터 1943년의 기
근 동안에는 인구 3,000만 명 가운데 150만~200만 명이 사망하고 200만
~300만 명이 피난을 떠나야 했다. 1959년부터 1961년까지 대약진운동에
따른 기근으로 1959년부터 1961년까지 3,000만~4,000만 명이 사망했다.
인간적으로 어느 정권에서 가장 많은 사망자가 발생했는가?

대중 작가들이 지적하듯이, 지난 1,000년 동안 인류가 더 관대하고
온화해진 것은 아니다. 폴란드 작가인 체스와프 미워시(Czesław Miłosz)와
레셰크 코와코프스키(Leszek Kołakowski)가 말했듯이, 관료제 국가, 대중
정당, 그리고 이를 옹호하는 지식인들이 더 큰 이상을 위해 비도덕적인 행
동을 저지르는 일이 너무나 자주 발생해왔다.[34] 물론 송대 관료제 역시 크

---

34 Steven Pinker, *The Better Angels of our Nature: Why Violence has Declined*, Viking, 2011 (스
티븐 핑커 지음, 김명남 옮김, 『우리 본성의 선한 천사: 인간은 폭력성과 어떻게 싸워 왔는
가』, 사이언스북스, 2014); Leszek Kołakowski & Zbigniew Janowski, *My Correct Views on
Everything*, St. Augustine's Press, 2005; Czesław Miłosz, *The Captive Mind*, Vintage Books,
1990 (C. 밀로시 지음, 안정효 옮김, 『사로잡힌 영혼』, 을유문화사, 1980).

게 다르지 않았다. 장령이 설명하듯이, 만약 하북의 이재민들이 "왜 우리에게 이런 일이 일어나는가"라고 물었다면 그들은 이런 대답을 들었을 것이다. "수천 킬로미터 떨어진 개봉에 있는 너희 나라, 너희 황제, 너희 황실이 더 큰 대의를 위해 너희가 이 재앙을 견디어내기를 원하기 때문이다!"[35]

11세기 이후 인류의 복지가 크게 향상되었다는 점에서 수백만 명의 희생 위에서 건설된 20세기의 역사는 도덕적인 관점에서 볼 때 정당성이 없다. 20세기의 잔인하고 불편한 진실을 폭로하는 무스콜리노와 피츠, 그리고 장령의 탁월한 연구는 우리에게 '깊은 역사(deep history)'의 중요성,[36] 공감 능력, 그리고 근대에 우리가 잃어버렸다가 되찾은 자연 세계에 대한 연구의 중요성을 일깨워준다.

---

35 Zhang, *The River, the Plain, and the State*, p. 134.
36 (역자주) '깊은 역사(deep history)'는 인류의 역사를 먼 과거로부터 이해하는 관점으로, 인류학, 고고학, 동물학, 유전학, 언어학 등 다양한 분야가 함께 연구하여 인류의 기원에 대한 공통의 서사를 만들어냄으로써 역사 연구가 대체로 최근에 발생한 사건에 집중하는 데 따른 이해의 불균형을 해결하고자 한다.

대약진운동과 그 여파

1958년부터 1961년까지 대약진운동과 그 실패는 적응 주기 모델에서 인간의 개입이 재앙적인 결과를 가져온 두 번째 사례이다. 스티븐 해럴(Stevan Harrell)은 대약진운동에 뒤이은 기근을 적응 주기의 극단적 형태가 대규모로 나타난 사례라고 분석했다.[37] 대약진운동을 위한 대중 동원은 급속한 경제 발전을 목표로 하는 근대화 노력과 매우 미신적인 관습이 역설적으로 결합한 것이었다. 이때 공산당 간부들은 농민들에게 냄비를 녹여서 뒷마당 용광로를 만들라고 강요했다.

제임스 스콧은 이것을 "고도 근대주의(high modernism)"가 미친 듯이 진행된 결과라고 말했다.[38] 스콧이 『국가처럼 보기』에서 비판한 고도 근대주의 이데올로기는 인간이 기술과 정치적 동원력을 이용하여 자연을 재구성할 수 있는 무한한 힘을 갖고 있다고 여긴다. 그러나 이러한 시도가 계속 실패하는 것은 자연 지식 없이 기술을 단순히 적용하는 것은 재앙을 불러올 수 있음을 의미한다. 생태학자들은 이런 종류의 시도가 생태 체계의 상호의존적인 작동을 무시하는 "나쁜 공정"이라는 중대한 오류를 범한

---

37   Stevan Harrell, *Recent Chinese History from Ecosystem Perspective*, 2007, available at https://www.researchgate.net/publication/251524719.

38   제임스 C. 스콧 지음, 전상인 옮김, 『국가처럼 보기: 왜 국가는 계획에 실패하는가』, 에코리브르, 2010.

다고 지적한다.

그러나 우리는 또한 대약진운동 이후에 발생한 기근의 원인에 대해 더 긴 역사적인 관점을 취할 필요가 있다. 중국공산당이 권력을 장악하기 전부터 중국의 환경은 매우 취약한 상태로 악화되어 있었다.[39] 인구 증가는 토지 자원에 엄청난 압박을 가했고 토양 비옥도도 감소하고 있었다. 화북은 삼림 벌채와 심각한 침식에 시달리고 있었다. 20세기의 전쟁은 여러 지역에 피해를 주고 자연을 회복하려는 정부 정책을 무력하게 만들었다. 대규모 이재민이 서북이나 서남과 같은 취약한 곳으로 이주하여 자원 압박을 더욱 가중시켰다.[40]

중국 공산당의 첫 번째 큰 성공은 중국 농업의 생산력을 안정시켰다는 점이다. 1957년까지 신중국 체제는 관개 면적을 증대하고, 하천을 저장하여 보호하고, 곡물을 한 곳에서 다른 곳으로 운송하여 식량 부족 문제를 해결함으로써 중국 생태 체계의 복원성을 확대했다. 1949년부터 1957년까지 집단화 시기에 일인당 곡물 수확량이 증가함에 따라 공산당은 국가를 안정시키고 부유하게 만들었다는 정당성을 확보했다.

그러나 모택동의 목표는 안정화 그 이상이었다. 중공업에 대한 국가 주도의 단기 집중투자라는 스탈린 모델을 따름으로써 모택동은 중국을 가능한 한 빨리 산업화하고자 했다. 중국공산당은 산업 성장을 위한 5개년 개발에 집중할 것을 선언하고 곡물을 산업 노동자 부양을 위한 핵심적인 연결고리로 만들어야 한다고 주장했다. 생태적 측면에서 볼 때 대약진운동 기간에 중국공산당은 오직 곡물과 철강이라는 두 가지 요소의 생산

---

39 Robert Marks, *China: Its Environment and History*, Rowman and Littlefield, 2012.

40 Mica Muscolino, "Refugees, land reclamation, and militarized landscape in wartime China: Huanglongshan Shaanxi, 1937~1945," *Journal of Asian Studies* 69:2 (2010), pp. 453~478.

을 단기간에 극대화하고자 했고 생태 체계의 나머지 요소와의 관계는 무시했다. 공산당은 자신들의 정책이 "과학적"이라고 주장했다. 그러나 이것은 잘못된 과학이었고, 인간 노동은 자연으로부터 어떤 제약도 받지 않고 무엇이든 다 할 수 있다는 편협한 공학적 사고방식에 기반한 것이었다. 이 책의 1장에서 언급했듯이, 자연이 인간 활동에 가하는 제약을 강조하는 프랑스의 아날학파는 자연을 변화시키는 자본주의의 역동성을 강조하는 미국의 변경사 학파와 다르다. 환경 인식의 측면에서 모택동은 프랑스인이 아니라 미국인에 가까웠다. 그는 자연을 향한 전쟁을 신봉했다.[41]

그러나 복수를 위한 적응 주기가 돌아왔다. 자연은 집단농장이나 공산당, 그리고 모택동 사상에 감명받지 않았다. 대신 1870년대와 마찬가지로, 그러나 더 큰 규모의 기근이 중국 전역을 휩쓸었고 적어도 3,000만 명이 사망했다. 우리는 이 재앙의 정확한 원인을 아직 충분히 이해하지 못한 상태이다. 그러나 양계승(楊繼繩)의 최근 저서 『묘비(墓碑)』는 일차 자료를 바탕으로 엄청난 규모의 고통에 관해 기록하고 있다.[42]

대약진운동이 여러 기본적인 생태 원칙을 위반했다는 것은 분명하다. 농경지가 확대했다는 것은 어류, 채소, 다른 곡물 등 필수적이지 않다고 여긴 것들의 생산이 감소했음을 의미했다. 모택동이 추천했던 경작법인 "심경법(深耕法)"은 농민들에게 정상적인 농경 방식을 버리고 대신 토양을 2~3피트 깊이로 파게 만들었다. 이 방식은 토양의 비옥도를 높이지

---

41 Judith Shapiro, *Mao's War against Nature: Politics and the Environment in Revolutionary China*, Cambridge University Press, 2001.

42 Yang Jisheng, Stacy Mosher & Guo Jian trans., Edward Friedman, Guo Jian & Stacy Mosher eds., *Tombstone: The Great Chinese Famine, 1958~1962*, Farrar, Straus and Giroux, 2012 (중국어판: 楊繼繩, 『墓碑: 1958~1962年中國大饑荒紀實』, 香港: 天地圖書, 2011).

못했고 생산력이 높은 표토(表土)를 쓸모없는 점토와 뒤섞어버렸다. 공산
당 간부들은 농민들을 동원하여 성급하고 조잡한 대규모 개간 작업을 수
행하게 했다. 뒷마당 용광로는 지역에서 사용하는 냄비와 팬을 녹여서 고
철 덩어리를 만드느라 농촌의 숲을 황폐화시켰다. 농경 주기에서 재앙적
인 오메가 단계를 나타내는 이 기근은 대부분 국가의 활동이 초래한 것이
었다. 잘못된 판단에 따라 인적 자원을 잘못 배치하고 도시 인구를 부양하
려고 곡물을 과도하게 징발한 결과였다.[43]

그 다음 단계는 1961년부터 시작되었는데 이때 농촌은 급속히 재조
직되었다. 인민공사는 해체되었고 사유 토지와 시장이 다시 등장했으며
농업 생산이 회복되었다. 이것은 개인을 위한 장려금, 시장, 다양성에 기초
한 완전히 다른 종류의 생산 체제였다. 경작할 농작물을 스스로 선택할 수
있게 되자 농민들은 더 많은 이익을 얻을 수 있는 채소와 과일을 재배하고
누에와 물고기를 길렀다. 그들은 곡물 생산에만 집중하지 않고 다양한 요
소를 생산 체제에 도입했다. 문화대혁명으로 회복 과정이 다시 중단되었
지만, 이때는 농업 생산보다 도시가 주로 영향을 받았다. 개혁개방 기간에
농업 시장은 다시 회복되었고 많은 사람이 연안 지역의 도시에서 일하러
농촌을 떠났다. 이 체제는 장기적으로 생태에 해로운 영향을 끼쳤는데, 특
히 삼림이 훼손되고 치수를 위한 제방 건설이 급증했기 때문이었다. 그러
나 전체적으로 개혁개방 이후 중국의 생산 체제는 1945년이나 1959년보
다 훨씬 더 복원력을 갖추게 되었다. 개혁개방 시기에 대규모 식량 부족은
일어나지 않았다. 중국은 필요시에 식량을 수입할 수 있게 되었고 중국인

---

43 Felix Wemheuer, *Famine Politics in Maoist China and the Soviet Union*, Yale University Press,
    2014.

들의 취향은 압도적으로 곡물에만 집중하던 것에서 벗어나 다양해졌다.

이러한 사례 연구는 우리가 생태적 연결성, 지속가능성, 복원성을 활용한 역사 연구를 통해 통찰력을 얻을 수 있음을 보여준다. 생태사학자들은 이제 인간의 활동과 자연의 움직임을 새로운 방식으로 연결하고 있다.

맺음말

이 책에서 나는 중국과 서양에서 환경사가 발전하는 과정에 유사점이 있음을 강조하고 동시에 역사, 지리, 정치적 결정에 따라 지역적인 차이가 발생하는 점에 관해서도 설명했다.

중국과 서양의 환경사 연구는 1960년대 서구의 환경 위기와 2000년대 중국의 환경 위기에 대한 인식과 같은 현재적 문제로부터 영향을 받았다. 모든 역사가 현대사인 것처럼, 이러한 현상은 당연하며 오늘날 우리의 관심을 드러내는 것이기도 하다. 그러나 역사가들은 기자나 시사평론가보다 시간적 공간적으로 더 길고 큰 관점을 제시하며, 목전의 문제를 해결하려면 단기간의 처방을 넘어 멀리 생각해야 한다고 강조한다. 기후변화를 연구하는 과학자들은 10만 년 이상의 매우 긴 관점을 제시하겠지만, 환경사학자들은 1,000년, 수백 년, 혹은 수십 년을 바라볼 것이다.

환경사는 과거의 저작들을 바탕으로 한다. 중국과 서양에서 모두 고전적인 역사가들은 자연이 전쟁과 국가의 흥망에서 중요한 요소로 작용했으며, 인간 활동에 안내자와 같은 역할을 했음을 지적한다. 중국의 사상가들은 도덕적인 문제를 주장하려고 자연을 거론했다. 그들은 하천, 토지, 삼림을 자연 움직임의 상징이나 인간을 위해 이용되어야 할 자원으로 바라보았다. 어떤 학자들은 유대교-기독교의 교의가 인간에게 자연을 지배할 권한을 부여했기 때문에 서구의 전통은 자연의 개발을 옹호한다는 점에서 독특하다고 주장한다. 그러나 사실 중국의 많은 관리와 농민들 역시 똑같은 시각을 가졌다. 중국과 서양에서 발생한 환경 파괴는 인구 증가, 삼림 벌채, 하천과 홍수의 관리 부실, 그리고 생태계 다양성의 상실 때문에 발생한 것이었다.

우리는 과거의 자료와 그들의 인문주의적 관점으로부터 얻은 교훈을 바탕으로 오늘날 우리의 행동을 결정할 수 있다. 우리는 선조들보다 더 많은 과학적·기술적 지식이 있지만 그들보다 더 도덕적이거나 선량하지는 않다. 유가 관리나 기독교 작가 모두 더 큰 이상을 위해 희생시켜서는 안 되는 인간의 존엄성을 인식하고 있었고, 도구적인 관점을 지닌 국가나 군벌을 비난했다. 그러나 20세기는 자연을 거대한 규모로 개조하려는 기술 시스템이 승리한 시대였다. 존 맥닐(John McNeill)의 표현대로 인류세(人類世, Anthropocene)는 20세기가 "태양 아래 새로운 어떤 것"을 가져왔음을 보여준다.[01] 사상 처음으로 인간 집단 전체가 전 지구의 지질적 특징을 급격히 변화시켰다. 이러한 전 지구적 영향으로 인류 전체가 위험에 빠졌으며 다른 수천 종의 생물이 이미 멸종되었다.

전 지구가 전례 없이 손상되었지만 지식의 전 지구적 교환 역시 전례 없이 이루어지고 있다. 세계 각국은 환경 파괴의 위험을 인식하고 있으며, 이를 피하고자 협력에 나서고 있다. 리우협약과 그 이후의 회의들, 그리고 탄소 배출을 제한하려는 오바마 대통령과 시진핑 주석의 합의는 이러한 움직임을 보여준다.

중국과 서양의 역사학자들은 빈번하게 의견을 교환하며 이 분야의 발전에 기여하고 있다. 환경 파괴를 저지하려는 대중의 움직임은 중국과 서양 모두에서 더욱 강력해지고 있다. 예를 들어 유튜브 영상 "언더 더 돔(Under the Dome)"의 성공은 중국에서 환경 규제를 강화하려는 정부의 움직임을 대중이 지지하고 있음을 보여준다. 이러한 새로운 논의에서 역사

---

01 John McNeill, *Something new Under the Sun: An Environmental History of the Twentieth-Century World*, W.W. Norton&Company, 2001 (J. R. 맥닐 지음, 홍욱희 옮김, 『20세기 환경의 역사』, 에코리브르, 2008).

가들은 중요한 관점을 제시한다. 사람들은 역사로부터 배울 필요가 있다. 과거를 미화해서는 안 되지만 과거를 우리와 무관한 것으로 치부해서도 안 된다. 인간의 지난 경험을 체계적이고 비판적으로 연구하는 것은 자연을 어떻게 관리할 것이냐는 질문에 대한 유일한 해답이기 때문이다. 이것이 바로 우리의 미래 환경에 관한 논의에 역사가 반드시 포함되어야 할 이유이다.

참고문헌

1. 동양서

白壽彝 (2004). 『中國通史』, 上海: 上海人民出版社.

鄧拓 (1937). 『中國救荒史』, 『中國文化史叢書』, 台北: 商務印書館.

紀昀 (1985). 『烏魯木齊雜詩』, 叢書集成初編, 北京: 中華書局.

李忠智 (2010). 『紀曉嵐與四庫全書: 紀曉嵐烏魯木齊雜詩詳注』, 現代教育出版社.

宋應星 (1978). 『天工開物』. 北京: 中華書局 (송응성 지음, 최병규 옮김, 『천공개물(天工開物)』, 범우출판사, 2009).

譚其驤 (1982). 『中國歷史地圖集』, 上海: 中國地圖出版社.

『孟子』. 홍인표 옮김. 서울대학교출판사, 1992.

『論語』. 박종연 옮김. 을유문화사, 2006.

사마천 지음, 김원중 옮김. 『史記列傳』. 을유문화사, 1999.

2. 서양서

Anthony, David W. (2008). *The horse, the wheel, and language: How Bronze-Age riders from the Eurasian steppes shaped the modern world*, Princeton: Princeton University, 2008 (데이비드 W. 앤서니 지음, 공원국 옮김, 『말, 바퀴, 언어: 유라시아 초원의 청동기 기마인은 어떻게 근대 세계를 형성했나』, 에코리브르, 2015).

Aron, Stephen (1994). "Lessons in conquest: towards a greater Western History", *Pacific Historical Review* 63(2): 125~147.

Atwill, David G. (2005). *The Chinese sultanate: Islam, ethnicity, and the Panthay Rebellion in southwest China*, 1856~1873. Stanford: Stanford University Press.

Baldanza, Kathlene (2016). *Loyalty, Culture, and Negotiation in Sino-Viet Relations, 1285~1697*, New York: Columbia University Press.

Barfield, Thomas J. (1989). *The Perilous Frontier: Nomadic Empires and China*, Cambridge: Basil Blackwell (토마스 바필드 지음, 윤영인 옮김, 『위태로운 변경』, 동북아역사재단, 2009).

Barfield, Thomas J. (1993). *The Nomadic Alternative*, Englewood Cliffs: Prentice Hall.

Blackbourn, David (2006). *The Conquest of Nature: Water, landscape, and the making of modern Germany*, New York: Norton.

Bloch, Marc (1966). *French Rural History: An Essay on its Basic Characteristics*, Berkeley: University of California Press (마르크 블로크 지음, 김주식 옮김, 『프랑스 농촌사의 기본성격』, 신서원, 1994).

Braudel, Fernand (1966). *La Mediterranée et le Monde Mediterranéen à l'Epoque de Philip II*. Armand Colin; *The Mediterranean and the Mediterranean World in the Age of Philip II*, New York: Harper & Row, 1972 (페르낭 브로델 지음, 주경철·조준희 옮김, 『지중해: 펠리페 2세 시대의 지중해 세계』, 까치, 2017~2019).

Braudel, Fernand (1973). *Capitalism and Material Life: 1400~1800*, New York: Harper and Row (페르낭 브로델 저, 주경철 역, 『물질문명과 자본주의』 전6권, 까치, 1995~1997).

Bulliet, Richard, et al. (2001). *The Earth and its Peoples: A Global History* (second edition), Boston: Houghton Mifflin Company.

Carson, Rachel (1962). *Silent spring*, Greenwich: Fawcett (레이첼 카슨 지음, 김은령·홍욱희 옮김, 『침묵의 봄』, 에코리브르, 2011).

Chi Ch'ao-ting (1936; 2019). *Key Economic Areas in Chinese History as revealed in the* development of public works for water-control, London: Routledge.

Cioc, Mark (2002). The Rhine: an eco-biography, 1815~2000, Seattle: University of Washington Press.

Coatsworth, John, et al. (2015). Global Connections: Politics, Social Life, and Exchange in World History, Cambridge; New York, Cambridge University Press.

Confino, Michael (1969). Systèmes Agraires et Progrès Agricole: L'Assolement Triennal en Russie aux XVIIIe-XIXe, Siècles Paris: Mouton.

Cronon, William (1983). Changes in the Land: Indians, Colonists, and the Ecology of New England, New York: Hill and Wang.

Cronon, William (1991). Nature's Metropolis: Chicago and the Great West, New York, Norton.

Crosby, Alfred W. (1986). Ecological Imperialism: The Biological Expansion of Europe, Cambridge; New York: Cambridge University Press (앨프리드 W. 크로스비 지음, 안효상·정범진 옮김,『생태 제국주의』, 지식의풍경, 2000).

Cumings, Bruce (2009). Dominion from sea to sea: Pacific ascendancy and American power, New Haven: Yale University Press (브루스 커밍스 지음, 박진빈·김동노·임종명 옮김,『미국 패권의 역사』, 서해문집, 2011).

Dabringhaus, Sabine (2006). Territorialer Nationalismus, Geschichte und Geographie im China der Republikzeit (1900~1949), Böhlau, Köln u. a.

Darnton, Robert (1984). The Great Cat Massacre: and other episodes in French cultural history, New York: Basic Books (로버트 단톤 지음, 조한욱 옮김,『고양이 대학살: 프랑스 문화사 속의 다른 이야기들』, 문학과지성사, 1996).

Davis, Mike (2001). Late Victorian holocausts: El Niño famines and the making of the third world, New York: Verso.

Davis, Natalie Zemon (1983). *The Return of Martin Guerre*, Cambridge: Harvard University Press (장 클로드 카리에르·다니엘 비뉴 지음, 박인철 옮김, 『마틴 기어의 귀향』, 영웅, 1992).

Deal, David M. and Laura Hostetler (2006). *The art of ethnography: A Chinese "Miao album"*, Seattle: University of Washington Press.

Di Cosmo, Nicola. (1999). "State formation and periodization in Inner Asian History", *Journal of World History* 10:1.

Di Cosmo, Nicola. (2001). *Ancient China and Its Enemies: The Rise of Nomadic Power in East Asian History*, Cambridge; New York: Cambridge University Press (니콜라 디 코스모 지음, 이재정 옮김, 『오랑캐의 탄생: 중국이 만들어낸 변방의 역사』, 황금가지, 2005).

Di Cosmo, Nicola. (2014). "Climate Change and the rise of an Empire", *Institute for Advanced Study* The Institute Newsletter.

Duara, Prasenjit (1988). *Culture, power, and the state: Rural North China, 1900~1942*, Stanford: Stanford University Press.

Dunstan, Helen (2006). *State or merchant? Political Economy and Political Process in 1740s China*, Cambridge: Harvard University Press.

Eaton, Richard M. et al. (2012). *Expanding Frontiers in South Asian and World History: Essays in Honour of John Richards*, Cambridge; New York: Cambridge University Press.

Edgerton-Tarpley, Kathryn (2008). *Tears from Iron: Cultural Responses to famine in nineteenth-century China*, Berkeley: University of California Press (중국어 번역본: 艾志端 著, 曹曦 譯, 『鐵淚圖-19世紀中國對於饑饉的文化反應』, 江蘇人民出版社, 2011).

Elman, Benjamin A. (2006). *A cultural history of modern science in China*, Cambridge: Harvard University Press.

Elvin, Mark (1973). *The Pattern of the Chinese Past*, Stanford: Stanford University Press (마크 엘빈 著, 李春植·金貞姬·任仲爀 共譯, 『中國歷史의 發展形態』, 신서원, 1989).

Elvin, Mark (2004). *The retreat of the elephants: an environmental history of China*, New Haven, Yale University Press (마크 엘빈 지음, 정철웅 옮김, 『코끼리의 후퇴: 3000년에 걸친 장대한 중국 환경사』, 사계절, 2011).

Fan, Fa-ti. (2004). *British naturalists in Qing China: Science, empire, and cultural encounter*, Cambridge: Harvard University Press.

Faragher, John Mack (1993). "The frontier trail: rethinking Turner and reimagining the American West", *American Historical Review* 98(1): 106~117.

Febvre, Lucien and Lionel Bataillon (1925). *A geographical introduction to history*, New York: Knopf.

Fink, Carol (1989). *Marc Bloch: A Life in History*, Cambridge; New York: Cambridge University Press.

Gage, Beverly (2009). *The Day Wall Street Exploded*, London: Oxford University Press.

Geertz, Clifford (1973). *The Interpretation of Cultures*, New York: Basic Books.

Gerth, Karl (2003). *China Made: Consumer Culture and the Creation of the Nation*, Cambridge: Harvard University Asia Center.

Gerth, Karl (2010). *As China Goes, So Goes the World: How Chinese Consumers Are Transforming Everything*, New York: Hill and Wang.

Gibbon, Edward (1994). *The History of the Decline and Fall of the Roman Empire*, London: Allen Lane, Penguin Press.

Giersch, C. Patterson (2006). *Asian Borderlands: The Transformation of Qing China's Yunnan Frontier*, Cambridge: Harvard University Press.

Ginzburg, Carlo (1980). *The Cheese and the Worms: The Cosmos of a Sixteenth-Century Miller*, Baltimore: Johns Hopkins University Press.

Gould, Stephen J. (1998). *Leonardo's mountain of clams and the Diet of Worms: Essays on natural history*. New York: Harmony Books (스티븐 J. 굴드 지음, 김동광·손향구 옮김, 『레오나르도가 조개화석을 주운 날: 고생물학자 굴드의 자연사 에세이』, 세종서적, 2008).

Greenblatt, Stephen J. (1991). *Marvelous Possessions: The Wonder of the New World*, Chicago: University of Chicago Press.

Guldi, Jo and David Armitage (2014). *The history manifesto*, Cambridge; New York: Cambridge University Press (조 굴디, 데이비드 아미티지 지음, 안두환 옮김, 『역사학 선언』, 한울아카데미, 2018).

Gunderson, Lance H. and C. S. Holling eds. (2002). *Panarchy: Understanding transformations in human and natural systems*, Washington, DC: Island Press.

Harrell, Stevan (2007). Recent Chinese History from Ecosystem Perspective, San Diego. https://www.researchgate.net/publication/251524719.

Harrison, Henrietta (2000). *The Making of the Republican Citizen: Political Ceremonies and Symbols in China, 1911~1929*, Oxford; New York: Oxford University Press.

Harvey, David (2001). *Spaces of Capital: Towards a Critical Geography*, New York: Routledge.

Hartwell, Robert (1962). "A Revolution in the Iron and Coal Industries during the Northern Sung", *Journal of Asian Studies* 21(2): 153~182.

Heller, Chaia (2013). *Food, farms & solidarity French farmers challenge industrial agriculture and genetically modified crops*, Durham: Duke University Press.

Herodotus (1954). *The Histories*. Baltimore: Penguin Books (헤로도토스 지음, 천병희 옮김, 『역사』, 도서출판 숲, 2009).

Ho, Ping-ti. (1955). "The Introduction of American Food Plants into China", *American Anthropologist*.

Hostetler, Laura. (2001). *Qing colonial enterprise: Ethnography and cartography in early modern China*, Chicago: University of Chicago Press.

Hsu, Immanuel C. Y. (1964~65). "The great policy debate in China 1874: Maritime defense Vs. Frontier Defense", *Harvard Journal of Asiatic Studies* 25: 212~228.

Huang, Philip C. C. (1985). *The Peasant Economy and Social Change in North China*, Stanford: Stanford University Press.

Huang, Philip C. C. (1990). *The Peasant Family and Rural Development in the Yangzi Delta, 1350~1988*, Stanford: Stanford University Press.

Hughes, J. Donald (2006). *What is environmental history?* Cambridge: Polity (도널드 휴즈 지음, 최용찬 옮김, 『환경사란 무엇인가?』, 엘피, 2022).

Khazanov, Anatoly M. (1984) *Nomads and the Outside World*. Cambridge; New York: Cambridge University Press, first edition; translated by Julia Crookenden, with a foreword by Ernest Gellner, *Nomads and the outside world*. Madison: University of Wisconsin Press, first edition, second edition (하자노프 지음, 金浩東 옮김, 『遊牧社會의 構造: 역사인류학적 접근』, 지식산업사, 1990).

Kolakowski, Leszek and Zbigniew Janowski (2005). *My correct views on everything*, South Bend: St. Augustine's Press.

Kuhn, Philip (1980). *Rebellion and its Enemies in Late Imperial China: Militarization and Social Structure*, Cambridge: Harvard University Press.

Kuhn, Philip (1990). *Soulstealers: The Chinese Sorcery Scare of 1768*, Cambridge: Harvard University Press (필립 쿤 지음, 이영옥 옮김, 『영혼을 훔치는 사람들: 1768년 중국을 뒤흔든 공포와 광기』, 책과함께, 2004).

Lamouroux, Christian (1998). "From the Yellow River to the Huai: New representations of a river network and the hydraulic crisis of 1128" in *Sediments of Time: Environment and Society in Chinese History*, edited by Mark Elvin and Liu Ts'ui-jung, Cambridge; New York: Cambridge University Press: 545~584.

Lattimore, Owen (1929). *The Desert Road to Turkestan*, Boston: Little, Brown.

Lattimore, Owen (1940). *Inner Asian Frontiers of China*, New York: Oxford University Press.

Lattimore, Owen (1950). *Ordeal by Slander*, Boston: Little, Brown.

Lattimore, Owen (1962). *Studies in Frontier History: Collected Papers, 1928~1958*, New York: Oxford University Press.

Lattimore, Eleanor Holgate (1934). *Turkestan reunion*, New York: The John Day company.

Lefebvre, Henry (1991). *The Production of Space*, Cambridge: Blackwell.

Le Roy Ladurie, Emmanuel (1966). *Les Paysans de Languedoc*. Paris: S. E. V. P. E. N. (에마뉘엘 르 루아 라뒤리 지음, 김응종·조한경 옮김, 『랑그도크의 농민들』, 한길사, 2009).

Le Roy Ladurie, Emmanuel (1971). *Times of Feast, Times of Famine: A History of Climate since the Year 1000*, New York: Doubleday.

Le Roy Ladurie, Emmanuel (2004). *Histoire humaine et comparée du climat*, Paris: Fayard.

Lewis, Mark Edward (2006). *The Flood Myths of Early China*, Albany: State University of

New York Press.

Li, Lilian M. (1982). "Introduction: Food, Famine and the Chinese State", *Journal of Asian Studies* 41(4): 687~710.

Li, Lilian M. (2007). *Fighting Famine in North China: State, Market, and Environmental Decline, 1690s~1990s*, Stanford: Stanford University Press.

Limerick, Patricia Nelson (1987). *The Legacy of Conquest: The Unbroken Past of the American West*, New York: Norton.

Lui, Mary Ting Yi (2005). *The Chinatown Trunk Mystery: Murder, Miscegenation, and other Dangerous Encounters in Turn-of-the-Century*, New York: Princeton University Press.

Ma Junya and Tim Wright (2013). "Sacrificing local interests: water control policies of the Ming and Qing governments and the local economy Huaibei 1495~1949", *Modern Asian Studies* 47(4): 1348~1376.

Mann, Charles C. (2012). *1493: Uncovering the New World Columbus Created*, New York: Vintage Books (찰스 만 지음, 최희숙 옮김, 『1493: 콜럼버스가 문을 연 호모제노센 세상』, 황소자리, 2020).

McNeill, John R. (2001). *Something new Under the Sun: An Environmental History of the Twentieth-Century World*, New York: W.W. Norton & Company (J. R. 맥닐 지음, 홍욱희 옮김, 『20세기 환경의 역사』, 에코리브르, 2008).

Marks, Robert B. (1998). *Tigers, Rice, Silk, and Silt: Environment and Economy in Late Imperial South China*, Cambridge; New York: Cambridge University Press.

Marks, Robert B. (2012). *China: Its Environment and History*, New York: Rowman & Littlefield.

Millward, James A. (1999). "Coming onto the Map: The Qing Conquest of Xinjiang",

Late Imperial China 20(2): 61~98.

Milosz, Czeslaw A. (1990). The captive mind. New York: Vintage Books (C. 밀로시 지음, 안정효 옮김, 『사로잡힌 영혼』, 을유문화사, 1980).

Mokyr, Joel (1983). *Why Ireland Starved: A Quantitative and Analytical History*, London, Boston: Allen & Unwin.

Mosca, Matthew W. (2013). *From Frontier Policy to Foreign Policy: The Question of India and the Origins of Modern China's Geopolitics, 1644~1860*, Stanford: Stanford University Press.

Mullaney, Thomas S. (2011). *Coming to terms with the nation: Ethnic classification in modern China*, Berkeley: University of California Press.

Muscolino, Mica (2009). *Fishing Wars and Environmental Change in Late Imperial and Modern China*, Cambridge: Harvard University Press.

Muscolino, Mica (2010). "Refugees, land reclamation, and militarized landscape in wartime China: Huanglongshan Shaanxi 1937~1945", *Journal of Asian Studies* 69(2): 453~478.

Muscolino, Mica (2015). *The ecology of war in China: Henan Province, the Yellow River, and beyond, 1938~1950*, Cambridge; New York: Cambridge University Press.

Nappi, Carla S. (2009). *The monkey and the inkpot: natural history and its transformations in early modern China*, Cambridge: Harvard University Press.

Newman, Robert P. (1992). *Owen Lattimore and the "Loss" of China*, Berkeley: University of California Press.

Nordhaus, William D. (2000). "New directions in national economic accounting", *American Economic Review* 90.

Novick, Peter (1988). *That Noble Dream: The Objectivity Question and the American*

Historical Profession, Cambridge; New York: Cambridge University Press.

Ó Gráda, Cormac and Economic History Society. (1995). *The great Irish famine*, Cambridge; New York: Cambridge University Press.

Perdue, Peter C. (1987). *Exhausting the Earth: State and Peasant in Hunan, 1500~1850*, Cambridge: Council on East Asian Studies, Harvard University Press.

Perdue, Peter C. (1990). "Lakes of Empire: Man and Water in Chinese History", *Modern China* 16(1): 119~129.

Perdue, Peter C. (1994). "Technological Determinism in Agrarian Societies" in *Does Technology Drive History?: The Dilemma of Technological Determinism*, edited by Merritt Roe Smith and Leo Marx, Cambridge: M.I.T. Press: 169~200.

Perdue, Peter C. (2005). *China Marches West: The Qing Conquest of Central Eurasia*, Cambridge: Belknap Press of Harvard University Press (피터 C. 퍼듀 지음, 공원국 옮김, 『중국의 서진: 청의 중앙유라시아 정복사』, 길, 2012).

Perdue, Peter C. (2005). "What Price Empire? The Industrial Revolution and the Case of China" in *Reconceptualizing the Industrial Revolution*, edited by Jeff Horn, Leonard N. Rosenband and Merritt Roe Smith, Cambridge: MIT Press: 309~328.

Perdue, Peter C. (2008). "Zuo Zongtang" in *Encyclopedia of Modern China*, edited by D. Pong, Gale Cengage Learning: 367~368.

Perdue, Peter C. (2009). "Nature and nurture on Imperial China's frontiers", *Modern Asian Studies* 43(1): 245~267.

Perdue, Peter C. (2013) "Ecologies of Empire: From Qing Cosmopolitanism to Modern Nationalism", *Cross-Currents: East Asian History and Culture Review* 8: 5~30.

Pietz, David A. (2002). *Engineering the state: the Huai River and reconstruction in Nationalist China, 1927~1937*, New York: Routledge.

Pietz, David A. (2015). *The Yellow River: The problem of water in modern China*, Cambridge: Harvard University Press.

Piketty, Thomas. Arthur Goldhammer trans. (2014). *Capital in the twenty-first century*. Cambridge: Harvard University Press (토마스 피케티 지음, 장경덕(유엔제이) 옮김, 이강국 감수, 『21세기 자본』, 글항아리, 2014).

Pinker, Steven (2011). *The better angels of our nature: why violence has declined*, New York: Viking (스티븐 핑커 지음, 김명남 옮김, 『우리 본성의 선한 천사: 인간은 폭력성과 어떻게 싸워 왔는가』, 사이언스북스, 2014).

Pomeranz, Kenneth (1993). *The Making of a Hinterland: State, Society, and Economy in Inland North China, 1853~1937*, Berkeley: University of California Press.

Pusey, James R. (1983). *China and Charles Darwin*, Cambridge: Harvard University Press.

Pyne, Stephen J. (1999). "Consumed by either fire or Fire: a review of the environmental consequencess of anthropogenic fire" in *Earth, Air, Fire, Water*, edited by Jill Ker Conway, Cambridge: MIT Press: 122~159.

Reuss, Martin and Stephen H. Cutcliffe, eds. (2010). *The Illusory Boundary: Environment and Technology in History*, Charlottesville: University of Virginia Press.

Rosenthal, Jean-Laurent and R. Bin Wong (2011). *Before and beyond divergence: the politics of economic change in China and Europe*, Cambridge: Harvard University Press.

Rowe, William T. (2007). "Owen Lattimore and the Rise of Comparative History", *Journal of Asian Studies* 66:3.

Russell, Edmund (2001). *War and nature: fighting humans and insects with chemicals from World War I to Silent Spring*, Cambridge; New York: Cambridge University Press.

Russell, Edmund (2011). *Evolutionary history: uniting history and biology to understand life on Earth*, Cambridge; New York: Cambridge University Press.

Schäfer, Dagmar D. (2011). *The crafting of the 10,000 things: knowledge and technology in Seventeenth-Century China*, Chicago: The University of Chicago Press.

Schlesinger, Jonathan (2017). *A World Trimmed with Fur: Wild Things, Pristine Places, and the Natural Fringes of Qing Rule*, Stanford: Stanford University Press.

Schoppa, Keith (1982). *Chinese Elites and Political Change: Zhejiang Province in the Early Twentieth Century*, Cambridge: Harvard University Press.

Schoppa, Keith (2002). *Song Full of Tears: Nine Centuries of Chinese Life around Xiang Lake*, Boulder: Westview Press.

Schwartz, Benjamin (1964). *In Search of Wealth and Power: Yen Fu and the West*, Cambridge: Harvard University Press (벤저민 슈워츠 지음, 최효선 옮김, 『부와 권력을 찾아서』, 한길사, 2006).

Scott, James C. (1998). *Seeing Like a State: How Certain Schemes to Improve the Human Condition Have Failed*, New Haven: Yale University Press (제임스 C. 스콧 지음, 전상인 옮김, 『국가처럼 보기: 왜 국가는 계획에 실패하는가』, 에코리브르, 2010).

Scott, James C. (2009). *The Art of Not Being Governed: An Anarchist History of Upland Southeast Asia*, New Haven: Yale University Press (제임스 C. 스콧 지음, 이상국 옮김, 『조미아, 지배받지 않는 사람들: 동남아시아 산악지대 아나키즘의 역사』, 삼천리, 2015).

Seow, Victor Kian Giap (2014). "Carbon Technocracy: East Asian Energy Regimes and the Industrial Modern, 1900~1957", PhD dissertation, Harvard University.

Shapiro, Judith (2001). *Mao's war against nature: Politics and the environment in Revolutionary China*, Cambridge; New York: Cambridge University Press.

Sharma, Jayeeta (2011). *Empire's garden: Assam and the making of India*, Durham: Duke University Press.

Shepherd, John Robert (1993). *Statecraft and Political Economy on the Taiwan Frontier, 1600~1800*, Stanford: Stanford University Press.

Skinner, G. William ed. (1977). *The City in Late Imperial China*, Stanford: Stanford University Press.

Skinner, G. William (1985). "Presidential Address: The Structure of Chinese History", *Journal of Asian Studies* 44(2): 271~292.

Slezkine, Yuru (1994). *Arctic Mirrors: Russia and the Small Peoples of the North*, Ithaca: Cornell University Press.

Smith, Pamela and Benjamin Schmidt, eds. (2007). *Making knowledge in early modern Europe: Practice, objects, and texts, 1400~1800*, Chicago: University of Chicago Press.

Snyder-Reinke, Jeffrey (2009). *Dry spells: State rainmaking and local governance in late imperial China*, Cambridge: Harvard University Asia Center.

Soja, Edward W. (1996). *Thirdspace: Journeys to Los Angeles and other real-and-imagined places*, Cambridge: Blackwell.

Spence, Jonathan (1978). *The Death of Woman Wang*, New York: Penguin Books (조너선 D. 스펜스 지음, 이재정 옮김, 『왕여인의 죽음』, 이산, 2002).

Tagliacozzo, Eric et al. eds. (2015). *Asia Inside Out: Changing Times*, Cambridge: Harvard University Press.

Tagliacozzo, Eric et al. eds. (2015). *Asia Inside Out: Connected Places*, Cambridge:

Harvard University Press.

Tan, Yingjia (2015). "Revolutionary Current: Electricity and the formation of the Party-State in China and Taiwan, 1937~1957", PhD. Dissertation of the History Department, Yale University.

Tekin, Talat (1968). *A grammar of Orkhon Turkic*, Bloomington: Indiana University Press.

Teng, Emma J. (1998). "An Island of Women:The Discourse of Gender in Qing Travel Accounts of Taiwan", *International History Review* 20(2): 353~370.

Teng, Emma J. (2004). *Taiwan's Imagined Geography: Chinese Colonial Travel Writing and Pictures, 1683~1895*, Cambridge: Harvard University Asia Center.

Teng, Emma J. (2013). *Eurasian: Mixed Identities in the US, China, and Hong Kong, 1842~1943*, Berkeley: University of California Press.

Tilly, Charles (1990). "How (and What) Are Historians Doing", *American Behavioral Scientist* 33(6): 685~711.

Townsend, Colin R., et al. (2008). *Essentials of Ecology*, Malden: Blackwell Publication.

Thucydides (1910). *The Peloponnesian War*, New York: E. P. Dutton (투키디데스 지음, 박광순 옮김, 『펠로폰네소스 전쟁사』, 범우사, 1993).

Turchin, Peter (2003). *Historical Dynamics: Why States Rise and Fall*, Princeton: Princeton University Press.

Turner, Frederic Jackson (1920). *The Frontier in History*, New York: Holt, Rinehart, and Winston (프레더릭 잭슨 터너 지음, 손병권 옮김, 『미국사와 변경』, 소명출판, 2020).

Van Schendel, Willem (2002). "Geographies of knowing, geographies of ignorance: Jumping scale in Southeast Asia", *Environment and Planning D: Society and*

Space 20(6): 647~668.

Venneer, Eduars B. (1977). *Water Conservancy and Irrigation in China: Social, Economic and Agrotechnical Aspects*, The Hague: Leiden University Press.

Wemheuer, Felix (2014). *Famine politics in Maoist China and the Soviet Union*, New Haven: Yale University Press.

Wheeler, Charles J. (2015). "1683: An Offshore Perspective on Vietnamese Zen" in Eric Tagliacozzo, Helen Siu and Peter Perde eds., *Asia Inside Out: Changing times*, Cambridge: Harvard University Press.

White, Richard (1991). *The Middle Ground: Indians, Empires, and Republics in the Great Lakes Region, 1650~1815*, Cambridge; New York: Cambridge University Press.

White, Richard (1995). *The Organic Machine: The Remaking of the Columbia River*, New York: Hill and Wang.

White, Richard (1999). "The Nationalization of Nature", *Journal of American History* 86(3): 976~986.

White, Richard (2011). *Railroaded: The transcontinentals and the making of modern America*, New York: Norton.

Will, Pierre-Etienne (1990). *Bureaucracy and Famine in Eighteenth-Century China*, [French edition 1980] Stanford: Stanford University Press.

Will, Pierre-Etienne and R. Bin Wong et. al. (1991). *Nourish the People: The State Civilian Granary System in China, 1650~1850*, Ann Arbor: University of Michigan Press.

Wittfogel, Karl A. (1935). *Wirtschaft und Gesellschaft Chinas* (Chinese Economy and Society), Leipzig, C. L. Hirschfeld.

Wittfogel, Karl A. (1949). and Feng Chia-Sheng with the assistance of John De Francis, Esther S. Goldfrank, Lea Kisseigoff, and Karl H. Menges, *History of Chinese*

Society: Liao, 907~1125, The American Philosophical Society, distributed by the Macmillan Co.

Worster, Donald (1979). *Dust Bowl: The Southern Plains in the 1930s*, New York: Oxford University Press.

Worster, Donald (1985). *Rivers of Empire: Water, Aridity, and the Growth of the American West*. New York: Pantheon Books.

Worster, Donald (1994). *Nature's Economy: A history of ecological ideas*, Cambridge; New York: Cambridge University Press (도널드 워스터 지음, 강헌·문순홍 옮김, 『생태학, 그 열림과 닫힘의 역사』, 아카넷, 2002).

Wu, Shellen Xiao (2015). *Empires of Coal: Fueling China's Entry into the Modern World Order, 1860~1920*, Stanford: Stanford University Press.

Yang, Jisheng (2012). Stacy Mosher & Guo Jian trans., Edward Friedman, Guo Jian & Stacy Mosher eds., *Tombstone: The great Chinese famine, 1958~1962*, New York: Farrar, Straus and Giroux (중국어판: 楊繼繩, 『墓碑: 1958~1962年 中國大饑荒紀實』, 香港: 天地圖書, 2011).

Ye, Shirley (2013). "Business, Water, and the Global City: Germany, Europe, and China, 1820~1950", PhD dissertation, History, Harvard University.

Yu, Ying-shih. (1967). *Trade and Expansion in Han China*, Berkeley: University of California Press.

Zhang, Jinghong (2014). *Puer Tea: Ancient Caravans and Urban Chic*, Seattle: University of Washington press.

Zhang, Ling (2009). "Changing with the Yellow River: An Environmental History of Hebei, 1048~1128", *Harvard Journal of Asiatic Studies* 69(1): 1~36.

Zhang, Ling (2011). "Ponds, Paddies and Frontier Defence: Environmental and

Economic Changes in Northern Hebei in Northern Song China (960~1127)",
Journal of Medieval History.

Zhang, Ling (2016). *The River, the Plain, and the State: An Environmental Drama in Northern Song China*, 1048~1128, Cambridge; New York: Cambridge University Press.

Zurndorfer, Harriet T. (1989). *Change and continuity in Chinese local history: the development of Hui-chou Prefecture 800 to 1800*, Leiden; New York: E. J. Brill.

옮긴이의 글

『중국과 서양에서 환경사의 기원과 전망』은 예일대학 역사학과의 피터 C. 퍼듀 교수가 2012년 중국 푸단대학(復旦大學)의 역사지리연구중심(歷史地理硏究中心)에서 영어로 발표한 강연 원고를 한국어로 번역한 것이다. 저자의 푸단대학 강연 원고는 2018년에 중국어로 번역 출판되었다 (濮德培 著, 韓昭慶 譯,『萬物幷作: 中西方環境史的起源與展望』, 北京: 三聯書店). 그러나 중국어 번역본이 영문 강연 원고와 상당한 차이가 있음을 확인하고, 저자와의 협의에 따라 한국어 번역본은 영문 원고를 바탕으로 만들어졌다. 따라서 이 한국어 번역본은 중국의 환경사에 대한 저자의 문제의식과 비판적 시각을 가장 정확하게 반영하고 있다.

퍼듀 교수는 한국 독자들에게도 이미 널리 알려진 미국의 저명한 청사 전문가이다. 저자는 1981년에 하버드대학에서 취득한 박사학위 논문에서 명청 시대 호남성의 농촌 지역을 분석하면서 본인이 미처 깨닫기도 전에 이미 환경사적 시각을 발전시키고 있었다. 이후 매사추세츠공과대학에 재직하면서 청대 변경사로 연구 주제를 확장하고 2005년에 이르러 청의 중앙유라시아 정복의 역사를 집대성한 그의 대표작『중국의 서진(China Marches West)』을 발표했다(피터 C. 퍼듀 지음, 공원국 옮김,『중국의 서진: 청의 중앙유라시아 정복사』, 도서출판 길, 2012년). 이 책에서 저자는 몽골과 신강에 대한 청의 정치 군사적 정복이 중국 내지의 농업 경제력을 국가의 행정력이 적극적으로 활용할 수 있었기에 가능했음을 보여주었다.『중국의 서진』은 청의 제국 건설과 변경 개발의 긴밀한 상관관계를 거시적으로 보여줌으로써 청대사 연구의 한 획을 긋는 연구서로 평가받고 있다. 저자는 2008년에 예일대학으로 자리를 옮기고 올해 9월에 퇴임했다. 저자의 연구 목록은 이 책의 참고문헌에서 확인할 수 있다.

『중국과 서양에서 환경사의 기원과 전망』은 중국사를 환경사의 시각에서 이해하고자 하는 독자에게 훌륭한 입문서이다. 이 책은 서양 학계의 환경사 연구와 중국의 정치사상이라는 두 축을 중심으로 중국 환경사의 발전 과정을 설명한다. 저자는 중국 환경사 연구가 서양의 지적 충격으로 갑자기 등장한 것이 아니라 중국의 오랜 제국 통치의 역사에 그 기원이 있음을 강조한다. 동시에 중국의 환경사 연구를 중국 고유의 전통이나 사상의 틀에 가두어 고립시키지 않고 서양의 역사적 경험과 비교함으로써 자연에 대한 인류의 인위적인 행동은 동서양을 막론하고 보편적인 것이었음을 보여준다. 저자는 또한 최근 서양 학계에서 발표된 새로운 중국사 연구 성과를 다양하게 소개하여 한국의 중국사 연구자들에게 유용한 정보와 학문적 영감을 제공한다.

저자가 책에서 보여주는 것은 단순한 역사적 사실이나 학술정보가 아니다. 저자가 소개하는 중국과 서양의 여러 연구자는 인간과 자연의 상호작용을 이해하고자 노력했던 사람들이다. 동시에 그들은 모두 자신이 사는 공간에 발을 딛고 시대를 정면으로 응시하며 연구를 진행했고, 그 결과 세계의 역사를 만들어갔다. 프랑스 아날학파의 마르크 블로크, 미국 서부 개척사 연구자 프레데릭 터너, 중국 우공학파의 고힐강(顧頡剛), 미국의 변경사 연구자 오언 래티모어, 그리고 이 책에 등장하는 무수한 학자들은 그들의 학설이 오늘날 어떠한 평가를 받는가와는 별개로 모두 자신의 시대가 제시한 문제에 적극적으로 응하려 했다는 점에서 공통적이었다. 그들 각각의 연구에 대한 저자의 애정 어린 소개와 해석은 당대의 문제에 역사연구자들이 어떻게 참여할 것인가에 대한 학문적 영감을 제공한다. 이 책은 인간과 자연의 관계에 대한 이해는 결국 "지금 그리고 여기"에 대한 관심에서 시작하는 것이며 그런 점에서 환경사 연구는 지극히 정치적일 수밖에 없음을 보여준다.

최근 서양학계를 중심으로 중국 환경사 연구가 매우 활발하다. 쏟아져 나오는 연구 성과들을 접하면서 중국 환경사에 관한 입문서가 절실하다고 생각하고 있을 무렵 퍼듀 교수가 중국어본 『萬物幷作』을 보내주었다. 읽고 나서 바로 번역하기로 결심하고 정확한 용어 확인을 위해 영문 강연 원고를 요청하자 저자는 흔쾌히 보내주었고 이후 복잡한 출판 과정에서도 많은 도움을 주었다. 한국어 번역본에 대한 저자의 관심과 지지에 감사드린다.

동국대학교 문화학술원 원장 서인범 선생님은 이 책의 번역과 출판을 물심양면으로 지원해주셨다. 문화학술원 번역총서에 이 책을 포함시켜주신 것에 깊이 감사드린다. 다양한 학술사업을 통해 한국학계의 중국사 연구를 더 넓은 세계와 주제로 확대하고 있는 문화학술원 선생님들의 헌신과 노력에 감사드린다.

고려대학교 사학과 대학원 수업시간에 이 책의 중국어본과 영문 원고를 함께 읽고 토론해준 최대명과 황유정에게 진심으로 감사한다. 환경사라는 생소한 분야에 막막함을 느끼고 있을 때 학생들이 보여준 관심과 열정이 내게 큰 용기가 되었다. 번역 원고의 전문을 읽고 오류를 지적하고 문장을 교열해준 이훈 선생님에게 감사드린다.

이 책이 한국의 중국사 연구자들에게 유용하게 읽히기를 바란다.

Environmental History in China and the West by Peter C. Perdue
Copyright ⓒ by Peter C. Perdue
Korean translation rights by Dongguk University's Academy of Cultural Studies The Institute of Humanities Korea Plus, Korea arranged with Peter C. Perdue, USA through BESTUN KOREA Agency All rights reserved.

이 책의 한국어판 저작권은 베스툰 코리아 에이전시를 통해 저작권자와 독점 계약한 '동국대학교 문화학술원 HK+ 사업단'에 있습니다.
저작권법에 의해 한국 내에서 보호를 받는 저작물이므로 무단전재나 복제, 광전자 매체 수록 등을 금합니다.
이 책의 한국어판은 한국어 번역시 중국어판『万物并作:中西方环境史的起源及展望』(韩昭庆 译, 生活·读书·新知三联书店, 2018年)을 일부 참조했음을 밝힌다.

동국대학교 문화학술원 번역총서 04

중국과 서양에서 환경사의 기원과 전망

초판 인쇄 | 2022년 12월 20일

초판 발행 | 2022년 12월 30일

지 은 이　피터 C. 퍼듀
옮 긴 이　김선민
기　　획　동국대학교 문화학술원 HK+사업단
발 행 인　한정희
발 행 처　경인문화사
편　　집　김윤진 김지선 유지혜 한주연 이다빈
마 케 팅　전병관 하재일 유인순
출 판 번 호　406-1973-000003호
주　　소　파주시 회동길 445-1 경인빌딩 B동 4층
전　　화　031-955-9300 팩 스 031-955-9310
홈 페 이 지　www.kyunginp.co.kr
이 메 일　kyungin@kyunginp.co.kr

ISBN 978-89-499-6678-6　93910
값 20,000원

* 저자와 출판사의 동의 없는 인용 또는 발췌를 금합니다.
* 파본 및 훼손된 책은 구입하신 서점에서 교환해 드립니다.